수험의 신

모든 시험을 관통하는
결정적인 학습 노하우 대공개 !

수험의
신

박의석 · 민병일 지음

매일경제신문사

들어가며

시험에 꼭 합격해야 하는 절박한 수험생들을 위해 쓴 책이다. 또한 수험생들을 반드시 성공시키고자 하는 학부모와 교사들을 위한 책이기도 하다.

공부 방법은 수험생에게 매우 중요하다. 방법이 공부의 효율을 결정하며 시험의 합격과 불합격을 가르기 때문이다. 그럼에도 우리 사회는 노력만 강조하지 공부 방법이 얼마나 중요한지는 잘 모르고 있다. 노력을 게을리 하면 당연히 시험에 실패한다. 하지만 노력이 부족하지 않았음에도 시험에 실패하는 경우가 있다. SKY 출신의 우등생 수험생들이 고시에 실패하여 절망하는 모습을 흔하게 본다.

세상은 노력이 부족하지 않은 수험생에게도 끊임없이 노력만 강조한다. 방법이 필요한 곳에서는 방법을 알아야 목적을 달성할 수 있다. 우리 사회는 노력이라는 추상적 관념에 지배되어, 방법이라는 과학적 개념을 못 보고 있다. 노력과 방법은 전혀 다른 개념이다. 방법이 잘못된 노력은 목표에서 더 멀어지게 할 뿐이다.

성공한 수험생들은 이전보다 더 나은 공부 방법을 스스로 찾아서 공부한다. 이것이 실패한 수험생들과의 차이점이다. 반면 공부 좀 한다고 하는 우등생 출신의 수험생들은 '뭐 특별한 공부 방법이 있겠냐'며 자신만의 공부 방법을 고수하다 시험에 실패한다. 많은 중하위권 수험생들은 방법이 왜 중요한지도 모르며 또 알려고 하지도 않는다. 그래서 그런지 효율적인 공부 방법은 성공한 수험생들만의 전유물인 양 소수만이 활용하고 있다.

사실 공부 방법을 배우는 일은 중하위권 수험생들에게 더 절실하다. 방법을 몰랐던 수험생이 공부 방법을 배워서 익히면 수험생활 중에 느껴보지 못했던 성취감을 얻게 된다. 그리고 이 성취감은 학습동기가 부족했던 학생들에게 '더 노력해야겠다'는 동기를 역으로 부여한다. 올바른 공부 방법은 공부에 절망했던 수험생들이 포기하지 않고 도전 의식을 갖게 하는 전환점 역할을 한다. 그래서 상위권이든 하위권이든 자신의 성적이나 공부 방법에 만족하지 못한다면 보다 효율적인 수험공부를 위해 올바른 공부 방법을 익혀야 한다.

《수험의 신》은 성적과 상관없이 시험 때문에 고통 받고 있는 수험생들을 위해 공부에 관한 원리와 방법을 해설한 책이다. 수능을 준비하는 청소년 수험생, 고시나 공무원 시험을 준비하는 성인 수험생들 모두에게 도움이 될 것이다. 수험생들은 누구나 한두 번쯤 실패를 경험한다. 하지만 시험 실패보다 더 나쁜 것은 자신이 왜 실패했는지를 모르는 일이다. 수험생들이 공부의 원리와 방법을 알게 되면 그 동안 자신의 공부 방법에 어떤 문제가 있었는지 깨닫게 될 것이며, 그 결과는 반드시 성적 향상이나 시험 합격으로 나타날 것이다.

수험 공부는 이해, 기억, 문제해결로 이어지는 일련의 정신 작용이다. 따라서 어떤 시험이든지 반드시 합격하고자 하는 수험생들은 이해 능력과 기억 능력, 문제해결 능력을 키워야 한다. 이를 '수험 공부의 3요소'라 한다. 이 책에서는 이를 공략하기 위한 구체적 방법을 기술하였다. 누구든지 여기서 제시한 방법을 따르면 공부의 어려움이 사라질 것이며, 시험에서 좋은 성적을 얻게 될 것이다.

수험 성공에는 방법과 실행력이 동시에 필요하다. 아무리 방법이 좋아도 실천하지 않으면 변화는 일어나지 않는다. 방법이 같다면 결국 실행력에서 승부가 갈린다. 실제로 대다수의 수험생들은 머리로만 열심히 공부하겠다고 생각하지 실천이 없다. 실천이 부족한 수험생은 물론 그들을 돕고자 하는 부모나 교사들을 위해 실행력을 향상시키는 방법도 함께 기술했다. 몸이 마음을 따라가지 못해 고민해 왔던 수험생들에게 많은 도움이 될 것이다.

그동안 공부로 인해 고통을 겪은 수험생이라면 이 책을 통해 막혔던 공부의 맥을 뚫을 수 있을 것이며, 공부에 맺힌 한이 있다면 그 역시 풀 수 있을 것이다. 여기서 제시하는 방법대로 공부한다면 교과서의 모든 지식을 얻게 될 것이며 세상의 어떤 시험에도 살아남는 수험생이 될 것이다.

책을 끝까지 읽으면 알게 되겠지만 공부를 잘한다는 것은 교과서의 지식을 머리로 옮겨 놓는 것 외에 아무것도 아니다. 그러기에 우리 삶의 목표가 겨우 공부를 잘하는 것이 되어서는 안 된다. 그것은 인간이면 누구나 할 수 있는 일이기 때문이다. 인간의 위대함은 그러한 지식을 어떻게 세상에 활용하느냐, 혹은 자신의 신념을 삶에서 어떻게 실천하느냐에 따라 결정되는 것이다. 이 책을 본 모든 수험생이 시험 합격을 넘어 삶에 대한 멋진 통찰을 이뤄낼 수 있다면 더 바랄 게 없겠다.

교재 활용법

학습법 교재는 '수능용'과 '성인 수험용'으로 나뉜다. 수능용은 종류가 다양하고 정보도 많아 수험생들이 선택을 하는 데 오히려 고민이 될 정도다. 하지만 성인 수험용의 경우 학습 이론이 아닌 실전 수험을 다루는 교재가 거의 없는 형편이다. 그러다 보니 고시나 공무원 시험을 준비하는 성인 수험생들은 체계적으로 수험 준비를 하고 싶어도 정보가 부족해 어려움을 겪고 있다. 그나마 다른 사람의 합격기를 통해 얻는 정보가 대부분이다.

이 책은 수능과 고시(공시)를 구분하지 않고 수험생들이 꼭 알아야 하는 공부 방법과 학습 전략을 담고 있다. 따로 독자층을 특정하지 않은 이유는, 공부의 원리와 방법은 초등학생이나 대학원생이 다르지 않기 때문이다. 고시 역시 수능 점수가 높은 수험생이 좋은 결과를 내곤 한다.

인터넷 발달은 최근의 수험 환경에도 변화를 가져왔다. 과거에는 고시생들만 활용했던 고급 수험 전략을 이제는 수능을 준비하는 청소년 수험생들도 사용하고 있다. 그러기에 계층별로 학습 전략을 달리하는 건 더 이상 의미가 없게 되었다. 수험생들이 통과의례처럼 치러야 하는 각종 시험도 뭘 먼저 하냐의 차이일 뿐 결국 같은 사람이 치르게 된다. 수능을 준비했던 수험생이 대학에 가서 고시나 공시를 치르는 것과 같다.

그래서 이 책은 시험과 관련된 당사자 모두에게 도움이 되도록 내용을 구성했다. 수험생을 특정하는 고시나 공시 역시 따로 구분하지 않고 '고시'로 표기할 것이다. 그 이유는 난이도나 공부할 양에서 차이가 날 뿐 과목이 유사하며, 어느 경우엔 같은 수험생이 두 시험을 동시에 준비하기 때문이다. 수험생이 고시공부법을 익히면 당연히 공시 준비에도 어려움이 없을 것이다. 대(大)는 소(小)를 포함하기 때문이다.

고시와 공시를 준비하는 성인 수험생

수능을 잘 준비하지 못하고 대학에 입학한 수험생이라면 전체 내용을 꼼꼼히 읽어야 한다. 고시(공시)도 문제출제의 형식은 수능과 크게 다르지 않으며, 수능성적이 좋은 수험생의 합격률이 높기 때문이다. 자신이 우등생 출신의 수험생이라면 이해나 기억 편을 먼저 보고, 독서법과 문제집 풀이법을 보면 도움이 된다.

고시의 경우는 수능과 달리 읽어야 할 분량이 엄청나게 많다. 수험교재도 기본서 외에 참고서적 한 권은 기본이며 그 외에 추가로 두세 권을 더 공부하는 수험생도 흔하다. 수능이 사고력을 평가하는 시험이라면 고시는 여기에 더해 암기력을 평가하는 시험이다. 즉 외워야 할 양이 많은 시험이다. 그렇기에 암기 능력과 관련된 5회독 누적복습과 응용법을 잘 보고 활용하면 답답했던 마음이 편안해질 것이다.

고시공부에서 가장 높은 수준의 학습 전략은 독서법이다. 책을 읽으면서 모든 학습 전략을 동시에 다 활용할 수 있기 때문이다. 수준 높은 독서법을 통해 이해나 기억은 물론 문제해결까지 동시에 해나갈 수 있다. 그러기에 독서법을 잘 익히면 하루 종일 책을 읽어야 하는 고시생들은 매일 매일을 설레는 마음으로 공부할 수 있다. 이 정도 수준이 되면 합격은 단지 공부하는 즐거움에 덤으로 주어지는 선물이 될 것이다.

대학수학능력시험을 준비하는 청소년 수험생

책 전체를 정독해야 한다. 수년 전부터 수능생들도 고시생들의 학습 전략을 똑같이 활용하고 있기 때문이다. 다만 수험독서법은 법률서적을 주로 읽으며 공부하는 고시생들의 주요한 학습 전략이기에 처음부터 완벽하게 하려는 욕심을 버리고 단계적으로 천천히 시도해도 좋다. 청소년기는 공부의 기본을 철저히 익혀야 하는 시기이기에 책을 정독한 후 개념학습, 5회독 누적복습, 만점카드 학습법을 먼저 익히는 것이 좋다. 그 후에 사고력과 관련된 문제해결 능력을 공부하라. 이어서 문제집 풀이법과 독서법을 익히면 무리 없이 이 책을 자신의 것으로 만들 수 있다.

Contents

Part 1.
기본! 기본! 기본!

Part 2.
하나라도 놓치면 실패!
수험공부의 3요소

Part 3.
공부효율,
성적의 4요소를 기억하라

Part 4.
공부자세
안 좋은 우등생은 없다

Part 5.
대공개!
이해 능력을 키우는 비법

Part 6.
대공개!
기억 능력을 키우는 비법

Part 1.

기본! 기본!
기본!

1. 기본,
무조건 갖춰야 할 것

핵심단어를 찾지 못하는 수험생들

대학에서 학습법 연수를 진행하다 보면 종종 '가르침'에 대한 어려움을 토로하는 교수님들을 만날 수 있다. 전공서적을 읽고도 이해하지 못하는 학생들에 대한 이야기다. 이 경우 교수님들은 학생들의 고등학교 과정을 탓할 수밖에 없다. 그러면 고등학교 선생님들도 할 말이 있다. 기본이 되어 있지 않은 학생들의 중학교 과정을 탓할 수밖에 없으며, 또 중학교 선생님들은 초등학교 과정을 탓할 수밖에 없다.

초등학교 선생님들이라고 할 말이 없겠는가? 중학교라고 모든 학생이 중학교 과정을 다 익히고 상급학교에 진학하는 것이 아니며, 고등학교나 대학 역시 마찬가지이다. 뒤처지는 학생들이 있는 건 모든 교육 과정에서의 보편적 현상이다. 그러니 누군가에게 기초 부족의 책임을 묻는 일은 그만두자. 그보다 더 중요한 것은 수험생들의 부족한 기초를 어떻게 해결하느냐다.

학생들이 교과서나 전공서적을 읽고도 이해를 못한다면 그것은 읽기의 기본을 갖추지 못했다는 증거다. 읽기 능력은 수험생이 갖춰야 할 가장 기본적인 능력이다. 글을 읽고 "이해했다"고 말하려면 자신이 읽은 문장에서 핵심단어를 찾을 수 있어야 한다. 핵심단어를 찾지 못하면 시험에 반드시 실패하게 된다. 하지만 대학생 중에도 자신이 읽은 글 속의 핵심단어를 정확하게 찾지 못하는 학생들이 있다. 심지어는 고시생도 핵심단어를 찾는 능력이 부족한 경우가 허다하다. 핵심단어를 찾는 능력은 글을 읽고 전체 내용을 얼마나 이해했는지를 알 수 있는 바로미터이다.

핵심단어 찾기 테스트

자신의 읽기 능력이 궁금하면 다음 지문을 읽고 문장에서 핵심단어를 찾아보자. 핵심단어를 찾는 테스트이므로 전체문장을 다 찾을 필요는 없다. 밑줄 친 첫 번째 문장에서만 찾아도 충분하다. 예문은 대학수학능력시험 중 영어지문의 해석을 가져왔다. 여기서는 읽기 능력을 알아보는 것이기에 굳이 영어본문을 해석하며 문제를 풀지 않아도 된다. 읽기 능력은 번역된 글을 통해서도 얼마든지 확인할 수 있다.

다음이 나타내는 시장은?

- 2009학년도 대학수학능력시험 영어문제 번역

<u>이것은 사람들이 여기서 옷, 신발, 혹은 자동차와 같은 물건들을 사지 않는다는 점에서 모든 다른 시장들과 다르다.</u> 이것으로 해서, 사람들은 한 나라의 돈을 다른 나라의 돈과 쉽게 교환할 수 있다. 사람들은 많은 이유로 그러한 교환을 원한다. 어떤 사람들은 한 국가와 다른 국가 사이의 상품이나 용역의 수입 또는 수출에 관여하고 있다. 자본을 한 지역에서 다른 지역으로 이동시키기를 원하는 사람들도 있다. 또 외국으로 여행가기를 원하는 사람들도 있다. 이것은 국제 경제에 지대한 영향을 준다. 이것은 세계에서 실제 일어나는 사건에 의해 영향을 받고, 한 국가의 경제에 영향을 미치며, 그리하여 그 나라의 화폐 가치를 오르고 내리게 만든다.

*원문

<u>This is different from all other markets in that people do not buy things here such as clothes, shoes, or cars.</u> Thanks to this, people can easily exchange one country's money with that of another. People desire to make such exchanges for many reasons. Some are concerned with the import or export of goods or services between one country and another. Others wish to move capital from one area to another. Still others may want to travel to a foreign country. This is incredibly important to the global economy. This gets influenced by a real world event, and has an impact on the economy of a nation, causing the value of its money to rise and fall.

① 외환시장　② 주식시장　③ 벼룩시장　④ 재래시장　⑤ 경매시장

핵심단어를 찾는 건 초등학교 과정에서 배우고 있다. 그러기에 글을 읽고 핵심을 파악하는 능력이 있다면 초등학생이나 중학생이라도 문장에서 핵심단어를 쉽게 찾을 수 있다. 지문 중 첫 번째 문장에서 핵심단어가 무엇인지 찾아보자. 참고로 영어문제를 푸는 것이 아니라 우리글 한 문장을 읽고 핵심단어를 찾는 것임을 잊지 말자.

> 이것은 사람들이 여기서 옷, 신발, 혹은 자동차와 같은 물건들을 사지 않는다는 점에서 모든 다른 시장들과 다르다.

이 문장의 핵심단어는 '물건, 사지 않는다, 다르다'다. 만약 핵심단어를 다르게 찾은 사람은 이 문장의 올바른 의미를 제대로 이해하지 못한 것이다. 만약 수험생이 사람, 옷, 신발, 자동차, 시장 등을 핵심단어로 선택했다면 그는 문장의 정확한 의미를 이해하지 못한 것이며, 문제의 정답도 찾을 수 없다. 핵심단어란 문장에서 생략되면 글의 의미가 달라지는 단어다. 그래서 문장의 핵심단어만 찾아서 나열해 읽어도 글쓴이가 나타내려는 의도를 알 수 있다.

이 문장에서도 '물건, 사지 않는다, 다르다(different, do not buy, things)'만 읽어도 문장의 의미가 실제 물건이 거래되지 않는 시장임을 알 수 있다. 그래서 문제를 풀면서 정답을 고를 때도 시장에서 물건을 직접 사고파는 벼룩시장, 재래시장, 경매시장은 제외된다는 것을 알 수 있다.

그런데 실제 시험에서는 벼룩시장, 재래시장, 경매시장을 정답으로 고른 학생들이 있다. 핵심단어를 옷, 신발, 자동차로 생각했기 때문이다. 이는 영어실력만 부족한 것이 아니라 글을 읽고 이해하는 기본적인 읽기 능력이 부족하기 때문에 벌어진 결과다. 읽기 능력이 국어시험에만 필요한 것이라고 생각할 수 있으나, 이 능력이 부족하면 영어 문제를 풀 때도 어려움을 겪게 되며 수학, 사회, 과학 등의 분야 역시 '문제가 무엇을 묻는지'조차 이해하지 못하게 된다. 법률서적을 주로 읽으며 공부하는 고시생이 핵심단어를 못 찾는다면 수십 번씩 책을 읽어도 소용이 없다. 모든 공부는 핵심을 놓치면 의미가 없기 때문이다. 읽기 능력은 공부의 기본을 완성하는 중요한 능력이다. 기본을 갖추지 못하면 아무리 노력해도 실력이 향상되지 않는다.

핵심단어를 다르게 찾은 사람은 자신이 찾은 단어가 왜 핵심단어가 아닌지 궁금할 것이다. 자세한 건 Part 8. 중 '마이다스 수험독서법'을 통해 배우게 될 것이다.

'습니다, 이다'가 핵심단어?

중학교에서 학습법 연수를 할 때였다. 학생들이 핵심단어를 얼마나 잘 찾는지 알아보기 위해 지금 배우고 있는 교과서를 몇 쪽 복사해서 나눠주고 핵심단어를 찾아 밑줄을 긋게 했다. '습니다', '이다'에 밑줄을 친 경우도 있었고, 어떤 학생은 교과서 전체에 다 밑줄을 치기도 했다. 나는 교과서 전체에 밑줄 친 학생에게 이유를 물었다. 학생은 교과서 전체가 다 중요하다고 생각해서 모든 단어에 밑줄을 그었다고 했다. 학생들의 이해능력이 이런데 진도를 맞추는 수업이 무슨 소용 있겠는가?

읽기의 기본이 핵심단어 찾기임에도 학생들이 핵심단어를 찾지 못하는 이유는 무엇일까? 그 이유는 핵심의 의미를 모르거나 글을 읽고도 내용을 이해하지 못했기 때문이다. 초·중·고 12년 동안 책을 읽어 왔으면서도 왜 읽기 능력이 떨어지는 것일까? 그 이유를 알려면 먼저 우리 교육에서 학생들이 핵심단어 찾는 방법을 언제 배우는지부터 알아봐야 한다.

우리 교육과정을 살펴보면 2012년 교과서에서는 핵심단어 찾는 과정을 초등학교 1학년 때 배웠다. 초등학교 1학년 교과서에는 '중심 낱말'이라고 표현되어 있으며, "글에는 중심 낱말이 있어서 이를 파악하며 글을 읽으면 글의 내용을 훨씬 더 잘 이해할 수 있다"고 쓰여 있다. 교육과정

● 무엇에 대한 글을 읽고 있나요?

– 2012년 초등학교 1학년 읽기

글에는 중심 낱말이 있습니다. 중심 낱말을 찾으며 글을 읽으면 내용을 이해하기 쉽습니다. 중심 낱말을 생각하며 글을 바르게 소리 내어 읽어 봅시다.

을 편성하는 전문가들도 핵심단어 찾기가 읽기의 핵심임을 잘 알고 있기에 초등학교 1학년 교과과정에 내용을 넣었을 것이다. 하지만 아무리 좋은 내용도 현실과 맞지 않으면 오히려 혼란을 줄 수 있다.

초등학교 교사연수 중 핵심단어 찾는 과정으로 강의를 할 때였다. 강연장에는 실제 현장에서 초등학교 1학년 학생들에게 중심 낱말 찾기 수업을 진행했었던 1~2학년 부장선생님들도 있었다. 실제 수업을 진행했던 선생님들 중에는 "학생들이 '중심'이라는 단어의 의미를 모른다"며 수업진행의 어려움을 하소연하는 경우가 있었다. 그래서 핵심단어 찾기 과정이 초등학교 3학년 교과과정으로 옮겨왔다. 3학년 교과서에는 핵심단어를 중심 낱말이라는 용어로 설명하고 있으며, 중심이란 단어에 대해 '매우 중요하고 기본이 된다는 뜻'으로 풀이한다.

교과서에는 중심을 '중요하다'는 의미와 '기본'의 의미로 설명하고 있

다. 그렇지만 이는 사전적 정의일 뿐이다. 중심 낱말의 개념을 이해할 수 있는 올바른 정의라고는 볼 수 없다. 학생들이 '중요함'이나 '기본'의 의미를 모른다면 중심의 의미를 이해할 수 없으며 중심 낱말을 찾지도 못한다. 중심의 개념을 설명하면서 '중요하다' 또는 '기본'이라는 또 다른 개념어로 풀이한 것은 중심이라는 말의 유의어 반복으로, '중심은 중심이다' 식의 설명이 되기 때문이다.

중고생이 되어도 핵심, 중심, 기본의 의미를 이해하기란 쉽지 않다. 중고생들에게 시간 관리의 원리를 설명할 때였다. 가장 중요한 일을 먼저 하는 것이 시간 관리의 원칙임을 알려주고 학생들이 해야 할 일의 우선순위를 적게 하였다. 학생들이 적은 내용을 보면 친구하고 놀기, 게임하기 등 자신이 하고 싶은 내용을 적은 경우가 의외로 많이 있었다. 이렇게 적은 학생들에게 "친구하고 노는 일이 왜 가장 중요한 우선순위가 되는가" 물어보니, "우정이 가장 중요하다고 생각하기에 공부보다 우선순위에 두었다"고 한다. 이러면 시간 관리의 원칙을 알려줘 봐야 소용이 없다.

왜 이런 일이 생기는 것일까? 그것은 효율의 문제를 가치의 문제로 다루고 있기 때문이다. 중고생이라도 중요함의 사전적 정의를 문맥과 상황에 맞게 이해하는 것은 쉬운 일이 아니다. 성인도 예외는 아니다. 무엇이 중요한지를 아는 일은 매우 높은 수준의 지적 능력이다. 중요함을 아는 일이 왜 높은 수준의 지적 능력을 요하는지는 다음 질문에 대한 답을 생각해보면 알 수 있을 것이다.

"삶에서 가장 중요한 것은 무엇인가?"

"우주에서 가장 중요한 것은 무엇인가?"

중요한 것을 알기 위해서는 모든 것을 알아야 한다. 초등학생이 중심의 사전적 정의만 가지고 중심 낱말을 찾아내기란 힘들 수밖에 없다. 이럴 경우에는 '중요하다', '기본'의 의미를 주어진 상황에 맞게 학생들이 이해할 수 있는 언어와 비유로 설명해줘야 한다. 또 문장을 놓고 왜 이 단어가 중심 낱말이 되는지 사례도 보여줘야 한다. 현실이 이러니 초등학교 선생님들이 하소연하는 것도 이해할 만하다.

핵심단어 찾는 능력은 시험공부와도 관련이 있다. 핵심단어를 찾지 못하면 문장에서 중요한 것과 중요하지 않은 것을 구분할 수 없다. 이런 능력이 부족하면 시험공부를 할 때도 중요하지 않은 내용, 즉 시험에 나오지 않을 내용만 공부한다. 중하위권 수험생들에게 흔히 볼 수 있는 모습이다. 그래서 핵심단어를 찾는 능력이 부족하면 시험공부를 제대로 할 수 없고 시험 문제도 올바르게 풀 수 없다.

많은 수험생들은 중심의 사전적 정의를 알아서가 아니라 오랜 독서 경험을 바탕으로 중요한 단어를 찾아내곤 한다. 이런 경우에도 왜 그 단어가 중요한지 물어보면 논리적이고 합리적으로 설명하지는 못한다. 물론 오랜 독서 경험은 수험생을 올바른 길로 인도해 준다. 하지만 독서 경험이 적은 학습자들이 같은 능력을 갖추려면 매우 많은 시간이 필요하다. 그렇지 않아도 책을 잘 안 읽는 수험생들에게 교과서 외에 더 많은 책을 읽도록 하는 일은 현실적으로 어렵다. 그래서 학생들에게 독서 경험을 갖추도록 도와주는 것뿐만 아니라, 논리적이고 합리적으로 문장에서 핵심단어를 어떻게 찾아내는지 가르쳐야만 한다.

대학생이 읽기 능력이 부족하다면 읽기의 기초를 갖추지 못한 것이다. 하지만 대학은 초등학교가 아니기 때문에 읽기 능력이 부족하다고 해서 초등학교 과정을 가르치지는 않는다. 기본이 부족한 학생들에 대한 대학의 처방은 학생들이 알아서 기본을 갖추길 바라거나, 그저 한숨만 내쉬는 일밖에 없다.

공부의 기본은 읽기 능력만이 아니다. 많은 사람들이 부러워하는 우등생들의 공부 습관도 공부의 기본에서 나온다. 단 한 번의 시험으로 자신의 미래가 결정되는 고등학교 3학년생이나 대학교 4학년생을 보자. 이들이 아무리 노력해도 노력한 만큼 빛을 보지 못하는 이유는 기본을 익혀야 하는 시기에 기본을 익히지 못했기 때문이다.

2. 놓쳐버린 기본,
사회는 가르쳐주지 않는다

후행 학습이 필요하다

현 교육 체계에선 기본을 배워야 하는 시기에 기본을 놓치면 다시는 배울 수 있는 길이 없다. 한번 놓친 기차는 다시 탈 수가 없다는 거다. 중학교는 중학교 과정만, 고등학교는 고등학교 과정만 가르치기도 벅차다. 대학도 사정은 마찬가지다. 학교 밖의 사교육도 선행 학습만 있지, 기초가 부족한 학생들을 위해 지난 학년의 과정을 가르치는 '후행 학습'이 없다. 모두들 진도 나가기에 급급하다. 그러다 보니 기초 부족으로 성적이 한번 떨어지면 '공부 역전, 인생 역전'이 거의 불가능해진다.

고등학교 3학년 수험생들은 자신의 성적을 현재 등급에서 한 등급만 올리는 일도 쉽지 않다. 아직 어린 수험생들은 고등학교 3학년이 되면 한 등급 정도 올리는 일은 어렵지 않을 것이라고 생각한다. 막상 고등학교 3학년을 겪어봐야 그것이 굉장히 어려운 일임을 깨닫는다. 3등급에서 2등급으로 한 등급만 올리면 서울대에 갈 수 있는 '기회균등 입학 전형'에서도 40%의 학생들이 수능 최저 등급에 걸려 서울대 입학을 못한다고 한다. 한 등급만 올리면 되는데 말이다.

우리 사회에서 성적부진 학생을 맡아 성적을 올리는 일에는 누구도 선뜻 나서려 하지 않는다. 기초가 부족한 학생들을 가르치는 일이 왜 내키지 않을까?

성적부진 학생을 가르쳐 상위권으로 끌어 올리려면 일단 부족한 기초부터 해결해야 한다. 그런데 기초가 부족한 학생들에게 기초를 가르치는 일은 일반 학생들에게 어려운 내용을 가르치는 일보다 훨씬 까다롭고 힘들다. 또 기초가 부족한 학생들은 아무리 잘 가르쳐도 따라오지 못한다는 것을 과거의 경험으로 이미 알고 있다. 그러니 기초가 부족한 학생들에 대해서는 가르치는 사람도 큰 기대감을 갖지 않는다. 기초가 부족한 학생들 역시 마찬가지다. 수업 시간에 대해 별 기대를 하지 않는다. 가르치는 사람도 배우는 사람도 서로 기대감 없이 교실에 들어서니 수업의 본래 목적인 '지식 교류'가 일어날 수 없다. 기초가 부족한 학생들은 결국 교실에서 머리 숫자를 채우는 역할만 수행할 뿐이다.

우리 사회가 기본이 부족한 학생들에게 기본을 가르치지 않는 이유는 학생들의 배우려는 열정이 부족한 탓도 있겠지만, 한편으로는 기본의 부족을 외면하는 우리 사회의 냉담함도 한 몫 한다. 학생들의 수업 태도가 좋지 않아도 고쳐 줄 수 없다. 수업 시간에 잠을 자도 깨울 수가 없다. 기초 부족의 문제를 들추어낸다고 해도 딱히 해결책이 없다. 해결책이 없다면 어느 경우엔 차라리 모른 척 하는 것이 나을 수 있다. 언제부터인가 우리는 기본이 소외되는 사회에서 살고 있는 것이다.

3. 가장 극적인 장면은
기본으로부터 나온다

운동화 끈 매는 방법부터 가르쳐라

　가르치는 사람들은 대개 기본의 중요성을 강조한다. 그럼에도 학생들이 기본을 철저히 익히도록 목숨 걸고 가르치는 스승을 찾기란 쉽지 않다. 가르치는 사람이 이런데, 하물며 배우는 학생이 스스로 기본의 중요성을 깨닫고 기본을 익히는 일에 최선을 다하기란 쉽지 않다.

　기본이란 '계층적으로 밟아나가야 하는 과정 중에서 어떤 것을 이루기 위해 가장 먼저 하거나 꼭 익혀야 하는 내용'을 의미한다. 하지만 기본의 진정한 가치는 이런 사전적 정의만으로는 알 수 없다. '기본의 완성 없이는 최고에 도달할 수 없다.' 이것이 최고에 이른 사람만이 알 수 있는 기본의 진정한 가치다. 결과에만 연연하는 우리 사회 풍토에서 기본을 익히는 일에 목숨을 걸고 제자들을 가르친 스승이 있다. 다음은 누구나 알지만 아무나 할 수 없는 기본교육을 통해 성공을 이뤄낸 위대한 스승의 이야기다.

존 우든 감독은 농구선수로서 감독으로서 동시에 명예의 전당에 오른 신화적인 인물이다. 그가 UCLA 대학팀을 이끌며 이룬 NCAA(전미대학경기협회, 미국과 캐나다의 1,281개 대학이 소속된 단체) 챔피언십 10회 우승, 7년 연속 우승과 4시즌 무패 행진, 여기에 더하여 88연승의 기록은 어떤 감독도 이루어내지 못한 탁월한 업적이다.

우든 감독의 업적이 대단한 이유는 무엇일까? 단지 우승경력이 많아서가 아니다. 대학에서 운동과 공부를 겸해야 하는 아마추어 선수들을 이끌고 일궈낸 결과이기 때문이다. 대학의 선수들은 프로팀의 선수들과 달리 학교에서 요구하는 학점을 얻지 못하면 운동을 지속할 수 없다. 당연히 공부를 게을리 할 수 없다. 게다가 아마추어 팀의 특성상 어느 해에는 흔히 말하는 '스타플레이어' 한 명 없이 팀을 꾸려가야 하는 최악의 상황도 생긴다. 좋은 선수들을 이끌고 우승하는 일은 쉽다. 하지만 실력이 부족한 선수들을 가르쳐 우승을 일궈내는 일은 아무나 할 수 있는 일이 아니다. 바로 이런 점 때문에 존 우든 감독의 가르침이 존경을 받는 것이다.

많은 사람들은 우든 감독이 이룬 '승리의 공식'을 배우기를 열망한다.

우든 감독은 "우승을 목표로 팀을 훈련시키는 감독은 결코 팀을 최고로 만들지 못한다"고 한다. 또 "최고의 감독은 우승이 아니라 선수들로 하여금 자신이 갖고 있는 잠재력을 최고로 끌어내는 것을 목표 삼아야 한다"며 "우승은 단지 그 과정에서 얻어지는 부산물"이라는 말을 덧붙였다. 우든 감독은 어떻게 해서 자신이 가르친 제자들의 잠재력을 최고로 끌어올릴 수 있었을까?

'운동화 끈 매는 방법부터 가르쳐라.' 우든 감독이 41년 감독생활 중 15년간의 연구를 통해 얻어낸 답이다. 기본에 대한 우든 감독의 신념이 그대로 드러난다. 운동화 끈을 올바로 매지 않으면 아무리 최고의 선수라도 점프며 달리기며 아무 것도 제대로 할 수 없다. 신발이 맞지 않으면 점프할 때 도약이 떨어지거나 다리를 접질려 부상당할 수 있다. 또한 순발력을 요구하는 순간에도 미끄러지거나 휘청거리게 되어 부상으로 이어질 수 있다. 우든 감독은 첫 연습을 하는 자리에선 언제나 선수들에게 운동화 끈을 매는 법부터 다시 가르쳤다고 한다.

그래서 많은 사람을 감동시키는 최고의 극적인 장면은 언제나 기본으로부터 나오게 되어 있다. 이것이 기본의 진정한 가치다.

4. '기본'이 만들어낸
학습 성공의 기적

우리는 주변에서 가끔 꼴찌들의 반란을 목격한다. 전교 꼴찌가 전교 1등으로 바뀌는 일 등이다. 어떻게 이런 일이 생길 수 있을까? 꼴찌도 1등을 했다면 중하위권인들 왜 못하겠는가? 꼴찌들의 반란이 어떻게 해서 가능했는지 그 방법을 확인해 보자.

축구선수가 꿈이었던 백승훈, 꼴찌에서 1등까지

전남 부안고등학교를 졸업한 백승훈 학생은 초등학교 3학년에 축구를 시작해 국가대표를 꿈꾸는 '축구에 미친 학생'이었다. 하지만 중학교

1학년 때 집안 형편과 건강상 이유로 축구선수의 꿈을 접어야 했다. 축구를 그만 둔 후에도 학교에서 하는 일이라곤 열심히 공을 차는 것이 전부였기에 성적은 당연히 바닥일 수밖에 없었다. 공부엔 워낙 관심도 없었기에 그의 중학교 3학년 성적은 전교생 100명 중 90등으로 최하위권이었다.

경쟁이 없는 하위권 집단에서 지극히 평화로운(?) 학교생활을 하던 백승훈 학생은 중학교 3학년 때 고입 시험을 봐야 해 어쩔 수 없이 처음으로 책을 펼친다. 수학은 숫자만 겨우 읽을 수 있었으며 영어는 무슨 그림처럼 느껴졌고, 다음 시간이 무슨 과목 시간인지도 모른 채 하루하루를 무의미하게 보내야 했다. 고입 시험을 치를 때가 돼서야 자신이 얼마나 공부를 못하는 한심한 학생인지 확인하며 절망에 빠졌다.

그는 고등학교 입학을 앞둔 겨울방학 때 학원을 다니며 그 동안 하지 않았던 공부를 하기 시작한다. 믿고 싶지 않지만 고등학교에 진학하는 학생이 'ABC'도 몰랐다고 한다. 백승훈 학생은 부족한 영어와 수학 공부를 중학교 1학년 과정부터 다시 시작한다. 새로 시작한 중학교 기초 공부는 새벽 두 시까지 복습으로 이어지며 지난 3년 동안의 허송세월을 하나씩 채워 간다. 그렇게 겨울방학 동안 부족한 기초를 보완하니 고등학교 수업 시간에 선생님의 설명을 알아듣기 시작했고 점차 이해도 되었다.

어느 정도 기초가 닦여진 후에는 학교 수업 내용을 철저하게 복습했다. 학교 진도를 놓치면 나중에 얼마나 고생하는지 뼈저리게 절감했기 때문이다. 결국 중학교 3학년 때 전체 100명 중 90등이었던 백승훈 학생은 고등학교 1학년 때 전교 1등을 하고 이후 의대에 진학하며 새로운 꿈을 이뤄나가고 있다.

백승훈 학생의 성공 요인은 무엇일까? 열심히 노력한 것이 성공 요인이라고 생각한다면 틀렸다. 성공의 진짜 요인은 자신이 고등학생이라는 생각을 잊고 중학교 1학년 과정부터 다시 시작한 용기와 결단이다. 지금도 고등학생 중에는 중학교 영어, 수학의 기초가 부족한 학생들이 많다. 기초 부족은 학교 수업을 이해하지 못하고 공부를 힘들게 만든다. 영어만 해도 기초는 중학교 때 모두 배운다. 중학교 영문법을 완벽하게 익히지 못하고 고등학교에 진학한 학생들은 영어공부에 어려움을 겪을 수밖에 없다. 이는 모의고사와 내신을 통해 분명하게 드러난다. 그런데도 학생들은 중학교 영문법을 공부하지 않는다. 사실 영문법은 중학교나 고등학교나 대학교나 똑같은데 말이다.

고등학교에서 영어공부에 어려움을 겪는 학생들에겐 공통점이 있다. 중학교 영문법과 단어를 모른다는 것이다. 문법을 모르면 문장을 분석하지 못하고 감으로 해석해야 한다. 모의고사를 변형시켜 출제하는 문법 문제는 손도 못 댄다. 수학의 기초도 마찬가지다. 중학교 때 함수를 제대로 익히지 못한 수험생은 고등학교에 와서도 2차함수나 삼각함수를 어려워한다. 연산을 포함해 단계적으로 이어지는 수학의 다른 단원도 마찬가지다.

백승훈 군은 고등학교에 들어가서 뒤늦게 공부를 다시 시작했지만 남들처럼 고등학교 책으로 공부하지 않았다. 그는 고등학생이지만 중학교 1학년 책으로 공부를 다시 시작했다. 이것이 그가 성공할 수 있었던 이유다. 뒤늦게라도 기초를 다시 익혔기에 고등학교에 가서 학교 수업을 소화할 수 있었던 것이다. 대부분의 학생들은 꼴찌가 1등을 했다고 하면 원래 머리가 좋거나 엄청난 노력을 해서 그런 거라고 짐작한다. 그리고 그런 일은 '나하고 상관없는 일'이라고 생각한다. 기초만 익히면 누구라도 가능한 일이란 사실을 모르기 때문이다.

백승훈 학생이 아무리 열심히 공부했어도 기초가 없는 상태에서 고등학교 책만으로 씨름했다면 지금의 성공은 이루지 못했을 것이다. 그러나 대부분의 학생은 3년은커녕 1년 전으로 돌아가 공부하는 것도 하지 못한다. 그것은 기초가 왜 중요한지를 모르기 때문이다. 기초를 익히는 일에 목숨을 거는 일도 기본의 의미와 가치를 아는 사람만이 할 수 있다.

공부는 철저히 과학적이고 합리적인 과정이다. 누군가가 "운이 좋아 공부를 잘하게 됐다"고 말한다면, 그것은 누가 가르쳐주지도 않았는데 스스로 기초의 중요성을 깨닫고 실천한 결과라 할 수 있을 것이다.

전교 750등 꼴찌가 사법고시에 합격하다

고등학교 성적이 전교생 755명 중에서 750등이었던 김종훈 학생의 사례를 보자. 그는 전교 성적 750등에서 시작한 공부로 당당하게 대학에 입학했으며 그 어렵다는 사법고시를 합격한 '공부역전, 인생역전'의 주인공이다.

김종훈 학생은 중학교와 고등학교에서 야구선수로 활동했다. 당연히 공부하고는 거리가 멀 수밖에 없었다. 야구선수임을 감안하면 전교 750 등이 그리 놀랄 만한 성적은 아니다. 그러던 중 고등학교 2학년 말에 사정상 좋아하던 야구를 포기하고 새로 공부를 시작할 수밖에 없었다. 전교 꼴찌나 다름없는 학생이 새로 공부를 시작하는 일은 쉽지 않았을 것이다.

그때 김종훈 학생이 선택한 방법은 '기초부터 다시 시작하기'였다. 자신의 실력을 냉정하게 평가하고, 기본을 갖추지 못하면 어떤 공부를 해도 성공할 수 없다는 것을 깨달은 것이다. 중학교 기초부터 다시 시작했다. 앞서 소개한 백승훈 학생은 중학교 3학년 겨울방학에 중학교 1학년 과정을 시작했지만, 김종훈 학생은 고등학교 2학년 말에 중학교 1학년 과정을 다시 시작한 것이다. 영어만 하더라도 고등학생이 'mommy, daddy, happy, bird' 등의 단어를 몰라서 단어장을 만들어 공부했다. 읽는 법조차 몰라 'mommy'는 '마미'라는 식으로 옆에 한글 발음을 적어놓기도 했다.

사실 고등학교 3학년 수험생에게 기초는 시간을 잡아먹는 일이지 당장 성적을 올리는 것과는 거리가 멀다. 하지만 중학교 기초를 익히지 않으면 고등학교 과정을 이해할 수 없고 특히 심화학습을 할 수 없다. 얼핏 돌아가는 것처럼 보이지만 사실은 성공의 지름길인 것이다.

고등학교 3학년 여름방학에
중학교 수학공부로 한의대에 가다

진성고등학교 김신형 학생의 목표는 경희대 한의대에 진학하는 것이었다. 국어나 영어는 성적이 잘 나와서 문제가 없었는데 고등학교 3학년 여름방학 전까지 수학과목에서 원하는 점수가 안 나와 고민이 많았다. 특히 고등학교 3학년이 되면서 자신보다 성적이 안 좋았던 다른 학생에게조차 수학성적에서 뒤처졌을 때는 자신의 공부 방법에 어떤 잘못이 있는지를 몰라 많이 답답해했다.

그렇게 자신의 문제점을 찾던 중 드디어 원인을 발견한다. 그것은 중학교 수학의 기초 부족이었다. 하지만 문제점을 알아낸 시기가 수능을 얼마 남겨놓지 않은 고등학교 3학년 여름방학 전이란 사실은 비극이었다. 고등학교 3학년 수험생이 수능을 석 달 남겨놓은 시점에서 중학교 수학을 다시 공부하는 건 쉽지 않은 선택이기 때문이다. 갈등하던 김신형 학생은 결국 과감하게 다시 공부하기로 결심하고 중학교 수학책을 사러 서점으로 달려갔다. 서점에 가서는 고등학교 3학년 수험생이 중학교 수학책을 사는 것이 너무 창피해 얼른 사가지고 도망치듯 나왔다고 한다. 그는 여름방학부터 중학교 수학책을 처음부터 다시 읽으며 공부했다. 노트를 구입해서 중학교 수학을 꼼꼼히 정리했다.

중학교 수학을 공부하면서 김신형 학생은 새로운 사실을 깨닫는다. 두 점 사이의 거리를 구하는 문제에서 고등학교 과정은 '두 점 사이의 거리를 구하는 개념'을 적용해야 풀 수 있다. 근데 같은 문제를 중학교 수학의 '무게중심을 이용하는 개념'으로 구하면 훨씬 더 쉽고 간단하다는 것을 알게 된다. 또 다른 문제를 풀 때도 고등학교에서 배운 방식으로 풀면 풀이과정이 복잡하나 중학교 과정을 통하면 쉽게 해결 가능한 것을 알았다. 결국 중학교 수학을 통해 고등학교 수학의 기초를 탄탄히 함과 동시에 수학을 보다 쉽게 풀 수 있는 방법까지 덤으로 얻은 것이다. 김신형 학생은 다음과 같이 말한다.

"고등학생이면 점이 뭐고 면이 뭐다 이런 건 알고 있어요. 그런데 이걸 정확하게 정의하라고 하면 솔직히 말하기가 너무 어렵죠. 그런데 중학교 교과서에는 그런 게 굉장히 친절하게 나와 있거든요. 그래서 그걸 읽어가다 보니 제 머릿속에서 그런 정의들이 명확해지는 느낌을 받았어요."

수학실력이 부족하다는 것을 알아도 고등학교 3학년 수험생이 수능을 몇 달 남겨놓지 않은 여름방학 때 중학교 수학을 보는 일은 결코 쉬운 일이 아니다. 그러나 김신형 학생은 그 일을 해냈다. 중학교 수학을 다시 공부하기로 한 결단은 김신형 학생이 꿈꾸었던 경희대 한의대 진학으로 이어졌다. 김신형 학생은 '중학교 수학을 다시 공부하는 것이 혹시 낭비는 아닐까' 하는 후배들에게 다음과 같은 말을 전한다.

"처음 중학교 과정을 공부하려고 하는 친구들이 이렇게 생각할 수 있어요. 이게 나한테 도움이 될까, 시간 낭비는 아닐까. 그렇지만 공부를 막상 시작하게 되면 이거 왜 몰랐지, 이거 중요한 건데 몰랐던 거네 하며 기본의 중요성을 느낄 수 있을 거라고 생각해요. 건물을 세움에 있어서 가장 밑바탕인 주춧돌이 중요하듯, 수학공부에서도 기본이 가장 중요하다고 생각하거든요."

처음으로 돌아가라

처음 두 사례는 완전 바닥에서 공부를 다시 시작한 경우이고, 마지막 사례는 우등생의 사례다. 많은 사람들이 시험합격이라는 골인 지점에 도달하기 위해 저마다 최선을 다해 달린다. 그렇지만 상위권과 하위권은 출발선도 다르고 달리는 속도도 다르다. 심지어 달리다가 길을 잃어버리는 지점도 다르다. 어떤 사람은 출발하자마자 길을 잃어버리고 어떤 사람은 중간지점에서 길을 잃어버린다. 또 다른 이는 골인지점을 바로 앞두고 길을 잃어버린다. 하지만 길을 잃은 사람들이 올바른 길 위에서 다시 달려 무사히 목적지에 도달하기는 쉽지 않다. 대부분은 길을 잃은 채 방황하다 끝난다. 길을 잃으면 헤매지 말고 출발선으로 돌아가야 한다. 숲이 울창하고 험한 길일수록 더 그렇다.

앞서 소개한 세 명은 모두 그러한 원리를 공부에 적용했다. 꼴찌든 우등생이든 공부가 막히면 기초로 돌아가야 한다는 점에서 모두 같은 길을 걸은 것이다. 길을 잃었을 때 다시 처음으로 돌아가서 출발하는 것은 올바른 방법이지만 결코 쉬운 일이 아니다.

5. 누가 뭐라 해도,
기본이 답이다

대중 강연을 하다 보면 강의가 끝난 후 참석한 분들과 강연 내용에 관한 얘기를 좀 더 나누곤 한다. 가끔은 수험에 관한 개인적인 질문도 받게 된다. 대부분 '학습 성공의 핵심이 무엇'인지를 묻는다. 어쩌면 수험생들에게 가장 절실한 질문일 수 있다.

내 대답은 항상 똑같다. 교과서적인 고루한 답변일 수 있지만 학습에 대한 나의 신념이기에 확신에 찬 어조로 얘기를 해준다. 그러나 나의 답변에 모든 사람이 공감하지는 않는 것 같다. 내 답변에 대한 사람들의 반응을 보면 알 수 있다. 아주 만족스럽지는 않지만 그럭저럭 넘어가주시는 분도 있고, 너무 뻔한 대답에 실망을 느낀 분들도 있었을 것이다. 하지만 상대방을 배려할 줄 아는 교양인들인지라 내 답에 반응하는 표정만으로는 확실히 어느 쪽인지 알 수가 없다.

대답에 만족하지 못해 나타나는 청중들의 표정과 반응을 지켜보는 일은 강사로서 매우 고역이다. 그러나 나 역시 교양인으로서 표정관리를 해야 하기에 나 역시 안타까운 마음을 속말로 대신할 수밖에 없다.

'기본이 답인데….'

우리 사회에 공부역전, 인생역전은 진정 불가능한가? 그렇지 않다.
기본이 답이다.

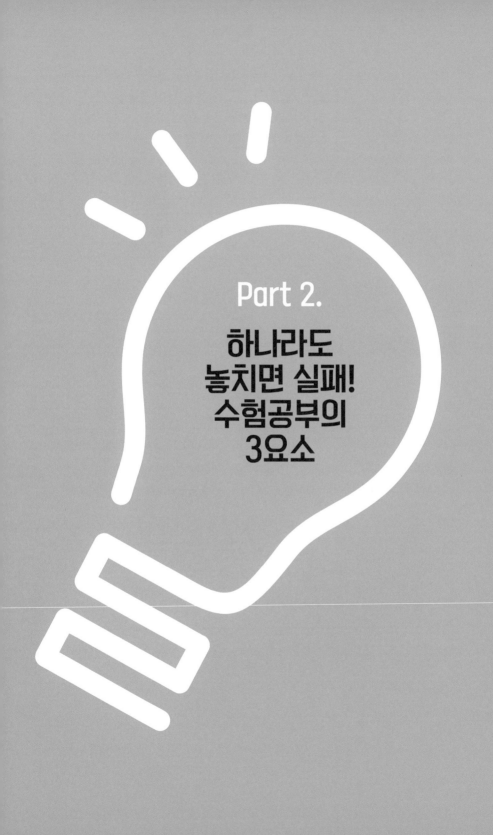

Part 2.

하나라도
놓치면 실패!
수험공부의
3요소

1. 이해

이해력이 향상되지 않는 이유

    수능이나 고시는 단순한 지능테스트가 아니다. 그래서 수험공부에서 이해력이란 타고난 지능을 의미하지 않는다. 문자화된 지식을 이해하기 위해서는 문자를 해독하는 방법과 절차를 알아야 하며, 그렇게 이해한 내용을 시험일까지 유지하는 지식관리 능력도 함께 갖추어야 한다. 그래서 수험공부에 필요한 이해력과 단순지능을 구별할 줄 알아야 한다. 어제 이해한 내용을 오늘 또는 시험 날 이해하지 못하면 그 수험생은 지능이 아니라 수험이해 능력이 부족한 것이다. 또한 시험은 지식 하나를 이해하고 평가하는 것이 아니기에 수험생의 이해력은 단편적인 지식을 넘어 교과서의 내용 전체를 이해하는 양적인 능력도 필요로 한다.

수험생들이 초·중·고를 거치며 오랜 시간 공부하면서도 이해력이 향상되지 않는 이유를 살펴보자. 보통 오랫동안 한 가지 일을 계속하다 보면 그와 관련된 능력이 향상된다. 이것을 '경험의 원칙'이라고 한다. 경험이 많으면 경험이 적은 사람보다 일반적으로 그 일에 능숙하다. 그래서 우리는 경험이 많은 사람을 '베테랑'이라 부르고 사회 모든 분야에서 우대하고 있다. 경험이란 단기간에 얻을 수 있는 것이 아니기 때문이다.

이러한 원리에 따르면 수학공부를 오래할 경우 당연히 수학을 잘해야 한다. 수학공부에 경험이 쌓이기 때문이다. 대부분의 학생은 초·중·고를 거쳐 12년간 수학을 공부한다. 경험의 원리에 따르면 모두가 수학에 베테랑이 되어야 한다. 하지만 현실은 베테랑은커녕 수학이라면 고개부터 젓는 수학포기자가 속출하고 있다. 1학년 때 수학 30점을 받은 학생은 3학년에 가서도 30점에서 쉽게 벗어나지 못한다.

이상하게 공부에선 이런 경험의 원칙이 잘 지켜지지 않는다. 수능이나 고시에서도 같은 시험을 세 번, 네 번 반복적으로 치르면 점수가 더 높게 나와야 한다. 하지만 오르기는커녕 비슷하게 나오거나 오히려 성적이 더 떨어지는 경우도 있다. 서당개 3년이면 풍월을 읊고 식당개 3년이면 라면을 끓인다는데, 왜 공부는 경험의 원칙이 적용되지 않는 것일까?

그 이유는 능력이 향상되는 공부를 하지 못해서다. 그렇다면 오랫동안 공부를 하는데도 학습 능력이 향상되지 않는 이유는 무엇일까? 수험생들이 이해의 원리와 방법을 모르며, 이해한 것을 시험 때까지 유지하는 지식관리 능력 또한 부족하기 때문이다. 지식을 이해하는 방법과 절차를 모르면 당연히 이해 능력을 향상시킬 수 없다. 원리를 안다 해도 잘못된 원리를 따라 공부하면 소용이 없다. 잘못된 원리에 따라 아무리 열심히 공부해도 성공에 이를 수 없기 때문이다.

중세는 '마녀사냥'과 '주술사', '모든 일은 신의 뜻'으로 대표되는 시대였다. 당시 세상은 미신과 비합리적인 세계관이 지배하고 있었다. 그러한 시절에 잘못된 권위에 도전하여 합리적 사유와 과학적 세계관을 열어준 인물이 있다. 프랑스의 철학자이며 수학자인 데카르트다. 데카르트는 "원하는 목표에 올바로 도달하기 위해서는 처음부터 바른 원리에서 출발해야 한다"는 대원칙을 발견한다. 올바른 원리가 목표를 이루는 데 왜 중요한지 그의 설명을 직접 들어보자.

> 길을 가는 데 있어 가고자 하는 목적지의 반대 방향으로 가고 있는 한 더 빨리 그리고 더 오랫동안 가면 갈수록 그만큼 더 목적지로부터 멀어지게 된다. 그래서 결국 나중에 올바른 길로 들어서게 되더라도 애초에 길을 나서지 않은 사람보다 더 빨리 목적지에 다다를 수 없게 된다. 나쁜 원리들을 갖고 있는 경우가 바로 이런 경우에 해당되는 것이다.
>
> – 데카르트 《철학의 원리》 중

400년 전 데카르트의 이런 통찰은 오늘날 수험에서도 그대로 나타난다. 고시를 10년 공부한 수험생보다 아직 길을 나서지도 않은 신입생이 더 빨리 합격하는 경우다. 그래서 '공부를 왜 해야 하는지도 모르고 공부에 흥미도 없어서 아직 출발하지 않은 30점'은 '잘못된 길에서 노력으로 얻은 80점'보다 더 희망적이다. 출발하지 않은 30점은 올바른 길 위에서 100점이 될 수 있지만 잘못된 길에서 얻은 80점은 그 이상이 될 수 없기 때문이다.

열심히 노력하는 것과 이해 능력이 향상되는 것은 다르다. 어떻게 노력하느냐가 이해 능력을 향상시키느냐 그렇지 않느냐를 결정한다. 일단 이번 장에서는 이해 능력과 관련한 잘못된 편견을 지적하는 정도에서 서술하려 한다. 이해 능력을 향상시키는 구체적 원리나 방법은 Part 5.에서 보다 자세히 다룰 것이다.

독서방법을 바꿔야 이해력이 향상된다

시험공부를 할 때 수험생들의 가장 큰 문제는 교과서를 읽고도 이해하지 못하는 것이다. 읽기 능력은 공부의 기본이다. 수험생들이 대학까지 16년 이상 책과 함께하면서도 공부의 기본인 읽기 능력을 향상시키지 못하는 이유가 뭘까? 바로 책을 읽는 독서방법이 잘못되었기 때문이다.

우리의 읽기 교육은 대개 초등학교 입학 전부터 시작한다. 대부분의 아이들은 학교에 들어가기 전 엄마 손에 이끌려 동화책부터 접한다. 학교에 들어가서야 비로소 교과서를 공부한다. 동화책으로 읽기 연습을 해왔던 학생들은 교과서를 읽고 이해하는 방법을 따로 배우지 않는 한 교과서 역시 동화책처럼 읽으면서 공부한다.

그러나 동화책과 교과서는 담고 있는 내용이나 서술방식이 완전히 다르다. 목적과 내용, 서술방식이 다르면 당연히 책을 읽는 방법도 달라져야 한다. 수험생이 교과서를 읽는 올바른 방법을 배우지 못하면 초등학교, 중학교, 고등학교, 대학교 내내 동화책 읽듯 교과서를 읽으며 시험을 준비할 수밖에 없다. 실제 이런 일들이 수험생들에게 벌어지고 있다. 교과서를 읽고 이해하는 올바른 방법을 모르는 수험생들은 의미 없는 독서를 반복하고 있다.

왜 동화책과 교과서는 읽는 방법이 달라야 하는지 다음 글을 읽고 생각해보자.

예문 1   옛날 옛날에 아프리카 모래 초원이 있었단다.
그곳에 사는 모든 동물들은 모랫빛을 띠고 있었어.
기린, 얼룩말, 영양 모두모두 말이야.

             – 루디야드 키플링, 《표범의 얼룩무늬는 어떻게 생겨났을까?》

예문 2   공부는 왜 할까?
깨닫고 배우기 위해서야.
세상과 사람, 자연과 사물들이
어떻게 이루어졌는지 배울 수 있지.

             – 초등학교 1~2학년군, 학교1

예문 3 우리나라 경제는 세계 여러 나라와의 경쟁과 협력 속에서 끊임없이 발전하고 있다. 우리나라 경제가 성장하게 된 원인과 앞으로 경제 발전을 위해 우리가 하여야 할 일을 알아보자.

— 초등학교 5학년 사회, 세계로 뻗어 가는 우리 경제

예문 4 근대 민주 정치는 시민혁명을 거치면서 수립되었다. 시민혁명을 주도한 것은 상공업을 통해 부를 축적한 상공업자들이었다. 상공업자들은 계몽 사상과 사회계약설 등의 영향을 받아 군주의 절대권력에 저항하였다.

— 중학교 사회, 근대 민주정치와 시민혁명

첫 번째 글은 동화이며 나머지 세 편은 초·중학교의 교과서 일부를 옮겨온 글이다. 동화책과 교과서 글을 비교해 읽으면서 두 글의 차이점을 찾아보자. 그 차이점을 알아야 글을 읽고 이해하는 근본적인 원리를 이해할 수 있다. 대표적인 차이점은 표현의 방식과 글에 사용된 어휘다.

동화책	교과서
구어체, 담화체	문어체
일상어	학술용어, 전문용어
구체어	추상어

동화책은 주로 구어체나 담화체로 서술한다. 그러나 교과서는 구어체가 아닌 문어체, 그리고 학술용어나 전문용어와 같은 어휘를 사용한다.

이런 단어들은 일상어와는 달리 특별한 정의나 개념을 가지고 있다. 물론 모든 단어가 의미를 갖는다는 면에서는 똑같다. 하지만 단어가 갖고 있는 속성을 살펴보면 학술용어는 일상어와 다르다.

동화책 어휘	교과서 어휘
옛날, 아프리카, 모래, 초원, 동물, 모랫빛, 기린, 얼룩말	공부, 깨달음, 배움, 세상, 사람, 자연, 사물, 경제, 근대, 민주, 정치, 상공업, 계몽사상, 사회계약설

교과서에서 사용되는 어휘는 동화책보다 어렵다. 놀라운 사실은 초등학교 1학년 교과서에 '공부', '깨달음', '배움'이라는 단어가 나오고 있다는 사실이다. 평생을 공부해도 그 깊은 의미를 쉽게 정의하기가 힘든 어휘들이다. 예문에서 보듯 교과서에 나오는 단어는 저학년이라 해서 수준이 낮지 않다. 다만 교사의 재량과 능력에 따라 '학년에 맞도록 어떻게 설명할 것인가'가 다를 뿐이다.

교과서 어휘는 대개 지식과 관련한 정의나 개념을 가지고 있다. 이런 글을 읽고 이해할 때는 동화책을 읽듯이 하면 안 된다. 책을 읽는 특별한 절차나 방법이 있다. 수험생들은 이러한 절차나 방법을 익히고 교과서를 공부해야 하나 현실은 그렇지 못하다. 교과서 읽기의 올바른 방법은 Part 5.에서 구체적으로 배우게 될 것이다.

지능과 이해 능력은 다르다

지식을 이해하는 일에 특별한 방법과 절차가 있다는 것을 모르면 편견을 갖게 된다. 이해와 관련된 대표적인 편견 중 하나는 '지능이 높아야 이해를 잘한다'는 것이다. 이것이야말로 공부의 본질을 모르는 말이다. 지능이 미래의 학업수행 능력을 확실하게 보장한다면 대학은 수능을 치르지 않고 지능만으로 학생을 뽑을 수 있을 것이다. 하지만 세상 어떠한 대학도 '지능우수자 특별전형'은 없다.

학문과 비즈니스 성공에 필요한 능력은 지능이 아니라 사고력이다. 대학이나 기업에서 인재를 선발할 때 지능검사가 아니라 왜 더 복잡하고 번거로운 사고력 문제를 통해 성공 가능성을 평가하는지 알아야 한다. 더욱이 지식을 이해하는 능력이 순전히 지능과 관련되어 있다면 다음의 두 가지 경우를 설명하지 못한다.

첫 번째는 지능이 높은데도 공부를 잘 못하는 학생이다. 이런 경우는 워낙 많아 따로 예시를 들 필요도 없을 것이다. 두 번째는 반대의 경우다. 지능(IQ)이 43인 지적장애 학생이 고등학교를 수석으로 졸업하고, 대학에서도 수학과를 3년 만에 우등으로 졸업한 사례를 소개한다. 이 이야기는 미국 잡지에 소개되어 유명세를 타기도 했다. 이해 능력이 지능과 큰 연관이 있을 것이라고 생각하는 독자들을 위해 잠시 그의 이야기를 소개하기로 한다.

IQ43 라이언 카샤 이야기

IQ43, 그의 이름은 라이언 카샤. 지진아 판정을 받고 일반학교에 들어가기 위하여 유치원을 두 번이나 다녀야 했던 학생이다. 그의 유치원 선생님은 라이언 카샤가 일반학교에 가면 적응하지 못할 것이라는 판단을 하고 부모님에게 특수학교 진학을 권유하지만, 부모님의 신념으로 일반초등학교에 진학한다. 학교공부를 이해하지 못해 놀림을 당하는 것은 일상사였으며 외모나 비뚤게 걷는 모습도 아이들의 놀림감이었다. 심지어는 카샤에게 돌을 던지며 놀려대는 아이들도 있었다. 그때마다 카샤는 울면서 집으로 돌아와야만 했다.

카샤가 어려움을 이겨내고 학교를 마칠 수 있었던 것은 부모님의 격려와 사랑 덕분이었다. 아빠는 늘 어린 카샤에게 남들보다 두 배 이상 노력하면 너도 그들처럼 잘할 수 있다는 말로 격려하며 카샤의 공부를 도왔다. 한 번으로 이해가 안 되면 이해가 될 때까지 수십 번을 반복해서 설명했다. 이런 부모님의 격려와 헌신에 카샤도 용기를 내어 공부를 하게 된다.

카샤의 눈물겨운 학습과정은 카샤가 고등학교를 전교 1등으로 졸업하면서 꽃 피운다. 대학 역시 수학과에 진학해 3년 만에 우등으로 조기 졸업하고, 남들이 다 어렵다고 피하는 미분·적분학을 전공으로 대학원에도 진학한다.

경쟁 대상에서 처음부터 제외되었던 카샤. 그는 "노력하면 누구나 공부에 성공할 수 있다는 것을 세상에 보여주기 위해 모든 어려움을 이겨 냈다"고 한다.

우리가 카샤의 사례에서 얻어야 할 건 '노력의 중요성'이나 '발달장애를 딛고 일어선 감동'뿐만이 아니다. 아이큐가 고작 43밖에 되지 않았던 카샤가 어떻게 어려운 교과서를 이해할 수 있었는지 생각해봐야 한다. 만약 이해 능력이 '타고난 지능'에 달려 있다면 IQ 43의 카샤는 대학에서 수학과를 우등으로 조기 졸업할 수 없었을 것이다. 지능이 아닌 절차나 방법이 중요하다는 말이다.

책을 읽는 데도 방법과 절차가 있다

책을 읽는 데에도 방법과 절차가 있다고 말하면 "그냥 읽고 이해하면 되는 것이지 무슨 방법이 있겠냐"고 반문하는 사람도 있을 것이다. 아무렇게나 책을 읽는 건 누구나 할 수 있다. 모든 사람이 그렇게 읽어서 지식을 올바로 이해할 수 있다면 굳이 책을 읽는 특별한 방법을 소개할 이유가 없을 것이다. 분명 학문의 천재들이 책을 읽고 이해하는 절차와 방법은 일반인들과 달랐다. 이후 Part 5.에서 그 방법을 자세히 다룰 것이다.

2. 기억

암기학습이 기억 능력을 향상시키는 것은 아니다

수험생들이 시험을 위해 내용을 기억하는 것과 자신의 기억 능력을 향상시키는 것은 다른 과정이다. 교과서의 내용을 마구잡이로 외우는 일은 당장 눈앞의 시험에는 도움이 되지만 수험생의 근원적인 암기 능력을 향상시키지는 못한다. 앞서 이해 능력을 향상시키는 데 특별한 방법과 절차가 있다고 했지만 이건 기억도 마찬가지이다.

수험공부는 교과서 일부를 기억하는 능력이 아닌 교과서나 문제집 전체를 통으로 암기하는 능력을 필요로 한다. 만약 수험생에게 이런 능력이 없다면 어떤 시험을 보든지 합격을 기대할 수 없다. 수험생은 벼락치기식 공부로 시간을 보낼 것이 아니라 근본적인 기억 능력을 향상시키는 기억 전략을 배워야 한다. 최상위권만의 특권인 '교과서나 문제집을 전체적으로 암기하는 능력'은 고도의 기억 전략 없이 불가능하기 때문이다.

기억 능력은 기억기술과 전략을 배우면서 향상된다

수험생들이 교과서 전체를 기억해야 한다는 것을 알면서도 잘 실천하지 못하는 이유가 무엇일까? 이는 기억 능력 역시 타고난 지능만으로 작동되는 것이 아니기 때문이다. 그래서 기억에도 특별한 방법과 전략이 필요하다. 이런 특별한 방법을 배우는 것이 기억 전략이다.

타고난 지능 외에 어떤 특별한 방법을 가지고 교과서나 문제집을 전부 외울 수 있을까? Part 6.에서 그 방법을 배울 수 있을 것이다. 여기서 소개하는 방법을 배워 활용한다면 누구든지 교과서와 문제집을 통으로 암기할 수 있는 능력을 갖추게 될 것이다. 그리고 세상 어떠한 시험에서도 살아남는 수험생이 될 수 있을 것이다.

3. 문제해결

분석, 종합, 추론, 비판, 창의 등의 사고력이 필요

수험공부의 최종목표는 '문제해결'이다. 그렇기 때문에 문제를 해결하지 못하는 지식을 머리에 쌓아두는 일은 아무 의미가 없다.

문제해결 능력은 지식을 이해하고 기억하는 인지 능력뿐만 아니라 분석, 종합, 추론, 비판, 창의와 같은 종합적인 사고력을 포함한다. 사고력은 교과서를 이해하는 과정만으로는 향상시킬 수 없다. 단지 이해한 지식만 머릿속에 늘어날 뿐이다. 머리에 지식이 많다고 문제해결 능력이 저절로 생기는 건 아니다.

수능이나 국가공무원 PSAT시험처럼 사고력을 평가하는 시험에서는 교과서의 내용을 그대로 지문으로 출제하지도 않는다. 이렇게 교과서에 없는 내용을 지문으로 출제하는 문제를 범교과 문제라 한다. 사고력 평가는 지식의 많고 적음을 평가하는 것이 아니라 문제를 해결하는 또 다른 정신 능력을 평가하는 것이다. 그래서 문제해결에 필요한 사고력 향상 역시 교과서를 이해하고 기억하는 능력과는 다른 별도의 능력을 통해 가능하다. 문제해결에 필요한 사고력이란 무엇이며 사고력을 어떻게 향상시킬 수 있는지는 Part 7.에서 구체적으로 다룰 것이다.

Part 3.

공부효율,
성적의 4요소를
기억하라

1. 노력만 한다고
되는 게 아니다

성적은 공부효율이 결정한다

　시험성적을 결정하는 요소는 집중력·학습결손·공부시간·학습기술 네 가지다. 성적을 이루는 요소를 이렇게 네 가지로 분석하는 이유는 수험공부의 방향을 올바로 설정하고, 성적부진을 합리적·과학적으로 설명 및 해결하기 위해서다.

　수험생들에게 성적이 낮은 이유를 물으면 대개 "노력이 부족했다"는 말을 한다. 이들에게 성적향상 방안을 물으면 "지금보다 더 노력하겠다"는 말을 한다. 성적부진의 원인도 해결책도 온통 노력으로 모아진다. 물론 노력 없는 성공을 이룰 수 없지만, 노력이란 단지 방향성과 구체성이 없는 추상적 지침에 불과하다. 노력은 결과를 말해줄 뿐 과정의 합리적 요인을 설명하지 못한다. 과정이 올바르면 결과는 항상 좋다. 과정을 구체적으로 살펴봐야 하는 이유다.

실행력과 관련해서도 '더 노력하겠다'는 막연한 다짐은 구체성이 결여된 추상적 지침에 불과하다. 추상적 지침이 구호나 다짐은 될 수 있으나 실천력이 부족한 수험생에게 '실행'을 끌어오지는 못한다. 그래서 구체적 목표나 방법을 상실한 막연한 노력은 결과 또한 막연할 수밖에 없다.

성적향상은 구체적 목표와 실행을 통해서만이 달성할 수 있다. 이해 능력과 관련해 성적의 4요소를 살펴보자. 집중력이 낮고, 학습결손이 있으며, 공부시간이 적고, 학습기술도 부족하면 수험생의 이해 능력은 향상될 수 없다. 그래서 수험생이 이해, 기억, 문제해결 능력을 향상시키기 위해서는 그 기반이 되는 성적의 4요소를 먼저 향상시켜야 한다. 수험공부의 3요소(이해, 기억, 문제해결) 전체가 다 성적의 4요소와 이어진다. 지금부터 성적의 4요소가 실제로 성적에 미치는 영향이 어떤지 살펴보자.

시험은 수험생의 시간과 에너지가 투입되는 자원 경쟁이다. 그래서 공부도 효율성의 원리에 지배를 받는다. 실제 시험성공은 단순히 공부시간이 얼마나 많은가로 결정되는 것이 아니라 공부효율로 결정된다. 아무리 공부시간이 많아도 교과서의 내용을 이해하지 못하고 기억하지 못하면 시험실패로 이어지기 때문이다.

공부효율은 성적의 4요소 점수를 모두 곱해서 결정된다.

공부효율 = 주의집중 × 학습결손 × 공부시간 × 학습기술

*주의집중 수험생의 주의집중 능력에 따라서 1~5점으로 평가.
(집중력이 높으면 5, 낮으면 1)

*학습결손 수험생의 학습결손에 따라 1~5점으로 평가.
(결손이 없으면 5, 결손이 많으면 1)

*공부시간 실제 하루에 공부하는 자기주도학습시간을 의미. 이때 학교, 학원, 인강, 숙제 등은 공부시간에 포함되지 않으며 순수하게 배운 것을 익히는 복습시간과 미리 공부할 내용을 살펴보는 예습시간을 의미함(실제 시간을 체크. 고등학생은 하루 4시간, 고시생의 경우 하루 8시간이 기본).

*학습기술 공부할 때 사용하는 학습기술과 전략의 수준에 따라 1~5점으로 평가. 다양한 학습기술을 수험공부에 활용하고 있다면 높은 점수, 그렇지 않다면 낮은 점수.

성적의 4요소가 실제로 성적에 미치는 영향

	주의집중	학습결손	공부시간 (실제 시간)	학습기술	공부효율 (성적)
최상위	5	5	4	5	500
상위권	4	4	4	4	256
중위권	3	3	6	3	162
하위권	2	2	8	2	64

최상위권과 상위권을 비교해 보자. 공부시간은 하루에 4시간으로 똑같다. 단지 나머지 3개의 요소(집중력, 학습결손, 학습기술)에서 아주 적은 차이가 난다. 그럼에도 공부효율을 비교해보면 거의 2배(500:256) 차이가 난다.

중위권이나 하위권도 마찬가지이다. 특히 하위권을 보면 공부시간이 최상위권인 전교 1등의 4시간보다 2배나 많은 8시간인데 효율은 훨씬 낮다. 공부시간이 아무리 많아도 나머지 요소의 능력이 부족하면 성적의 격차가 커짐을 볼 수 있다(500:64).

성적이 낮은 수험생들이 마음을 고쳐먹고 성적을 올리려 할 때 대개는 공부시간만 늘린다. 성적의 4요소가 얼마나 중요한지를 모르고, 설령 그 중요성을 알았다 해도 해결책이 없기 때문이다.

앞서 보았듯이 공부시간을 아무리 늘려도 나머지 능력이 향상되지 않으면 공부효율과 성적은 오르지 않는다. 만약 공부시간만으로 성적이 결정되는 것이라면 학교는 야간자율학습시간을 늘리는 것으로 모든 학습부진을 해결할 수 있을 것이다. 하지만 실상은 그렇지 않다. 중하위권 학생들의 성적향상이 어려운 이유다. 그래서 공부효율을 결정하는 성적의 4요소를 균형 있게 향상시켜야 하는 것이다.

2. 주의집중력

집중력은 공부엔진

공부를 잘하는 사람, 혹은 자기분야에서 뛰어난 업적을 남기는 사람들은 하나같이 공통점을 가지고 있다. 바로 집중력이다. 칙센트 미하이 교수는 이러한 집중력을 창조적 능력과 연관시켜 '몰입'이라는 주제로 다루었다. 몰입이란 하나의 주제에 대해 24시간 지속적으로 생각하며 문제가 해결될 때까지 집중한다는 개념이다.

뉴턴은 엄청난 몰입 능력으로 인해 점심시간과 저녁시간을 종종 착각했으며, 계란을 삶으려다 시계를 삶았다는 일화가 전해진다. 하나의 연구주제에 몰입하다 보니 그 외의 일은 무의식 영역에서 이루어진 것이다. 뉴턴뿐만 아니다. 뉴턴에 버금가는 천재인 아인슈타인 또한 연구에 몰입하다 중요한 회의시간에 멍하니 다른 생각을 하거나, 퇴근 후 집에 도착해서도 밤늦게까지 문 앞에서 골똘히 생각하며 서 있었다는 일화도 있다.

집중력은 공부의 시작부터 끝까지 전체과정을 이끌어가는 핵심역량이다. 자동차로 비유하면 차의 엔진이라 할 수 있다. 당연히 엔진의 출력이 클수록 차의 성능은 뛰어나다. 엔진의 출력이 높으면 차가 무거운 짐을 싣고도 언덕을 잘 올라간다. 출력이 낮은 차로 두 번 옮겨야 할 것을 한 번에 옮길 수도 있다.

집중력도 마찬가지다. 집중력이 높으면 공부를 해나가는 힘이 세다. 반면에 집중력이 낮으면 공부하는 힘이 약하기 때문에 조금만 공부해도 주의가 산만해져서 공부를 지속할 수 없다. 공부해야 하는 단원이 약간만 어려워도 차가 힘이 달려 언덕을 못 오르듯 중간에 포기한다. 집중력이 높은 학생이 10분이면 공부할 것을 집중력이 낮은 학생은 한 시간이나 해야 한다. 그래서 집중력은 공부엔진, 즉 수험생의 공부효율을 결정하는 절대 요소라 할 수 있다.

집중력과 이해력

집중력이 부족하면 이해 능력도 떨어진다. 집중력이 부족한 수험생들은 책을 읽거나 수업을 들을 때 정보의 일부만 받아들이고 나머지 정보는 인식조차 못한다. 예를 들면 교과서를 읽을 때도 눈에 안 들어오는 단어가 생기게 된다. 이러면 책을 읽고도 자신이 무엇을 읽었는지 모르게 된다. 수업을 들을 때도 강사가 열 개의 내용을 얘기하면 그 중 서너 개만 듣게 되고 나머지는 기억을 못한다. 이렇게 집중력이 부족하면 정보의 손실이 발생하고 정보의 손실은 곧 이해의 부족으로 이어진다. 모든 내용을 다 읽어도 이해가 어려운데 그렇지 않아도 이해력이 부족한 수험생이 교과서의 일부만 읽고 어떻게 내용을 이해할 수 있겠는가?

자신의 집중력이 좋은지 나쁜지는 책을 읽은 후 읽은 내용을 적어보거나, 강의를 듣고 난 후 강의 내용을 적어보는 것으로 알 수 있다. 집중력이 낮으면 적는 내용도 적다. 집중력이 아주 낮은 수험생들 중에는 전혀 적지 못하는 경우도 있다.

주의력결핍과잉행동장애

집중력이 부족하면 수업을 이해하지 못하는 것은 말할 필요도 없고, 수업시간에 선생님이 얘기한 준비물이나 수행평가 과제를 기억하지 못한다. "선생님이 언제 그런 말을 했냐"고 오히려 반문하기도 한다. 친구나 가족들 사이에서도 의사소통에 문제가 있다. 상대방이 말한 내용을 기억하지 못하거나 잘못 이해해서 다툼이 생기기도 한다. 시험문제를 풀 때도 문제를 잘못 읽어 실수를 한다. 주의력 결핍이 있는 수험생 중에는 본인의 주의력이 부족한 것을 받아들이지 않고 끝까지 실수라고 생각하는 학생도 있다. 실수란 같은 경우에 어쩌다 한두 번 하는 것이다. 같은 실수를 반복적으로 저지른다면 이는 실수가 아니라 실력이다.

수험생이 위에서 말한 내용에 해당하는 경향을 보인다면 집중력에 문제가 있다고 볼 수 있다. 주의집중력 결핍이 있으면 정상적으로 학습을 할 수가 없다. 그래서 주의집중력 결핍을 학습장애로 다룬다. 대표적인 것이 ADHD(Attention Deficit Hyperactivity Disorder) 즉 주의력결핍과잉행동장애이다.

집중력이 공부에 영향을 미친다는 것을 모르는 사람은 거의 없다. 초·중·고·대학에 가서 학습법 연수를 하다보면 의외로 많은 학생들이 집중력 장애를 겪고 있다는 걸 알 수 있다. 자신의 집중력에 만족하지 못하는 수험생들이 많음에도 불구하고 이들을 돕는 우리 사회의 통로가 너무 좁은 듯하다. 여기에는 사회적 인식도 한 몫 하는 것 같다. 우리 사회는 공부를 잘하고 싶어 하는 열망은 높은데도 공부를 방해하는 학습장애에 대해서는 심각하게 다루지 않는다. 우리사회가 집중력 부족을 '꼭 치료해야 하는 병'으로 심각하게 인식한다면 오늘날 학교에서 학생들이 이로 인해 공부에 어려움을 겪는 경우는 훨씬 적을 것이다. 하지만 현실은 그렇지 않다는 게 안타깝다.

조금 더 세밀히 들여다보면 중하위권 학생들은 거의 집중력 문제를 안고 있다. 부모들이 성적부진의 문제점이 무엇인지를 제대로 진단하지 못한 이유이다. 자녀가 집중력이 부족해서 강의를 제대로 소화하지 못하는데도 그저 잘 가르치는 강사만을 찾는다. 교육의 실패는 학생만의 책임이 아니다. 문제를 근원적으로 인식하지 못한 채 올바른 대책을 세우지 못하는 사회시스템에도 책임이 있다. 또 가장 가까운 데서 학생을 도와줘야 하는 부모야말로 학생들이 공부에 어려움을 겪고 있는 현실에서 가장 책임이 크다는 것을 알아야 한다. 집중력을 향상시키는 방법은 Part 4.에서 다룰 것이다.

3. 학습결손

학습결손이 있으면 수업을 이해 못한다

학습결손이란 지난 학습과정을 완벽하게 익히지 못하고 상급학년으로 진학하는 경우를 말한다. 고등학교에 진학하는 학생이 중학교 과정을 다 익히지 못했다면 학습결손이 있는 것이다. 이런 경우에는 유급제를 적용해서 같은 학년 과정을 한 해 더 배우게 해야 한다. 그러나 현실에서는 유급제를 적용하지 않는다. 우리 현실은 대부분의 학생들이 자기 학년에서 배워야 하는 교과내용을 다 익히지 못해도 모두 상급학년으로 올라간다. 상급학년의 교실 숫자를 채워야 하기 때문이다.

학습결손이 있으면 공부에 어떤 영향을 미칠까? 지금 듣는 수업을 이해하지 못한다. 특히 국어·영어·수학 과목처럼 이전 학습내용을 알아야 다음 단계를 배울 수 있는 연계학습의 경우 더욱더 수업을 이해하기 힘들다. 그러면 현재의 수업에 또 다시 학습결손이 생긴다. 빈곤의 악순환이 계속되듯 학습결손 역시 또 다른 학습결손을 만들어 낸다. 그래서 국영수와 같은 기반과목은 한번 성적이 떨어지면 다시 회복하기가 힘들다. 학년이 올라갈수록 영어나 수학을 포기하는 학생이 많아지는 이유이기도 하다.

학습결손이 있는 학생들은 교사의 수업내용을 이해하지 못하면서도 강제로 들어야 한다. 사실은 듣는 척을 하는 것이지 진짜 듣는 게 아니다. 듣는 척이라도 하는 학생은 그나마 교사에 대한 예의가 있는 학생이다. 어떤 경우엔 장난을 치거나 다른 행동을 하며 수업을 방해한다. 그러니 잠을 자는 학생은 교사 입장에서 차라리 고마운 셈이다. 이런 일들이 중·고등학교 6년 내내 일어난다고 생각해봐라. 현실이 이러니 진도를 맞추는 수업이 무슨 의미가 있겠는가?

교실에서 교사의 수업내용을 이해하지도 못하면서 수업을 들어야 하는 학생들에겐 수업시간 자체가 고문이다. 적어도 1년 동안 같은 교실에서 같은 교사에게 똑같은 고문을 받다 보면 저절로 공부에 흥미가 없어진다. 이런 지독한 고문을 중·고등학교 6년 동안 받으면서도 교실을 뛰쳐나가지 않는 학생들이 오히려 대견할 따름이다. 지금 우리현실은 수험생의 학습결손에 대해서 전혀 대책이 없다. 학습결손이 있는 경우에는 아무리 노력해도 성적역전 인생역전이 불가능하다. 이것이 중하위권의 비참한 현실이다.

    고시나 공시를 준비하는 대학생들을 보자. 이들이 뒤늦게 정신 차리고 공부를 하려 해도 공부가 힘든 이유는 초·중·고를 거치며 생긴 학습 결손이 크게 작용한다. 특히 공무원 시험과목인 국어나 영어, 사회학, 법률학의 경우 수능점수가 낮은 학생들은 여전히 공부에 어려움을 겪고 있다. 특히 사회과목인 법률이나 행정학의 경우 많은 수험생들이 이러한 과목을 막연히 '암기과목'이라고 생각하며 공부한다. 이것은 공부의 본질을 모르기 때문에 생겨나는 무지다. 사회과목이야말로 그 어떤 과목보다 이해가 절실한 과목이다. 특히 사회학에서 다루는 용어는 추상적인 개념을 다루기 때문에 이해하지 않고 무조건 외워서는 문제를 해결할 수 없다.

    고시생들을 만나 수험컨설팅을 하다보면 의외로 가장 기본적인 개념도 소홀히 하며 공부하는 수험생들을 만나게 된다. 수험 컨설팅을 하면서 고시생들에게 물어보는 질문이 하나 있다. 불법행위와 위법행위의 차이점을 설명해보라는 것이다. 이것은 법률과목을 공부하는 수험생이 얼마나 개념학습을 잘하고 있는지 알아보는 가장 기본적인 테스트다.

    수험생이 정확하게 두 개념의 차이를 설명할 수 있으면 평소에 개념을 잘 익히며 공부한 모범적인 수험생이라 할 수 있다. 하지만 대부분의 수험생은 두 개념의 차이를 잘 설명하지 못한다. 이러면 시험결과를 안 봐도 알 수 있게 된다. 개념을 모르면 교과서의 내용을 이해할 수 없다.

교과서의 내용도 이해 못하면서 무조건 책만 읽어서는 아무리 책을 많이 읽어도 시험에 합격할 수 없다. 대개 이런 수험생들이 초·중·고 시절에 이해 없이 암기만 해서 사회과목 시험을 치른 수험생들이다.

학습결손은 청소년 수험생들에게만 해당하는 것이 아니다. 초·중·고 시절 학습 성공을 경험하지 못한 성인 수험생들에게도 똑같이 해당되는 일이다. 학습결손이 있다면 성인 수험생도 예외가 아니다. '다시 처음으로 돌아간다'는 법칙에는 예외가 없다. 대학수학능력시험이란 대학에서 배우는 전공과목을 배우기 위한 기초이며 연습임을 알아야 한다. SKY출신의 우등생 수험생이라도 고시에 합격하는 일은 쉽지 않다. 학습결손이 있는 성인 수험생들이 고시나 공시에 합격하는 일은 더더욱 어려울 수밖에 없다.

4. 공부시간

학습성공에 필요한 공부시간은?

　씨를 뿌리고 바로 열매가 열리기를 기대하는 바보는 없다. 열매를 맺기 위해서는 일정기간 거름과 물을 주며 가꾸는 시간이 필요하다. 공부도 마찬가지다. 교과서를 이해하고 기억하기 위해서도 그에 필요한 최소한의 물리적 시간이 필요하다. 이처럼 공부에도 지식을 습득하기 위해 필요한 절대공부시간이 있다. 성공한 수험생들의 공부시간을 조사해보니 다음과 같은 결과를 얻을 수 있었다.

성공한 수험생들의 공부시간

	수능	고시
1주일 평균 공부시간	고등학생 34시간 중학생 24시간	56시간

전교 1등 또는 수능에서 전 과목 1등급을 얻는 수험생과 고시합격생의 1주일 평균 공부시간이다. 여기서 말하는 공부시간에는 학교, 학원, 인강 등의 수업시간과 숙제 등을 하는 시간은 포함하지 않는다. 자기주도학습시간이란 '배운 것을 익히는 시간'을 의미하기 때문이다.

중하위권 학생들이 최상위권 학생들을 따라잡으려면 어떻게 공부해야 할까? 뒤처지는 사람이 앞선 사람을 쫓아가기 위해서는 더 열심히 뛰어야 한다. 이런 논리에 따르면 중하위권 수험생들이 1등급 수험생과 똑같이 34시간을 공부해서는 안 된다. 특히 5~6등급 학생이 1등급 학생을 따라잡기 위해서는 산술적으로 2배 이상의 노력을 해야 한다. 그러면 1주일 공부시간이 68시간이 돼야 한다. 68시간은 현실적으로 불가능한 시간이다. 학교에 재학 중인 고등학생은 주당 68시간을 만들어낼 수도 없다. 그래서 학기 중에는 아무리 노력해도 성적 역전이 힘들다.

공부시간과 성적의 관련성을 나타내는 지표가 있다. 주중의 공부시간은 반 성적을 결정하며 주말의 공부시간은 전교 성적을 결정하고 방학 중의 공부시간이 전국성적을 결정한다.

공부시간과 성적

	주중(월~금)	주말(토~일)	방학
공부시간	4시간×5일=20시간	7시간×2일=14시간	30일~50일
성적	학급 성적 up	전교 성적 up	전국 성적 up

고등학교에 연수를 가면 3학년 입시담당 선생님들과 여러 정보를 나누게 된다. 선생님들의 얘기 역시 다르지 않다. 학교에서 전교 1등이라 하더라도 전국 석차가 오르거나 떨어지는 계기는 '방학 때의 공부'라는 것이 일반적이라고 한다. 지금이라도 성적 역전을 희망하는 수험생이라면 가장 먼저 주중 일일 공부시간 4시간을 완수하는 목표부터 도전해보라. 그 다음 주말과 방학을 얼마나 잘 보내느냐가 수험생의 공부 역전을 가능케 할 것이다.

중하위권 학생들이 어떻게 시간을 활용하는지 조사해보면, 하루 중 공부하는 시간을 찾아보기가 힘들다. 특히 고등학생이 초·중학생보다 학습시간이 적은 경우도 있다. 공부시간이 부족한 수험생들에게 공부시간을 늘리도록 하는 일은 결코 쉬운 일이 아니다. 여기에는 학습동기, 학습 성취감, 학생의 자존감, 부모의 영향력, 부모의 가치관과 교육관, 시간관리나 자기관리 능력, 게임중독, 친구관계, 학교의 수업 시스템, 사교육 시간표 등 매우 복잡하고 다양한 요인들이 관여하고 있기 때문이다. 그럼에도 우리사회는 공부 안 하는 학생들에게만 그 책임을 돌리거나 더 열심히 공부할 것을 질책한다.

천연자원이 부족하고 인적자원만 풍부한 우리나라가 국가경쟁력을 키워나가기 위해서는 교육을 더 강화해야 한다. 그럼에도 공부하지 않는 학생들의 공부시간은 늘어나지 않고 있다. 학생들의 공부시간을 늘리는 일은 단순히 개인 의지만의 문제가 아니다. 학생의 무지 뒤에는 언제나 부모와 사회의 무지도 함께한다. 그래서 공부 안 하는 학생의 공부시간을 늘리는 일은 학생을 둘러싼 학습환경을 개선해야 하는 사회적 과제이다. 사회적 비용을 들여서라도 반드시 학생 개개인의 공부시간을 늘리도록 하는 일에 모든 사회구성원이 함께 나서야 한다.

5. 학습기술

학습기술이 공부효율과 성적을 결정한다

학교 연수와 수험 컨설팅을 하다 보면 많은 수험생들을 만나게 된다. 그들을 대상으로 학습기술을 얼마나 활용하는지 조사해보면 의외로 학습기술을 전혀 사용하지 못하는 학생들이 많은 것을 알 수 있다.

수험공부의 3요소인 이해, 기억, 문제해결 능력에는 그에 맞는 학습기술과 전략이 따로 있다. 수험생들이 학습성공을 위해 반드시 익혀야 하는 학습기술을 간단히 표로 정리해 보았다.

학습성공을 위해 반드시 익혀야 하는 학습기술

	이해	기억	문제해결
학습 기술	개념학습	5회독 누적복습 학습조직화 전략 만점카드 전략	분석, 종합, 비판, 추론, 창의 출제경향 분석
	수험독서법, 단권화, 문제집 풀이법, 학습설계, 학습일지, 만점자세, 만점호흡법, 만점벨트, 수면학습법, 첨언학습법		

수험공부에 이러한 기술을 얼마나 잘 활용하고 있는지가 학습효율과 성적을 결정하며, 최종적으로는 시험의 합격과 실패를 결정한다. 이후 개별 Part에서 각각의 원리와 구체적 방법을 자세히 배우게 될 것이다.

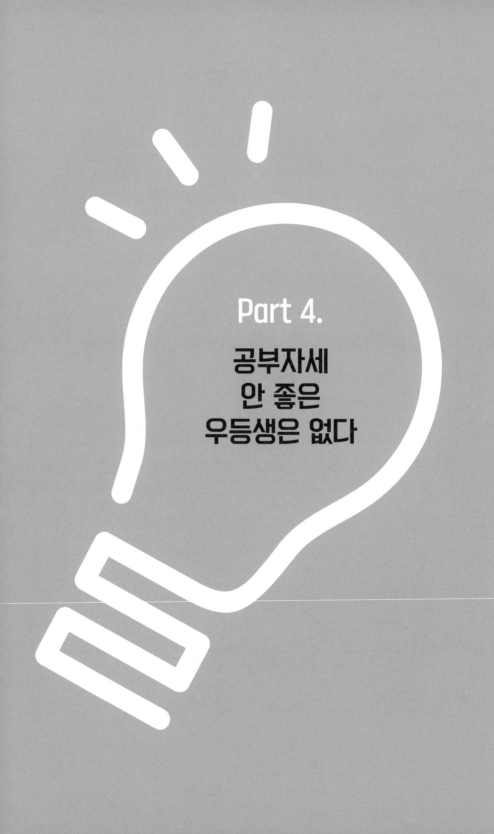

Part 4.

**공부자세
안 좋은
우등생은 없다**

1. 저절로 공부효율을 높이는 자세와 호흡법

집중력을 끌어오는 만점자세

자, 이제부터 본격적으로 공부할 준비를 해보자. 일단은 자세다. 만점 자세는 공부의 기본자세다. 오랫동안 책상에 앉아서 공부할 때 몸이 불편하지 않으며 장시간 높은 집중력을 유지할 수 있는 바른 자세를 말한다. 수험생들이 왜 바른 자세로 공부해야 하는지 그 이유를 보자.

어떤 시험이든 최상위권 성적을 얻기 위해서는 책상 앞에 오랫동안 앉아서 집중해 공부할 수 있어야 한다. 의자에 앉아서 하루 종일 책을 보는 일은 결코 쉬운 일이 아니다. 익숙한 사람이 아니면 몸이 견디지 못한다. 공부가 힘든 이유는 교과서의 이해보다 책상에 오랫동안 앉아서 버티는 일이 힘들기 때문일 수 있다. 실제로 하위권 수험생들은 책상에 오래 앉아 있지를 못한다. 그들은 잠시만 앉아서 책을 읽어도 몸을 뒤틀고 이리저리 움직이며 힘들어 한다. 이래서는 집중력 있는 공부를 할 수 없다. 그래서 수험생은 이해나 기억 같은 정신 능력의 향상 이전에 책상에 오래 앉아 버티는 능력을 갖추어야 한다.

이를 위해선 의자에 앉아서 공부하는 '자세'와 숨을 쉬는 '호흡법'이 중요하다. 올바른 자세는 오랜 시간동안 책상에서 버틸 수 있는 몸의 힘을 키워주며, 올바른 호흡법은 공부에 필요한 집중력을 끌어오고 오랫동안 유지시켜주는 일을 한다.

자세와 호흡법이 따로 작용하는 건 아니다. 바른 자세에서 바른 호흡법이 나온다. 수험생들이 몸의 기본을 갖추어야 하는 이유는 수험 성공에 필요한 집중력이 장시간 이어져야 하기 때문이다.

아무리 자세가 중요하다고 해도 좋은 자세에 대한 기준과 원칙이 없다면 혼란스러울 것이다. 그러니 먼저 공부에 좋은 자세의 기준이 무엇인지부터 알고 가자. 공부할 때 좋은 자세는 '오랜 시간 공부하면서도 집중력을 잃지 않고 피로감을 덜 느끼는 자세'다. 이때 유의할 것은 좋은 자세의 기준이 '편한 자세'가 아니라는 것이다. 만약 편하기만 한 것이 자세의 기준이 된다면 누워서 하는 공부자세가 가장 좋을 것이다. 그러나 누워서는 공부를 제대로 할 수 없다는 것을 수험생들은 잘 알고 있을 것이다. 잠시는 편할지 모르지만 시간이 지날수록 자세가 불편하거나 졸음이 오게 된다. 우등생들이 졸지 않고 집중해서 공부할 수 있는 이유 중 하나가 바른 자세다. 공부할 때 몸이 불편하면 집중하기가 어렵고 자꾸 움직이게 된다. 그래서 올바른 자세의 기준은 '집중력을 높이면서도 동시에 몸의 피로도를 낮추는 자세'가 되어야 한다. 이제 이러한 기준에 맞춘 올바른 학습 자세를 배워보자.

공부할 때 가장 기본적인 몸의 자세를 '만점자세'라고 이름 붙였다.

> **만점자세** ① 허리를 의자 뒤에 바짝 붙이고 바르게 세운다. ② 어깨는 힘을 빼고 바르게 편다. ③ 눈은 가볍게 힘을 준 상태에서 강의를 들을 때는 교사의 눈을 보고, 책을 읽을 때는 책에 집중한다. ④ 입은 다물고 혀는 입천장에 붙인다. ⑤ 의자는 자신의 배가 책상과 맞닿을 정도로 바짝 붙여 앉는다.

이 자세로 공부하면 다른 어떤 자세보다 피로감이 덜하고 오랫동안 집중할 수 있다. 만점자세와 함께 앞으로 배울 호흡법을 같이 적용한다면 오랜 시간 공부해도 집중력을 떨어트리지 않고 피로감을 덜 느끼게 된다.

수험생들은 왜 만점자세를 익혀야 할까? 두 가지 이유가 있다. 첫째, 시험합격에 필요한 공부시간을 확보하기 위해서이며 둘째, 집중력 있는 공부를 위해서이다. 수험생들이 공부하는 자세를 비교해보자.

중하위권 수험생들의 자세는 우선 보기에도 안 좋다. 만점자세와도 많이 차이가 난다. 허리가 의자 뒤에 붙지 않고 등이 굽은 자세는 오랫동안 움직이지 않고 앉아있기가 힘들다. 그밖에도 의자에 드러눕는 자세, 양반자세, 다리를 꼬는 자세, 쪼그리는 자세, 한쪽 발을 세우는 자세, 엎드려서 공부하는 자세 등이 있다. 이런 자세로는 집중하기도 힘들고 또 오랫동안 의자에 앉아서 공부할 수 없다. 피로감도 빨리 느끼며 건강에도 좋지 않다.

우등생들의 자세를 보자. 공부를 잘하는 수험생들은 일단 공부하는 자세가 안정적이다. 보기에도 좋다. 만점자세에 가깝다. 이들은 공부할 때 거의 움직이지 않는다. 공부 이전에 책상 앞에 바르게 앉아서 책을 보는 연습이 잘 되어 있다. 자세만 봐도 성적이 보이지 않는가?

자세가 좋지 않으면 오랫동안 책상에 앉아서 공부하고 싶어도 몸이 견뎌내지 못 한다. 몸이 불편하면 빨리 눕고 싶고, 그 자리에서 벗어나고 싶다. 그래서 어렵게 결심을 하고 책상 앞에 앉아도 얼마 지나지 않아 책

중하위권 학생들의 나쁜 자세

상위권 학생들의 자세

상을 떠난다. 자세가 안 좋으면 한 두 시간은 억지로 버틸 수 있지만 그 이상은 버틸 수 없다. 물론 억지로 앉아 있는 그 짧은 시간조차 집중해 공부하지 못하고 멍 때리거나 다른 생각을 하며 보낸다. 결국 중하위권 학생들은 책상에 앉아 공부를 해도 실력을 향상시키는 공부를 하는 것이 아니라, 숙제나 과제를 하는 정도에서 끝난다.

집중력을 유지하는 만점호흡법

만점자세로 몸의 기본자세를 익혔으면 호흡법을 통해 내공을 키우는 방법을 알아보자. 호흡법은 집중력을 끌어오거나 유지하기 위해 인류가 사용한 가장 오래된 방법이다. 호흡이야 누구나 하는 것이 아니냐고 반문할 수 있다. 그러나 숨이 차서 아무렇게나 들이 마시는 호흡과 정신을 집중해 사물을 이해하는 데 필요한 호흡은 숨을 쉬는 방법이 다르다. 호흡법은 붓다로부터 시작되어 오늘날까지 이어오고 있는 수행자들의 정통 수행법이다. 물론 여기서 호흡법을 배우는 이유는 깨달음을 얻기 위함이 아니다. 공부에 필요한 집중력을 높이기 위해서다.

공부할 때 올바른 호흡법이 동반되지 않으면 정신 능력을 제대로 발휘할 수 없다. 자신이 갖고 있는 정신 능력을 사용할 줄 모르는 인간은 마네킹과 같다. 그래서 앞에서 배운 만점자세는 호흡법과 함께 활용하지 않으면 효과가 약하다. 강연장에서 호흡법을 얘기하면 대충 흘려듣고 가는 사람들이 있다. 특히 가르치는 직업을 가진 분들이 호흡법을 무시하고 자세만 배워가는 경우가 있다. 이 경우 만점자세를 가르친다 해도 학생들을 마네킹으로 만들 수 있다.

호흡법을 통해 집중력을 어떻게 끌어오고 유지하는지 배워보자. 집중은 호흡이 정지된 상태에 있을 때 가장 잘 된다. 호흡이 정지되어 있을 때 우리 뇌가 다른 신체기관이나 감각기관에 주의를 뺏기지 않기 때문이다. 숨을 쉴 때 코를 통해 공기를 들이마시는 것을 들숨이라 하고, 반대로 공기를 밖으로 내뿜는 것을 날숨이라 한다. 지금부터 집중력의 근원인 '만점호흡법'에 대해 알아보자. 호흡법의 순서는 다음과 같다.

① 들숨: 만점자세를 한 후 입을 다물고 숨을 최대한 천천히 코로 들이마신다(숫자를 세면서 할 수도 있다. 처음에는 1~5를 세다가 점차 익숙해지면 1~10으로 늘려간다).
② 정지: 숨을 최대한 들이마셨으면 숨이 멈추는 시점에서 잠시 숨을 끊고 최대한 참는다(천천히 숫자를 세면서 1~10까지 마음속으로 센다).

③ 날숨: 숨을 참을 수 없을 만큼 멈추었다면 입을 다문 상태에서 코로 최대한 천천히 긴 호흡을 내 쉰다(역시 숫자를 1~10까지 세면서 훈련할 수 있다).

④ 정지: 숨을 최대한 내쉬었으면 숨이 멈추는 시점에서 숨을 끊고 최대한 참는다(숫자를 1~10까지 세면서 훈련할 수 있다).

⑤ 반복: ①~④ 과정을 처음부터 다시 반복한다.

"들숨 → 정지 → 날숨 → 정지 → 반복…" 이것이 공부할 때 집중력을 끌어오고 유지하는 호흡법의 순서다.

최근에 명상을 하는 사람들이 늘고 있다. 명상의 목적은 수행자들처럼 깨달음을 얻기 위해서가 아니라 자신의 건강을 위해서다. 명상과 호흡법은 종교적 행위라기보다 몸과 정신을 단련하는 방법으로 쓰이고 있다. 우리가 잘 아는 애플의 스티브 잡스도 명상을 통해 경영 아이디어를 얻었다고 한다.

책상에 앉아서 공부를 하기 전에 미리 심호흡을 하면서 숨을 가라앉히면 훨씬 집중된 상태에서 책을 볼 수 있다. 공부를 하면서 의도적으로 만점호흡법을 실행하다 보면 어느새 공부에 집중하고 있는 자신의 모습을 보게 될 것이다.

2. 바른 자세 그리고
만점벨트

자세가 좋아야 오랫동안 집중해서 공부할 수 있다

　학생들이 의자에 앉아 있는 자세가 나쁘면 허리가 아프고, 심한 경우 척추가 휘는 척추측만증을 앓기도 한다. 나쁜 자세로 공부를 하면 몸이 불편해서 책상 앞에 오래 앉아 있을 수 없다. 의자에 앉아 있을 때 아픈 곳이 없어야 공부에 집중할 수 있다. 책상에 앉아 있는 동안 몸이 불편하면 자꾸 아픈 쪽으로 주의가 쏠리기 때문에 공부에 집중하기 힘들다. 자세가 좋아야 오랫동안 책상에 앉아서 집중하며 공부할 수 있다. 올바른 자세여야 책상에 오래 앉아도 허리가 안 아프고 몸이 불편하지 않기 때문이다.

만점자세를 만들어 주는 만점벨트

책상에 오래 앉아 있기 힘든 학생이나 책상에 앉으면 허리가 아프고 몸이 불편한 학생들을 위해서 자세훈련을 도와주는 학습도구를 만들었다. 그것을 '만점벨트'라 한다.

사진에서 보듯이 벨트로 허벅지를 묶어서 움직이지 않도록 돕는 것이 '만점벨트'다. 만점벨트로 허벅지를 묶고 의자에 앉으면 허리에 힘을 주지 않아도 허리가 바로 선다. 그러면 의자에 앉았을 때 허리가 편해진다. 또 벨트를 착용하면 몸의 움직임이 덜해진다. 다리가 움직이지 않으니 몸 전체가 고정되어 자세가 안정되고 자연스럽게 올바른 자세를 만들며 몸의 내공을 키우는 연습을 할 수 있다. 공부할 때 자세가 좋지 않고 몸을 자주 움직이는 수험생들이 착용하고 공부하면 자세교정과 학습내공 향상에 도움이 된다.

만점벨트는 학교에 가서 학습법 연수를 할 때 사용하는 학습도구다. 연수 때 학생들에게 하나씩 나누어 주고 연수가 끝난 후에도 집에서 공부할 때 사용할 수 있도록 한다.

강의를 하다 보면 소수(5~6명)를 모아놓고 할 때와 집단(20~30명)으로 할 때 학생들의 집중력에 많은 차이가 난다. 집단으로 강의를 들을 때 훨씬 집중력이 떨어진다. 그래서 집단강의를 할 때 학생들에게 만점벨트를 착용하고 수업을 듣게 했더니 아이들의 자세는 물론 집중력도 훨씬 좋아졌다.

실제 고등학교에서 연수할 때 학생들에게 벨트를 보여주고 설명했더니 남학생들은 야유를 지르며 별로 내키지 않은 표정들을 지었다. 아마 벨트를 착용하면 불편할 거라 생각해서 그랬을 것이다. 그러나 학생들이 벨트를 착용하고 직접 공부를 해보면 그때서야 야유가 놀라움으로 바뀐다. "너무 편한데요"라고 한다. 특히 여학생들은 벨트가 바른 체형을 만드는 데 도움이 된다는 것을 알기에 더 적극적으로 착용한다.

만점벨트는 그동안 사용하지 않아서 제 기능을 발휘하지 못했던 집중력을 원래의 모습으로 회복시켜주는 훈련 보조도구다. 이 도구는 훈련의 효율을 높여준다. 물론 집중력 향상과 관련해서 만점벨트의 활용이

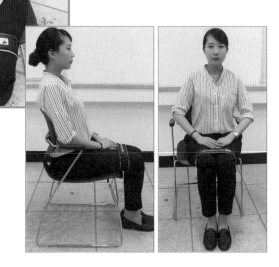

만점벨트를 통한 만점자세 교정

만점벨트를 착용한 고등학생

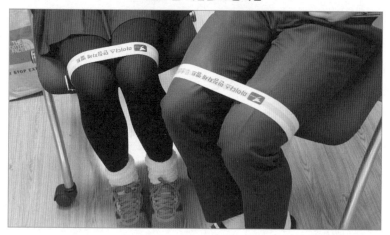

유일한 방법은 아닐 것이다. 여기서 만점벨트를 소개하는 이유는 집중력
을 키우는 훈련도구와 정보를 주기 위한 것이다. 앞에서 설명한 만점자
세와 만점호흡법을 익혀 몸의 기본이 갖추어지면 공부에 대한 두려움도
사라지고 자신감이 생길 것이다.

Part 5.

대공개!
이해 능력을
키우는 비법

1. 도대체 '이해'란 무엇인가

이해는 지능이 아니라 방법

이해의 사전적 정의는 '사물의 본질과 내용 따위를 분별하거나 해석함'이다. 사물의 본질과 내용이 의미를 내포하고 있는 기호나 상징 같은 문자로 표현되었을 경우, 그것을 이해하는 데는 지능보다 방법이 더 중요하다. 글을 해석하는 방법을 모르면 아무리 지능이 높아도 이해할 수 없으며, 방법을 안다면 비록 지능이 43이어도 지식을 이해하는 데 아무 문제가 없다. 교과서의 이해는 결국 지능의 문제라기보다 글을 읽고 해석하는 방법의 문제인 것이다.

이해 능력은 질적인 개념이 아니라 양적인 개념이다

이해 능력이 부족하면 교과서를 다 이해하고 수험장에 갈 수 없다. 이해 능력을 갖춰야 그것이 가능하다. 그렇다면 이해 능력이란 무엇인가? 계속 이야기하지만 수험생의 이해 능력은 지능을 의미하는 것이 아니다. 교과서에 있는 개념을 습득하는 '양적 개념'이다. 머리가 좋은 사람만이 어려운 내용을 이해할 수 있다고 생각하는 것은 이해를 질적인 개념으로 생각하기 때문이다.

하지만 지식을 '쉬운 지식'과 '어려운 지식'으로 구별하면 안 된다. 단지 이해를 위한 단계만 따져야 한다. 단계가 길고 복잡할수록 어렵게 느껴질 뿐이다. 일찍이 데카르트는 '기하학은 하나의 공리에서 연역되어 나오는 것임'을 깨달았다. 점에서 선이 나오고 선에서 면이 나온다. 아무리 어려운 수학도 결국 그 시작점은 점이다.

풀이과정이 칠판 하나를 가득 채우는 문제라도 그것을 단순히 '문제가 어렵다'고 말할 순 없다. 문제 해결에 필요한 개념들을 풀어내는 과정이 길어지는 것뿐이다. 따라서 연역되는 다음 과정만 생각하고 문제를 풀어가면 언젠가 문제풀이의 마지막에 도달할 수 있다는 확신을 갖는다. 이러한 확신은 데카르트에게 '세상에서 이해하지 못할 지식은 없다'는 생각을 갖게 했고, 이후 "누군가가 이해했다면 내가 이해하지 못할 지식은 없다"는 선언을 하게 한다. 지식은 이해하는 데 필요한 연역의 단계를 따져야지, 쉽다·어렵다로 구별해서는 안 된다. 연역의 단계가 짧으면 쉽게 느껴지고 연역의 단계가 길면 어렵게 느껴지게 된다. 이것이 지식의 이해를 질적인 개념이 아니라 양적인 개념으로 다루어야 하는 이유다.

최상위권 수험생과 하위권 수험생은 하나의 지식을 이해하는 능력에는 별 차이가 없다. 그들의 차이는 1주일간 배운 교과목의 개념, 1년 동안 배운 교과목의 개념 중 몇 개를 습득하느냐에 대한, 즉 양의 개념에서 나오는 것이다. 시간이 길어질수록 그 차이는 커진다.

중학교 국어과목을 보자. 학생들은 보통 1주일에 3시간 수업한다. 3시간의 수업시간 중 배우게 되는 새로운 개념은 단원에 따라 다르겠지만 대략 10~20여 개 정도다. 그 10~20여 개를 1주일 동안 습득하는 능력이 수험생의 이해 능력이다. 새로 배운 개념 20여 개를 수업시간에 아무리 잘 이해했어도 1주일 뒤에 하나도 설명할 수 없다면 이해 능력이 부족한 것이다. 이것이 수험공부와 지능테스트가 다른 점이다. 이해 능력이 부족한 수험생들은 20여 개 중 하나도 습득하지 못할 것이며 이해 능력이 뛰어난 수험생은 20여 개를 완전히 습득할 것이다.

이해 능력을 결정하는 개념에는 어떤 것들이 있으며 1주일 동안 몇 개의 개념을 배우는지를 보기 위해 중학교 1학년 1학기 첫 단원에서 배우는 교과서 개념을 요약했다. 1단원에서 어떤 개념들을 익혀야 하는지, 그리고 한 단원에서 배우는 개념의 숫자가 얼마나 되는지 살펴보도록 하자.

과목별로 익혀야 하는 개념들

국어 시, 운율, 자유시, 서정시, 민요적, 애상적, 음수율, 음보, 시적 상황, 화자의 정서, 주제의식, 시각적 심상, 의인법, 의태어, 비유, 성찰, 상징, 시구, 정서변화, 원관념, 보조관념, 추상적 개념, 은유, 직유, 대유법, 관습적 표현, 문법, 시어, 수미상관, 관습적 상징, 개인적 상징, 원형적 상징, 대조적 의미, 대칭구조, 중심소재, 소외, 내적 갈등 (37개)

— 천재교육, 중학교 1학년 국어 1단원

수학 소인수분해, 거듭제곱, 밑, 지수, 소수, 합성수, 자연수, 약수, 최대공약수, 최대공약수의 성질, 서로소, 최소공배수, 최소공배수의 성질, 공배수, 공약수, 홀수, 짝수 (17개)

— 천재교육, 중학교 1학년 수학 1단원

과학 과학, 자연현상, 탐구, 원리, 법칙, 물리학, 화학, 생명과학, 지구과학, 힘, 운동, 에너지, 바이러스, 박테리아, 환경파괴, 과학만능주의, 물질만능주의, 문제인식, 가설설정, 탐구설계, 자료해석, 일반화 (22개)

— 천재교육, 중학교 1학년 과학 1단원

사회 지리적 위치, 수리적 위치, 관계적 위치, 대륙, 해양, 인도양, 대서양, 위도, 경도, 위선, 경선, 랜드마크, 주소, 적도, 북극, 남극, 본초자오선, 행정구역, 서경, 동경, 서반구, 열대, 온대, 냉대, 한대, 저위도, 중위도, 고위도, 백야, 극야, 자전축, 자전, 표준시, 시차, 날짜 변경선, 기호, 축척, 방위, 등고선, 지표, GIS, GPS (43개)

— 천재교육, 중학교 1학년 사회 1단원

도덕 욕구, 당위, 욕망, 예절, 도덕, 사회규범, 도덕, 법, 양심, 가책, 선, 악, 선천설, 후천설, 삶의 목적, 물질적 가치, 정신적 가치, 행복, 객관적 조건, 주관적 조건, 감각적 즐거움, 정신적 즐거움, 자아실현, 선한 삶, 도덕적 성품, 인의예지, 인격, 4덕, 4단 (29개)

— 천재교육, 중학교 1학년 도덕 1단원

중학교 1학년 학생이 1학기 중간고사에서 좋은 성적을 얻기 위해서는 이와 같은 개념을 철저히 이해하고 암기해야 한다. 최상위권 학생은 수업시간에 배운 개념을 수업이 끝난 후에 철저히 익힌다. 때문에 배운 개념을 설명하라고 하면 각각의 개념에 맞는 올바른 설명을 할 수 있다. 그러나 하위권 학생들은 수업시간에 배운 수십 개의 개념 중 단 한 개도 제대로 설명하지 못한다.

학생들이 자신의 이해력이 어떤지를 확인해보길 원하면 앞서 제시한 중학교 1학년 과목별 개념을 하나씩 설명해 보면 알 수 있다. 중학교 1학년이 위의 개념을 정확하게 설명할 수 있으면 고학년이 되어도 교과서를 이해하는 데 전혀 어려움이 없다. 수업시간에 배운 개념을 잘 설명할 수 있다면 공부하는 데 필요한 이해력을 갖춘 것이다. 반대로 배운 개념을 제대로 설명하지 못한다면 상급학년에 올라가서도 지금처럼 배운 개념을 제대로 설명할 수 없게 된다. 공부에 필요한 이해력이 부족하다는 증거다.

수험공부에서 이해 능력을 향상시키기 위해서는 1주일 동안 새롭게 습득하는 개념의 개수, 즉 양을 늘려야 한다. 하위권 학생들은 수업만 많이 듣지 새로 배우는 개념을 전혀 익히지 않는다. 새롭게 배우는 개념을 익히지 않는 공부는 '지식의 관람이나 관광'일 뿐, 진정한 공부라 할 수 없다. 그런 면에서 수업만 많이 듣고 수업내용을 익히지 않는 학생들은 지식의 관람자이자 관광객인 셈이다. 이해 능력이 향상되지 않으면 정작 시험에 필요한 교과서의 모든 개념을 다 익히지 못하고 수험장에 갈 수밖에 없다.

이해 능력에도 등급이 있다. 1주일 동안 배운 새로운 개념을 모두 익히면 1등급, 하나도 익히지 못했다면 9등급임을 명심하라.

2. 수험공부,
무엇을 이해해야 하는가

이해의 방법을 배우기에 앞서 교과서에서 무엇을 이해해야 하는지, 이해의 대상에 대해 먼저 알아보자. 수험생들이 공부하면서 이해해야 하는 것은 교과서에 실린 지식이다. 교과서 지식만 잘 이해하면 공부에 문제가 없다. 교과서 지식을 세부적으로 분석하면 다음 네 가지로 나눌 수 있다.

> **사실적 지식 / 가치적 지식 / 개념적 지식 / 원리 및 법칙**

이해를 돕기 위하여 각각의 지식이 교과서에 어떻게 나타나고 있는지 살펴보자.

사실적 지식

사실의 사전적 정의는 '실제로 발생했던 일이나 현재에 있는 일'이다. 사실과 대비되는 개념으로 주장이나 의견이 있다. 사실과 의견이 어떻게 다르며 문제에서 어떻게 다루어지는지는 Part 7.에서 살펴볼 것이다. 사실적 정보는 교과목별로 다양하게 서술되고 있다. 특히 가치나 의견을 다루는 사회나 도덕과목과 달리 가치가 개입되지 않는 순수과학의 학문에서 사실적 정보를 많이 다루고 있다.

사실적 지식 - 교과서 서술의 예
- 삼국의 통일은 676년에 이루어졌다. (역사적 사실)
- 한라산은 제주도에 있다. (지리적 사실)
- 사람의 뇌는 수많은 뉴런으로 이루어져 있으며, 뇌는 대뇌, 소뇌, 간뇌, 중간뇌 및 연수로 구분되며, 각각 하는 일이 다르다. (과학적 사실)

가치적 지식

가치란 '서로 비교되는 대상 중에서 어느 한쪽이 더 낫다는 판단을 담고 있는 생각'이다. 어떠한 원칙을 반드시 지켜야 한다는 당위나 규범도

가치를 포함하고 있다. 그래서 도덕이나 윤리, 사회와 같은 학문이 가치를 주로 다룬다. 어려움에 처한 사람을 도와야 한다는 생각도 가치적 판단에서 나온 도덕적 규범이다. 어느 것이 더 나은지를 판단하는 가치적 판단은 사람에 따라 서로 상반될 수도 있다. 그래서 모든 사람들이 지켜야 하는 도덕, 윤리와 법률은 공동체의 합의를 필요로 한다. 가치와 비교되는 개념은 앞에서 본 '사실'이다. 사실은 있는 그대로를 진술하는 것이지 그것이 올바른지 아닌지는 판단하지 않는다는 점에서 가치와 구별된다.

가치적 지식 – 교과서 서술의 예

- 반성하지 않는 삶은 살 가치가 없다. (도덕적 가치)
- 언제 어디서나 옳으며 누구나 항상 지켜야 하는 보편적 도덕 법칙에 따라 생활하라. (도덕적 가치)

개념적 지식

개념이란 '하나의 사물을 나타내는 여러 관념 속에서 공통적이고 일반적인 요소를 추출하고 종합하여 얻은 관념'을 말한다. 좀 더 쉽게 설명하면 어떤 단어가 갖고 있는 의미라고 할 수 있다. 모든 단어는 고유한 의미가 있다. 특히 '전문용어'라 말하는 단어가 갖는 의미를 개념이라고 한다. 교과서에는 지식과 관련한 무수한 개념어가 존재한다.

개념적 지식 - 교과서 서술의 예

- **방정식** 미지수의 값에 따라 참이 되기도 하고 거짓이 되기도 하는 등식.
- **전 류** 전하가 도선을 따라 흐르는 현상.
- **추 론** 알려진 생각이나 주제를 근거로 삼아 새로운 판단이나 결론을 이끌어 내는 것.

원리 및 법칙

원리는 '사물이나 현상의 근본이 되는 이치'를 말한다. 어떤 현상이 반복되어 일어나는 곳에는 원리나 법칙이 존재한다. 원리를 발견하는 일은 대개 천재들의 몫이기도 하다. 자연 속에서 원리를 발견하기 위해서는 뛰어난 관찰력, 집중력, 끈기, 통찰력 등이 필요하다. 그래서 교과서에는 천재들이 발견한 많은 원리들이 실려 있다.

원리 및 법칙 - 교과서 서술의 예

- **옴의 법칙** 전류의 세기는 전압에 비례하고, 저항에 반비례한다.
- **뉴턴의 운동의 법칙** (관성의 법칙, 가속도의 법칙, 작용·반작용의 법칙)
- **아인슈타인의 상대성 원리** (특수상대성 원리, 일반상대성 원리)

수험생이 이해와 관련해서 가장 신경 써서 공부해야 하는 것은 개념적 지식이다. 문장 속에 포함된 어휘의 개념을 모르면 문장을 이해할 수 없고 관련 문제도 풀 수 없다. 원리나 법칙도 대개는 개념어로 설명되기 때문이다. 따라서 매 단원마다 배우는 새로운 개념을 철저히 익혀야 한다.

3. 지식을 확실히
이해하는 방법

개념학습

앞서 교과서와 동화책은 목적과 내용이 다르기 때문에 읽는 방법이 달라야 한다고 했다. 수험생들이 교과서를 읽고도 이해하지 못하는 이유는 교과서를 읽는 방법을 모르기 때문이다. 개념의 습득이 교과서 이해에 어떻게 작용하는지 교과서 지문을 통해 살펴보자.

> **예문 1** 우리나라 경제는 세계 여러 나라와의 경쟁과 협력 속에서 끊임없이 발전하고 있다. 우리나라 경제가 성장하게 된 원인과 앞으로 경제 발전을 위해 우리가 하여야 할 일을 알아보자.
>
> – 초등학교 5학년 사회, 세계로 뻗어 가는 우리 경제

예문 2   근대 민주 정치는 시민혁명을 거치면서 수립되었다. 시민혁명을 주도한 것은 상공업을 통해 부를 축적한 상공업자들이었다. 상공업자들은 계몽사상과 사회계약설 등의 영향을 받아 군주의 절대 권력에 저항하였다.

– 중학교 사회, 근대 민주정치와 시민혁명

교과서의 어휘 중 특별한 개념을 내포하고 있는 단어를 학술용어나 전문용어라 한다. 지식적 개념을 내포하고 있는 글을 읽고 해석하는 경우는 소설을 읽고 이해할 때와는 달리 독자의 자유로운 상상을 허용하지 않는다. 책을 읽을 때 자유로운 상상력을 허용하지 않으면 두 다리를 묶고 달리는 사람처럼 불편하다.

교과서 독서에서 자유로운 상상력을 허용하지 않는 이유는 글을 읽는 사람마다 서로 다르게 해석하지 않도록 하기 위해서다. '1+1'의 값이 동네마다 다르고 나라마다 다르면 어떻게 되겠는가? 그래서 교과서를 읽고 해석할 때는 그 문자나 기호가 가지고 있는 고유한 의미인 '정의' 또는 '개념'을 적용해서 글을 해석해야만 한다. 지식의 해석은 엄격한 규율성을 갖는다. 특히 자연과학 분야에서 이런 원칙은 더욱 철저하다.

예문 1의 문장을 해석해보자. 이 문장은 초등학교 5학년 사회교과서에 실려 있다. 이 문장에는 주제와 관련된 전문 용어가 나온다. '세계'나

'경제'라는 용어가 그것이다. 세계나 경제라는 말을 모르는 사람은 없다. 하지만 교과서를 읽으면서 정확한 해석을 하려면 세계와 경제의 정확한 정의나 개념을 알고 있어야 한다. 어떤 단어의 정확한 정의나 개념을 알고 있다는 것은 곧 그 개념을 말로 설명할 수 있다는 것과 같다. 특히 설명을 할 땐 설명하려는 해당 단어가 절대 설명하는 말에 사용되면 안 된다. 세계와 경제라는 단어를 사용하지 않고 각각에 대해 설명해보자.

· 세 계 _____

· 경 제 _____

* 잘못된 정의: 세계는 세계다(×)

강의장에서 청중들에게 세계와 경제의 정의를 물어보면 올바르게 설명하는 사람이 거의 없다. 동화나 소설이 아니라 교과서를 읽고 이해하는 경우는 교과서에 사용된 단어의 의미를 학문적 정의와 개념으로 설명할 수 있어야 한다. 그렇지 않다면 글을 읽을 줄 아는 것일 뿐이지, 글의 내용을 이해했다고 할 수 없다. 이렇게 문장 속에 포함된 개념을 정확히 익히면서 책을 읽는 것을 '개념학습'이라 한다.

세계의 뜻을 사전에서 찾으면 "지구상의 모든 나라"라고 나와 있다. 경제의 학문적 개념은 "인간이 생활을 하는 데 필요한 재화나 용역을 생산, 분배, 소비하는 모든 활동"이다. 즉 재화나 용역이라는 하위개념까지도 정확하게 알고 있어야 경제를 학문적으로 이해했다고 할 수 있는 것이다.

우리가 문자로 표현된 지식을 이해하는 일은 '모임에서 불편한 상황을 분위기로 알아채는 눈치'와는 전혀 다르다. 글을 읽고 이해하는 일은 문자와 관련한 높은 수준의 정신활동이다. 지식은 눈치와 분위기로 드러나는 것이 아니라 정확한 언어와 문자를 통해 드러날 뿐이다. 초등학교 5학년 사회 교과서이지만 교과서 문장을 학문적으로 이해하기 위해서는 세계나 경제와 같은 개별단어의 개념을 먼저 알고 있어야 한다.

이제 수준을 조금 높여 예문 2를 보자. 중학교 사회책의 일부이지만 이런 정도의 서술이면 고등학교나 대학전공서적의 서술과 비교해도 그 수준이 결코 떨어지지 않는다. 앞에서도 지적했지만 교과서의 어휘는 학년이 낮다고 수준이 떨어지는 게 아니다. 학년에 맞게 이해시키는 수준을 정할 뿐이다. 이런 글을 읽고 그 의미를 정확히 해석할 수 있다면 이미 지식독서의 기본이 닦여 있는 것이라고 할 수 있다.

앞에서도 말했듯 글을 읽고 올바로 이해했다고 말할 수 있으려면 글에 사용된 단어를 재사용하지 않고 의미를 설명할 수 있어야 한다. 예를 들어 "근대 민주 정치는 시민혁명을 거치면서 수립되었다"라는 문장의 의미를 설명할 때 문장 안에 표현된 '근대·민주·정치·시민혁명'이라는 단어를 사용하지 않고 설명할 수 있어야 한다.

대부분의 학생들은 글을 읽으면서 머리에 들어오는 생각만으로 대충 해석하고 넘어간다. 그리고 그렇게 해석한 내용을 스스로 이해했다고 생각한다. 하지만 교과서를 정확히 이해하는 건 쉬운 일이 아니다. 우리 사회에서 학문연구를 통해 자신만의 특별한 업적을 남긴 학자가 왜 그렇게 적은지 생각해보라. 지식이 아무렇게나 대충 이해하는 것이라면 이 세상에 뉴턴과 아인슈타인이 되지 못할 사람이 어디 있겠는가?

　지식의 특성은 정확하고 분명한 것에 있다. 학자들은 글의 해석에 토씨 하나하나를 따지고, 과학과 수학에서는 아주 작은 오차도 허용하지 않는다. 이런 지식과 학문의 특성을 이해하지 못하면 왜 모든 글의 해석을 그렇게 딱딱하고 엄격하게 해야 하는지 이해할 수 없게 된다.

개념 풀어쓰기

　지금부터 "근대 민주 정치는 시민혁명을 거치면서 수립되었다"를 학문적으로 엄격하게 해석해볼 것이다. 당연히 교과서의 의미를 정확하게 해석하되 교과서에서 사용한 대표적 단어를 하나도 사용하지 않을 것이다. 이렇게 교과서 단어를 사용하지 않고 단어의 고유한 정의와 개념만을 사용하여 뜻을 해석하는 것을 '개념 풀어쓰기'라 한다.

개념 풀어쓰기 예시문

[교과서 원문] "근대 민주 정치는 시민혁명을 거치면서 수립되었다."

[개념어] 근대 / 민주 / 정치 / 시민혁명

[개념 풀어쓰기]

17~20세기 초까지 왕이나 특정계층이 아닌 다수의 민중이 국가를 다스리기 위한 권력을 획득하고 유지하는 활동을 할 수 있는 것은 영국의 명예혁명(1688), 미국의 독립혁명(1776), 프랑스대혁명(1789)을 주도한 상공업자들이었다. 상공업자들은 17, 18세기에 유럽과 신세계를 휩쓴 정치, 사회, 철학, 과학 이론 등에서 광범위하게 일어난 사회 진보적, 지적 사상운동에 영향을 받았는데, 그것은 교회의 미신적인 면과 독단적인 해석에 대한 반란이었다. 그들은 실제적인 도덕을 지향했으며 형이상학보다는 상식·경험·과학을, 권위주의보다는 개인의 자유를, 특권보다는 평등한 권리와 교육을 지향했다. 이들은 '인간은 이성으로 적법성을 판단할 수 있으며, 이성은 권위의 요소이자 권위를 판단하는 기준'이라 생각했다. 이성은 인간과 세계의 보편적 원리나 자명한 법칙을 발견할 수 있게 했으며 진보를 확신토록 했다. 또한 이들은 시민과 국가 사이의 책임과 권리에 관해 국가 내부에서 통용되는 암묵적 동의로서, 좀 더 폭넓게는 그룹과 그 구성원 사이 또는 개개인들 사이의 계약이라고 생각했다. 이러한 사상을 기초한 인물로는 토마스 홉스, 존 로크, 장 자크 루소와 같은 인물이 있다. 17세기 시민들이 겪은 이러한 생각의 진화는 결국 중세를 지배했던 군주의 절대 권력에 저항하는 민중의 사상적 신념을 낳게 되었다.

– 위키피디아 참조

교과서에 사용된 근대, 민주, 정치, 시민혁명이라는 개념어를 하나도 사용하지 않으면서 저자가 나타내려는 의미를 설명해 보았다.

대부분의 학생들은 '근대, 민주, 정치'를 읽으면서 근대의 기간이 정확하게 언제인지를 생각하지 않는다. 교과서에 근대의 정확한 연대가 필요 없다면 굳이 민주정치 앞에 근대를 붙일 이유가 없다. 교과서의 글은 정확하게 근대시대의 민주정치를 설명하는 글이다. 근대가 나타내는 기간이 언제인지를 알아야 그걸 통해서 저자의 생각을 정확하게 알 수 있다. 풀어쓰기에서 보듯이 근대란 '대략 17세기부터 제1차 세계대전이 발발하기 전인 20세기 초까지'를 말한다. 물론 근대의 정확한 연대에 대해서는 역사학자마다 다른 의견을 보이기도 한다. 하지만 교과서는 보편적 이론과 다수설을 따르고 있기에 가장 보편적인 학설을 따라 이해하면 틀리지 않는다. 그래서 근대를 17세기에서 20세기 초로 해석하는 것이다.

근대의 시대를 알았다면 그 다음으로 민주와 정치의 개념을 해석해보자. 민주와 정치라는 개념도 많이 사용되는 개념이지만 막상 그 개념을 정확하게 풀어 쓰려면 쉽지 않다. 여기서는 민주를 '특정계층이 아닌 다수의 민중이 국가를 다스리는 형태'로 풀어 해석했다. 민주의 가장 고전적인 해석이다. 정치도 마찬가지다. 교과서에 기술된 정치의 개념은 좁게는 국가통치를 위한 권력의 획득이며 넓게는 갈등의 조정이라 할 수 있다.

시민혁명을 보자. 시민혁명이란 봉건 사회에서 근대 자본주의 사회로의 이행 과정에서 새로 출현한 시민 계급이 주체가 되어 자본주의 사회체제를 세운 혁명을 말한다. 하지만 시민혁명을 깊이 있게 이해하기 위해서는 3대 시민혁명도 알아야 한다. 3대 시민혁명이란 영국의 명예혁명, 미국의 독립혁명, 프랑스대혁명을 말한다.

교과서에는 또 계몽사상과 사회계약설이 나와 있다. 마찬가지로 계몽사상의 주요이념과 사회계약설도 문장의 맥락에 따라 이해해야 하는 범위와 깊이가 결정된다. 이 문장을 해석하면서 로크, 홉스, 루소의 사상까지 이해할 수 있다면 보다 완벽한 이해가 가능하다.

교과서에서는 "근대 민주 정치는 시민혁명을 거치면서 수립되었다"는 단 한 문장의 서술뿐이지만 이 글을 완벽하게 이해하기 위해서는 이렇게 설명된 단어의 개념과 배경까지 알아야 하는 것이다. 이것이 지식독서의 올바른 방법이다.

공부는 절대 수동적으로 끌려가는 것으로는 완성할 수 없다. 교사가 책에 나오는 모든 개념을 설명할 수는 없다. 이미 배운 개념도 있고 앞으로 배울 개념도 있기 때문이다. 교사가 설명을 생략했다 하더라도 스스로 이해에 필요한 개념을 찾아 그 의미를 이해하며 공부하는 자세와 태도가 학문과 수험을 완성하는 학습자의 올바른 자세다.

대다수의 수험생들은 글을 읽으려고만 하지 글의 의미를 정확하게 이해하려 하지 않는다. 그 이유는 단어의 뜻이나 개념을 일일이 찾아서 확인하는 것이 귀찮기 때문이다. 중하위권 수험생 중에 책을 읽으면서 이해하지 못하는 개념을 철저히 확인하며 독서하는 학생을 찾기란 쉽지 않다. 우리 교육에서 '공부의 기본'이 사라졌다는 증거다.

공부를 잘하는 특별한 방법은 원래 없다. 공부를 잘하기 위해서 태어난 사람도 원래 없다. 공부를 잘하는 것은 공부의 기본을 지키는 것에서 나온다. 개념학습과 풀어쓰기야말로 인류의 공동유산인 '지식'을 내 것으로 만드는 유일한 길이다.

개념학습이나 풀어쓰기는 시간이 많이 걸리는 공부 방법이다. 결코 쉬운 과정이 아니다. 개념을 철저하게 익히는 공부를 해보지 않은 수험생들은 이런 번거로운 공부 방법에 부담을 느낄 수도 있다. 지식을 이해하는 올바른 방법을 알게 되었어도 과정이 어렵고 힘들면 실천이 어렵다. 그러다 보니 개념학습과 풀어쓰기를 공부에 적용하는 것에 대해 쉽게 결단을 내리지 못하기도 한다. 강의장에서 학생들에게 개념학습과 풀어쓰기의 방법을 설명하면 정말 그렇게 공부한 사람들이 있는지 의혹의 눈초리로 물어온다. 그럴 경우에는 어쩔 수 없이 학생들의 호기심을 채워주고 그들에게 개념학습과 풀어쓰기에 대한 동기를 부여하기 위해 다른 학습자들이 개념학습을 어떻게 해왔는지 보여줄 수밖에 없다.

4. 천재들은 어떻게 공부했는가

헤겔, 개념을 정리하며 학문을 완성하다

　독일 관념철학의 완성자로 불리는 헤겔(1770~1831)은 인류의 사상사에 커다란 족적을 남긴 인물이다. 우리에게 잘 알려진 변증법의 사유를 통하여 그동안의 이분적 사유방법에 이의를 제기하고 정반합을 통해 진보적 사상의 토대를 놓은 인물이다. 독일의 자랑이라 할 수 있는 헤겔은 어떻게 공부를 했기에 이런 놀라운 학문적 업적을 남길 수 있었을까. 다음은 강의장에서 헤겔의 강의를 직접 들었던 카를 로렌크란츠가 서술한 헤겔의 공부 방법이다.

헤겔은 종이를 한 장 준비했다. 그리고 그 종이의 맨 위에는 일반적인 개념의 주제를 크게 썼다. 그리고 그 밑에 관련된 개별적인 세부 내용을 깨알같이 적었다. '한 페이지 당 한 개념'의 방식으로 그는 개념들을 스스로 정리한 것이다. 그리고는 그 종이의 윗부분 중앙에 매우 큰 글씨로 주제어를 썼다. 이렇게 하고나서는 그 종이들을 키워드의 알파벳 순으로 정리했다. 이렇듯 간결한 정리 덕분에 그는 필요한 내용을 언제든지 찾아내서 이용할 수 있었다. 이사를 할 때도 헤겔은 자신의 교양의 터전이 되는 이 자료를 항상 보존했다.

－ G. 비더만 지음, 강대석 옮김, 《헤겔》, 서광사

지식이란 곧 개념이다. 공부를 한다는 것은 곧 개념을 익히는 일이다. 지식을 대표하는 원리나 법칙도 결국 하나의 개념으로부터 확장되며, 개념을 통해서 원리가 설명된다. 지식이 곧 개념이고 개념이 곧 지식이라는 것을 알면, 헤겔이 왜 노트에 개념을 정리했는지 물어볼 필요가 없다. 헤겔이야말로 지식이 무엇인지, 그리고 지식을 어떻게 확장하는지 아는 인물이었던 것이다.

비트겐슈타인,
학생들에게 개념노트와 사전 활용법을 알려주다

루트비히 요제프 요한 비트겐슈타인(1889~1951)은 오스트리아와 영국

에서 활동한 철학자로서, 논리학·수학·철학·심리철학·언어철학 등 다양한 분야에 업적을 남긴 인물이다. 심지어 공학도로서 제트엔진에 관한 특허도 가지고 있을 정도로 다재다능한 인물이다.

많은 사람들이 그를 20세기 가장 위대한 철학자로 손꼽는다. 철학자로서 비트겐슈타인은 수천 년 동안 인류의 사상을 이끌어왔던 철학을 해체한 인물로도 유명하다. 세상에서 가장 똑똑하다고 자부하는 인간들의 정신적 놀이터를 한 순간에 없애버린 그의 놀라운 사유 능력은 어디에서 온 것이었을까? 비트겐슈타인과 관련한 일화를 통해 알아보자.

1929년 영국 케임브리지 기차역에는 당대의 지식인들이 한 사람을 보기 위해 몰려들었다. 그 중에는 노벨경제학상 수상자인 케인즈(1883~1946)도 있었다. 케인즈는 당시 상황을 자신의 아내 리디아 로포고아에게 편지를 통해 전했는데 "신(神)이 강림하셨다"는 표현을 주저 없이 썼을 정도였다. 케인즈가 말한 '신'이 바로 비트겐슈타인이었다. 당대의 가장 유명한 철학자인 비트겐슈타인은 왜 영국 지식인들의 환영을 받으며 케임브리지에 돌아온 걸까? 거기에는 또 그럴 만한 사정이 있었다.

비트겐슈타인은 그가 얻은 명성으로 인해 대학에서 교수자리를 제안받는다. 하지만 그는 영국에서의 대학교수직을 포기하고 오스트리아 시골의 한 초등학교 교사로 자원해 간다. 시골의 초등학교에서 그는 자신만의 방법으로 학생들을 가르치는데, 그의 교육방식을 이해하지 못한 부모들과의 갈등으로 결국 학교에서 쫓겨난다. 영국의 지성들이 비트겐슈타인을 보러 케임브리지 역에 몰려든 그 날이 바로 초등학교에서 쫓겨난 비트겐슈타인이 오랜 외유생활을 마치고 케임브리지대로 돌아오는 날이었다.

초등학교에서 학생들을 어떻게 가르쳤기에 쫓겨난 걸까? 비트겐슈타인은 일반적인 지도서를 따르지 않고 자신의 자체적인 판단에 따라 수업 계획을 세웠다. 작문이나 받아쓰기를 할 때는 틀린 부분을 직접 고치지 않고 그 부분에 표시를 해줘 학생들이 스스로 깨우치게 했다. 또한 공책을 바꿔 보며 서로의 잘못을 찾는 협동수업을 활용하기도 했다.

하지만 가장 놀랄 만한 사실은 학생들에게 개념노트를 만들게 해서 개념을 익히게 한 점이다. 지식을 이해하는 핵심이 개념에 있다는 것을 알았기 때문이다. 이 즈음에 초등학생들을 위한 사전을 편찬하기도 하는데 이는 그의 대표작인 《논리철학 논고》와 함께 그가 생전에 출판한 두 권의 책 중 하나이기도 하다. 개념과 언어의 활용을 중시한 비트겐슈타인은 《논리철학 논고》를 집필할 때도 마치 사전을 만들듯 개념을 정의하는 독특한 서술방식을 사용했는데, 이것만 봐도 비트겐슈타인이 언어의 개념을 얼마나 중시했는지 알 수 있다.

비트겐슈타인과 관련하여 나의 눈길을 사로잡은 것은 그의 철학보다 교육방식이다. 특히 초등학생들에게 자신만의 개념노트를 만들어 공부하게 한 것과 사전을 직접 만들어 학생들에게 그것을 활용하여 공부하는 방법을 알려준 점은 케인즈의 표현처럼 신(神)이 초등학교에 강림한 것이나 다름없었다.

개념을 익히는 공부 방법은 천재들이 해왔던 공부 방법이 아닌가? 신의 강림이라고 외쳤던 케인즈의 표현처럼 비트겐슈타인이야말로 공부가 무엇인지를 보여주기 위해서 강림한 '공부의 신'이라 해도 전혀 부족하지 않을 인물이다. 하지만 비트겐슈타인 자신의 말처럼 "말할 수 없는 것들에 대해서 침묵해야 한다"면 '공부의 신'이란 의미 없는 말장난이며 오히려 그를 화나게 하는 칭호가 될 지도 모르겠다.

페르미, 개념을 수정하며 개념을 창조하다

20세기 이후의 물리학자로는 드물게 실험과 이론 양쪽 방면에서 뛰어난 업적을 남긴 엔리코 페르미(1901~1954)는 이탈리아 출신의 물리학자이자 노벨 물리학상 수상자다. 페르미가 얼마나 대단한 사람인지 그의 일화를 통해 알아보자.

노벨상을 두 번이나 수상한 리처드 파인만의 말을 빌리자면, 그가 만난 물리학자 중에 천재임을 인정하지 않을 수 없는 존재라는 것이다. 파인만이 몇 달을 끙끙대며 계산한 문제를 어느 학술대회장에서 페르미를 만나 얘기하려하자, 페르미가 입을 가리면서 잠시 속셈을 하더니 답을 말했다는 이야기는 아주 유명한 일화다.

— 이재영, 《탁월함에 이르는 노트의 비밀》, 한티미디어

페르미는 천재가 인정한 천재라고 할 수 있다. 페르미가 어떻게 공부했기에 노벨 물리학상을 두 번이나 수상한 리처드 파인만을 놀라게 한 걸까?

엔리코 페르미 또한 학문을 하는 올바른 방법이 '개념을 익히는 것'에 있음을 알았다. 여기서 한걸음 더 나아가 개념을 이해하기 쉽게 재정립하려는 노력을 해왔던 인물임도 알 수 있다.

실제 페르미는 어려운 내용의 강의를 쉽게 했던 것으로도 유명한데 그가 그렇게 할 수 있었던 이유는 모든 개념을 쉽게 풀어서 재정립하려는 그의 노력 때문이었다. "고수는 아무리 어려운 내용도 쉽게 말하고, 하수는 아무리 쉬운 내용도 어렵게 말한다"는 말이 있다. 그런데 현실에서는 쉽게 얘기하면 하수처럼 보이고, 어렵게 얘기해야 고수처럼 보인다. 그래서 역설적으로 "고수는 고수만이 알아본다"는 말이 생긴 지 모르겠다.

학문과 지식의 시각에서 천재란 '개념을 만들어내는 개념의 창조자'다. 뉴턴은 중력이라는 개념을 만들어 냈으며, 아인슈타인은 상대성의 개념을 만들어 냈다. 페르미를 보면서 이런 천재의 정의를 새롭게 수정해야 함을 새삼 느낀다.

"천재란 개념을 수정하는 사람이다."

지식의 개념어는 일상어와 달리 처음에 만들어낸 사람이 있다. 그것이 일상어와 개념어의 차이다. 우리가 교과서에서 배우는 전문용어는 모두가 천재들의 뛰어난 탐구열정에 의해 창조된 개념어다. 천재들이 만들어낸 개념을 익히는 일이 어디 쉽기만 하겠는가? 당연히 개념을 공부하는 일은 쉽지 않다. 어려운 개념을 쉽게 수정하여 더 많은 사람들이 개념을 공유하게 하는 일도 분명 쉬운 일이 아니며 개념의 창조만큼 어려운 일이다.

페르미는 그 일을 해낸 사람이다. 하지만 페르미의 빛나는 업적이 모든 물리학 개념을 노트에 하나씩 적으며 공부했기에 가능했다는 사실을 잊지 말아야 한다. 누구나 처음에는 하나의 개념에서 학문의 첫발을 내딛는다. 그리고 대부분은 그 첫 발자국에 대한 기억을 빠르게 잊고 걷는 것을 중단한다. 페르미는 그 첫 발자국으로부터 시작하여 걸음을 멈추지 않았던 인물이다. 하나의 개념에서 새로운 개념이 확장되고, 그 확장된 개념이 새롭게 수정되며, 더 나아가 인류사에 길이 빛나는 새로운 개념이 탄생한다.

5. 수능수석과 고시합격생은
어떻게 공부했는가

가까운 곳의 이야기를 들어보자

지금까지 개념학습과 풀어쓰기 그리고 개념학습을 통해 학습성공을 이룬 학문의 천재들 중 몇 명을 살펴보았다. 사실 학문의 천재를 소망한다기보다는 소박하게 수능이나 고시에서 좋은 성적을 내면 충분하다고 생각하는 이가 대부분일 것이다. 천재가 되길 바라지도 않는데 굳이 이렇게 힘든 방법을 공부에 적용해야 하는지 혼란스러워 할 수도 있다.

이렇듯 개념학습에 대해 두려움을 느끼는 학습자를 위해 이제 우리 근처의 사례, 그리고 천재에 관한 이야기가 아닌 수능과 고시라는 현실적 문제에 맞는 사례를 들어보고자 한다.

개념학습으로 이룬 수능수석과 사법고시 합격

우리에게 《공부가 가장 쉬웠어요》로 유명한 장승수 변호사의 사례를 보자. 장승수 변호사는 고등학교를 졸업하고 막노동 일을 하면서 5수 끝에 서울대 법대에 수석 합격해 화제를 모았던 인물이다. 장승수 변호사는 어려운 가정환경 때문에 고등학교를 졸업하고 가족의 생계를 책임져야 했다. 가스통 배달, 식당 물수건 배달, 신문배달, 택시운전, 포크레인조수 등 안 해본 일이 없을 정도다. 서울대 수석합격 당시 공사현장에서 건설노동자로 일하던 중 수석을 통지 받은 일화는 유명하다.

고등학교 시절 공부를 잘하지 못했다고 고백한 장승수 변호사는 도대체 어떻게 공부했기에 수능 문과 수석과 서울대 법대 수석, 그리고 어려운 사법고시까지 합격할 수 있었을까?

장승수 변호사는 그의 자서전이라 할 수 있는 저서 《공부가 가장 쉬웠어요》를 통해 공부법을 소개한 적이 있는데, 개념학습과 관련해 놀라운 고백을 한다. 책을 읽을 때 자기가 잘 모르는 개념이나 단어가 나오면 무조건 사전을 이용해서 그 뜻과 의미를 찾으며 공부했다고 한다. 심지어는 수학을 공부할 때도 모르는 개념이 나오면 국어사전을 찾으며 공부했다.

이렇게 공부하면 당연히 진도가 늦어질 수밖에 없는데 어떤 날은 하루 종일 공부했는데도 진도가 2~3쪽 밖에 나가지 못한 날도 있었다고 한다. 그가 이렇게 공부하게 된 것은 수능을 연속해서 실패하고 난 후 자신의 공부 방법에 문제가 있다는 것을 스스로 깨달았기 때문이다.

이렇게 개념학습이나 풀어쓰기 같은 기본 공부 방법을 다른 사람의 도움 없이도 스스로 깨달아 하는 사람들이 있다. 사실 이것이 우리 주위에 있는 우등생들의 일반적인 모습이다.

공부를 잘하는 사람들은 그렇지 않은 사람들이 갖추지 못한 특별한 능력을 가지고 있다. 그것을 '메타인지 능력'이라 한다. 메타인지란 공부나 일을 하는 과정에서 스스로 문제를 인지하고 그 해결책을 계속 찾아가는 능력을 말한다. 소수의 우등생들은 공부를 하는 과정에서 많은 시행착오를 경험하며 스스로 자신의 문제점을 찾아내고 동시에 해결책을 찾는다. 문제의 해결책을 찾을 때는 다른 사람의 경험이나 외부 정보 등을 모두 이용한다.

"문제를 인지하고, 문제의 답을 찾는다."

매우 간단한 원리지만 실제 현실에서 이것을 이루기란 쉽지 않다. 하지만 운 좋게도 장승수 변호사는 자신의 문제점을 발견하고 그것을 해결했다. 그리고 그러한 문제해결의 중심에는 개념학습과 개념 풀어쓰기가 조용히 자리하고 있었다.

6. 이해 능력을
어떻게 향상시키는가

1주일 단위로 익히는 개념의 양을 늘려라

수능 1등급과 9등급 학생은 당연히 이해 능력에서 차이가 난다. 그렇다면 9등급 학생이 등급을 하나씩 올려서 1등급으로 가기 위해서는 어떻게 해야 할까?

나는 앞서 '이해는 질적인 개념이 아니라 양적인 개념'이라고 얘기했다. 수험생의 이해 능력은 정량적으로 측정이 가능한데, 그건 1주일 동안 배운 개념을 얼마나 습득했느냐에 달려 있다. 수험생들이 1주일 동안 학교에서 배우는 개념의 숫자는 학년마다 조금씩 차이가 있겠지만 대략 40~80개 정도 될 것이다. 1등급 수험생들은 이러한 개념을 비교적 정확하게 습득하고 있다.

그러나 대다수의 수험생들은 앞에서 지적했듯 지식을 관람하고 관광할 뿐이지, 배운 개념을 익히는 것을 미룬다. 수험생이 꾸준히 1주일 단위로 배운 개념을 미루지 않고 습득해야 하는 이유는 수능이나 고시가 교과서 전체를 수험범위로 하기 때문이다. 많은 과목과 학습량을 시험당일까지 익히기 위해서는 평상시 배운 개념을 미루지 않고 익혀야 한다.

결국 9등급 학생이 이해 능력을 향상시키려면 1주일 동안 배우는 개념의 양을 점차 늘려나가야 한다. 1주일 동안 익히는 개념의 숫자가 평균적으로 40개 정도씩 꾸준히 이루어진다면 시험을 보는 데 특별한 어려움이 없을 것이다. 개념노트를 별도로 준비해서 필기하고 공부하면 도움이 된다. 혹은 학습일지를 쓰면서 일지에 개념을 적는 것도 좋은 방법이다.

7. 수험의 적을 올바로 알자

수험생의 적은 시험출제자다

강연장에서 청중들에게 질문을 한다.

"수험생의 적은 누구인가요?"

"동료 수험생이요."

대부분이 이렇게 대답한다. 보통 동료 수험생을 '선의의 경쟁자'라 하지 않던가? 그러면 나는 정답이 아니라며 다시 생각해보라고 한다. 어떤 학생은 '자기 자신'이라는 철학적 답을 내놓기도 한다. 진짜 답은 뭘까. 수험생의 진짜 적은 동료 수험생이 아니라 '시험을 출제하는 출제자'다. 수험생의 적이 누구인가가 뭐 그렇게 중요하냐고 물을 수도 있다. 하지만 자신이 싸워야 하는 적이 누구인지를 알아야 그에 맞춘 전략과 전술을 준비할 수 있다.

중학교에 연수를 가서 학생들에게 '수능을 누가 출제하는지' 물어본 적이 있다. 학생들이 입을 모아 큰소리로 말한 답은 놀랍게도 EBS였다. 그 외에도 "교육청에서 출제한다"는 학생도 있었고 "모르겠다"고 대답한 학생도 있었다. 막연하게 "학교 선생님"이라고 대답한 학생도 있었다. 이는 고등학교도 마찬가지다. 출제기관을 정확히 모르는 학생들이 의외로 많다. 적을 모르는데 어떻게 싸울 수 있겠는가? 시험은 출제자와 수험생 간의 머리싸움이다. 그래서 수험생은 출제자의 마음을 잘 알아야 한다.

시험의 경쟁자를 동료 수험생으로 한정하면 수험공부의 기준을 합리적으로 정할 수 없다. 동료수험생을 경쟁자로 생각하면 수험공부의 기준이 '남보다 열심히'가 된다. 이런 기준은 언뜻 맞는 듯 보이지만 합리적이지 못하다. 수험생들은 실제로 최상위권 수험생들이 얼마나 열심히 공부하는지 모른다. 수능뿐만 아니라 고시도 마찬가지다. 원칙은 '남보다 더 열심히'인데 남들이 얼마나 열심히 공부를 하는지 모르는 것이다. 이러면 어떻게 합리적인 기준을 정하고 평가를 할 수 있겠는가?

결국 '남보다 더 열심히'는 노력의 방향성을 제시하는 추상적인 슬로건에 불과하다. 출제자가 시험을 어떻게 출제하는지 알고 그에 맞는 공부 전략을 세우는 것은 '남보다 더 열심히'와 같은 추상적인 기준과는 분명 다르다. 공부를 얼마만큼 해야 하는지에 대한 합리적 기준을 세울 수 있기 때문이다.

수험생이 도달해야 하는 공부의 목표는 다른 수험생보다 더 많이 하거나 더 열심히 하는 것이 되면 안 된다. 완전학습과 문제해결 능력 향상이 답이다. 수험생이 교과서와 문제집을 완벽하게 익히고 수험장에 갈 수 있다면 남보다 더 열심히 할 필요가 없다. 완전학습과 문제해결 능력은 다른 수험생의 눈치를 볼 필요가 없는 공부 목표다. 물론 평가의 지향점이기도 하다.

이렇게 자신이 싸워야 하는 적이 누구인지, 자신이 공부해야 하는 목표가 무엇인지를 분명히 알면 다른 수험생이 나보다 더 열심히 한다고 불안해 할 필요가 없고 다른 수험생이 나보다 더 열심히 안 한다고 안심하지도 않는다. 시험은 수험생 간의 눈치 보기가 아니다. 시험은 수험생들이 도달해야 하는 지적 수준이 정해져 있다. 수험생이 그 도달점에 이르지 못하면 남들보다 더 열심히 해도 수험합격이 어려울 것이다. 그래서 자신이 싸워야 할 적이 누군지, 자신이 공부할 목표가 무엇인지를 명확하게 알아야 한다.

수능출제자는 어떻게 시험을 출제하는가

지금까지는 학습자의 입장에서 개념학습의 중요성과 그 방법을 살펴보았다. 수험생은 학문을 연구하는 학자가 아니다. 그러기에 아무리 올바른 공부 방법이라 하더라도 시험과 연관시킬 수 없다면 외면을 받을 수밖에 없다. 학문을 하는 데는 도움이 될지 몰라도 시험에 도움이 되지 않는다면 그런 방법이 수험생에게 무슨 소용이 있겠는가? 그래서 수험생이 진짜 싸워야 하는 당사자인 출제자의 입장을 파악해보기로 했다. 시험을 출제하는 사람은 시험문제를 낼 때 어떤 문제를 출제하는지, 그리고 출제경향과 개념학습이 얼마나 관련성을 가지고 있는지를 살펴보자.

시험은 대개 평가 목표나 내용에 일관성을 갖고 있다. 그렇지 않다면 출제와 평가, 수험생 모두에게 혼란을 가져오기 때문이다. 그래서 대학수학능력시험을 출제하는 '한국교육과정평가원'에서는 매년 수험공부의 혼란을 줄이고자 수능출제에 대한 안내서를 만들어 배포하고 있다. 그 책자가 〈○○학년도 대학수학능력시험 학습방법 안내, ○○학년도 대학수학능력시험 이렇게 준비하세요〉다.

책에는 수능 평가의 목표, 출제 기본방향, 학습방법 등이 자세하고 친절하게 나와 있다. 문제출제와 관련한 내용을 살펴보면 모든 교과목에 공통적으로 "기본개념의 이해를 측정하는 문제를 출제한다"고 나와 있다.

평가원의 자료집을 살펴보면 수능출제와 관련해 개념을 언급한 비율이 매우 높다. 한 마디로 수능은 '개념을 얼마나 이해하고 적용할 수 있는지'가 평가의 기본임을 알 수 있다. 평가원의 학습방향의 제시도 온통 개념을 철저히 이해하라고 조언하고 있다.

어쩌면 평가원의 안내서는 시험문제의 답을 미리 가르쳐주고 있는 답안지일지도 모른다. 출제자가 시험을 이렇게 내겠다고 이만큼 친절하게 알려주는 시험이 어디 있는가? 그런데도 학생들은 지독히 개념을 공부하지 않는다. 학생들이 개념을 공부하지 않는 이유는 지능이 낮아서도 아니고 이해력이 부족해서도 아니다. 단지 귀찮기 때문이다. 개념을 묻는 시험은 수능만이 아니다. 고시를 포함한 모든 시험에서 지식의 평가는 대개 개념의 이해와 적용을 물을 수밖에 없다. 그 이유는 개념의 이해와 적용이 지식을 평가하는 본래의 영역이기 때문이다.

더 높은 수준의 학문을 익히기 위한 대학의 입학시험에서 수험생들이 개념을 얼마나 탄탄하게 공부했느냐를 알아보는 것보다 더 중요한 잣대는 없다. 평가원이 개념을 묻는 문제를 대학수학능력시험의 기본으로 삼고, 대학 역시 그러한 평가기준에 동의한다는 사실은 우리사회의 지성이 얼마나 잘 작동되는지를 확인할 수 있는 증거다. 흔히 얘기하는 일류대학과 삼류대학의 차이는 학생들 지능의 차이가 아니다. 학생들의 머릿속에 들어 있는 개념의 양 차이일 뿐이다.

8. 그래서
교과서가 답이다

교과서는 개념을 가장 잘 설명한 책

　나는 공부의 기본에 관한 글을 쓰고 있다. 하지만 과연 이 글이 수험생들의 공부 방법에 얼마나 변화를 가져올지 여전히 두렵고 의심스럽다. 그럼에도 희망을 품고 있는 것은 우리사회에서 지성이 올바로 작동되고 있다는 믿음이 있기 때문이다.

　학교에서 연수를 하며 학생들에게 "공부할 때 사전을 얼마나 활용하는지" 물어보면 "거의 활용하지 않는다"고 한다. 심지어는 사전이 없는 학생도 있다. 연수 때 사전을 꼭 가져오라고 하면 중·고등학생이 초등학교 때 사용했던 사전을 들고 오는 경우도 있다.

개념은 사전에만 있지 않다. 교과서가 중요한 이유는 '기본개념을 가장 잘 설명한 책'이기 때문이다. 우리가 공부를 할 때 사전을 찾아야 하는 이유는 과거에 교과서에서 배운 개념을 망각했기 때문이다. 지나간 모든 교과서를 뒤질 수는 없지 않은가?

교과서는 올바른 개념의 습득을 위한 가장 좋은 교재다. 학력고사나 수능에서 수석을 했던 학생들은 마치 입이라도 맞추듯 "교과서를 철저하게 공부했다"는 고백을 하곤 한다. 우리 대부분은 그 말을 흘려들었다. 그러면서 다른 비법이 있을 거라고 막연히 생각하곤 했다.

누차 말하지만, 교과서만큼 개념을 익히기에 좋은 책은 없다. 수석합격자들이 왜 그렇게도 지독하게 교과서에 집착했는지 짐작할 만한 대목이다.

Part 6.

대공개!
기억 능력을
키우는 비법

1. 기억에 관한
오해

기억의 시작은 이해다

수험생들은 매번 기억하지 못해 시험을 망치고도 암기를 잘 안한다. 귀찮고 힘들기 때문이다. 성적이 낮은 수험생의 경우는 그렇다 쳐도 공부 좀 한다고 하는 학생들도 사정은 마찬가지다. 이들은 교과서를 이해하는 데는 많은 시간을 보내고 있으나 기억에 대해선 그렇지 않다. '암기학습이 학생들의 창의성을 해친다'며 '암기학습을 지양해야 한다'는 사회의 목소리도 이런 분위기 조성에 한 몫 한지 모르겠다.

시험공부를 해본 사람이면 알겠지만 어떤 내용을 이해했다 해도 그걸 장시간 기억하는 일은 결코 쉬운 게 아니다. 중간고사나 기말고사처럼 시험범위가 정해져 있는 경우가 아니라, 수능이나 고시와 같이 교과서 전체를 완벽하게 외워야 문제를 해결할 수 있는 경우는 '암기 능력이 곧 시험성적을 결정한다'고 해도 과언이 아니다. 특히 고시는 암기해야 하는 교과서의 내용이 상상할 수 없을 정도로 막대하다.

이 말이 '암기 능력만 중요시하라'는 말은 결코 아니다. '이해만', '암기만'이 아니라는 얘기다. 교과서를 암기하는 경우에도 이해는 필요하다. 교과서 몇 쪽을 외우는 건 이해 없이도 가능하다. 하지만 교과서 전부를 암기하기 위해서는 반드시 내용 이해가 바탕이 되어야 한다. 이해가 완벽하면 기억하려 하지 않아도 내용이 저절로 기억된다. 교과서 내용 중 개념이나 원리, 인과적 사실의 기억은 더 그렇다. 그래서 이해를 못하면 기억도 어렵다.

이해가 안 되면 모든 것을 다 억지로 외워야 한다. 그러나 시험은 의미도 모른 채 암기만 해서는 문제를 해결할 수 없다. 이해가 수반되지 않은 기억은 의미 없는 기호를 머릿속에 구겨 넣는 것 이상도 이하도 아니다. 진정한 공부라 할 수 없다. 이해가 되어 저절로 기억이 되는 수험생과 이해가 되지 않아 모든 것을 외워야 하는 수험생은 공부의 질이 엄연히 다르다.

이처럼 이해와 기억은 전혀 별개의 학습과정이나 능력이 아니다. 이해가 기억이며 기억이 이해다. 이해가 되어야 기억이 쉽다. 그래서 기억 능력의 기본은 이해 능력이라 할 수 있다. 철저하게 이해하는 것이야말로 철저하게 기억하는 것이다. 이것이 기억의 기본원리이다.

이번 '기억의 Part'에서 알아야 하는 핵심은 다음 세 가지다.

· **기억의 목표**　　· **기억의 방법**　　· **기억 능력의 향상법**

기억에도 목표가 있다

수험생이 공부를 처음 시작할 때 '기억에 목표를 두고 공부하느냐, 그렇지 않느냐'는 평소 공부 전략과 방법에 큰 영향을 준다. 올바른 기억의 목표는 단기기억이 아니라 장기기억이며, 중간고사나 기말고사가 아닌 수능이나 고시 등의 최종시험이 되어야 한다.

학습 성공자와 실패자를 비교하면 이러한 차이가 분명하게 나타난다. 하위권 학생들의 기억 목표는 대개 중간고사나 기말고사에 맞춰져 있다. 그러다보니 중간고사나 기말고사 기간에만 반짝 공부를 한다. 심한 경우엔 시험기간에도 공부를 안 한다. 물론 이래서는 좋은 결과를 얻지 못한다.

수능이나 고시에서 좋은 성적을 내는 수험생들을 보자. 이들은 중간고사나 기말고사 기간에만 열심히 공부하는 것이 아니라 평소에도 시험기간과 상관없이 꾸준히 공부한다. 최상위권 수험생들이 평소에도 시험기간처럼 열심히 공부하는 이유는 기억의 목표를 중간고사나 기말고사에 두는 것이 아니라 수능이나 고시처럼 최종적으로 치러야 하는 시험 그 자체에 두고 있기 때문이다.

수험생은 중간고사나 기말고사처럼 시험범위를 한정해서 공부하면 안 된다. 처음부터 교과서나 문제집 전체를 기억하겠다는 뚜렷한 목표를 가져야 한다. 수험생이 공부를 하면서 기억의 목표를 교과서나 문제집 전체로 하지 않으면 긴장감이 상실된 공부를 하게 된다. 그러면 시험 때가 되어서야 벼락치기 공부를 하며 평소 시간을 헛되이 보내게 된다.

학기 초부터 '지금 배우는 교과서와 문제집 전체를 1년 뒤에는 완벽하게 기억하겠다'는 목표를 세워야 적절한 긴장감 속에서 장기기억과 관련한 학습 전략 및 기술을 익힐 수 있다. 계속 언급하지만, 시험의 성패는 교과서의 일부를 기억하는 데 있지 않고 전체를 다 기억하는 데 있다. 그래서 이 책 역시 교과서 일부의 학습이 아닌 교과서나 문제집 전체를 어떻게 공부해야 장기적으로 기억할 수 있는지에 맞춰져 있다.

회독수 방법과 누적 방법

기억 능력은 단순히 지능만으로 결정되지 않는다. 특히 교과서 전체를 기억하는 '기억 방법'과 꾸준하게 공부하는 '규율성'이 좌우한다. 수험생들이 합격을 위해 필요한 학습기술은 교과서 전체를 장기기억하는 방법과 전략이다. 특히 수능이나 고시는 1~4년 전에 배웠던 내용을 시험당일까지 기억해야 한다. 결국 교과서 전체를 장기기억하는 능력이 시험의 합격과 불합격을 결정하는 수험생의 진짜 기억 능력이라 할 수 있는 것이다.

수험생들이 교과서 전체를 장기기억하기 위해 공부하는 방법은 크게 '회독수 방법'과 '누적 방법'으로 나눌 수 있다. 이 두 가지 방법이 수험생들이 일반적으로 활용하는 공부 방법이다. 이 중 특히 회독수 방법을 대부분의 수험생들이 활용하고 있다. 회독수 방법이란 교과서나 문제집을 1쪽부터 마지막 쪽수까지 이어가며 공부하는 것을 말하며, 누적 방법이란 전날 공부한 내용을 누적으로 복습하며 진도를 나가는 것을 의미한다. 도표를 통해 확인하자.

회독수 방법

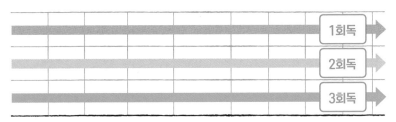

누적 방법

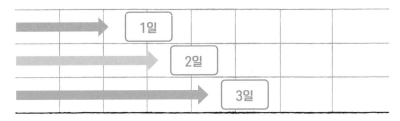

회독수 방법은 수험생들이 가장 많이 활용하는 방법이지만 성공하는 수험생보다 실패하는 수험생이 더 많다. 회독수 방법과 누적 방법의 장단점을 통해 실패 이유를 살펴보고 나에게 적합한 기억의 방법이 무엇인지 알아보자.

회독수 방법의 장단점

회독수 방법은 교과서나 문제집을 1쪽부터 마지막까지 보는 것을 반복하는 학습과정이다. 대부분의 수험생들은 이 방법으로 공부를 한다. 회독수 방법의 장점은 진도가 빨리 나가는 데 있다. 전날 공부한 부분을 계속 이어서 공부하기에 진도를 빼는 공부로는 제격이다.

수험생들은 시험공부를 하면서 진도에 상당한 공을 들인다. 공부할 양에 비해서 시간이 부족하니 그럴 수밖에 없다. 게다가 공부할 때 진도가 잘 나가지 않으면 지루하고 빨리 지친다. 하루 종일 공부한 양이 겨우 교과서 한 두 쪽이라면 공부할 맛이 나겠는가? 그러면 힘이 두 배로 든다. 공부할 양은 많은데 진도가 늦으면 수험생들은 조급해져서 이해도 못한 채 진도에 치중한 공부를 하게 된다. 진도가 많이 나가야 왠지 뿌듯하고 공부한 느낌이 들기 마련이다. 그러다보니 수험생들은 교과서 내용을 세밀하게 이해하거나 완벽하게 기억하는 과정을 나중으로 미루게 된다. 공부할 때 이해나 기억을 완벽하게 하지 않아도 되니 스트레스를 덜 받고 공부할 수 있으며, 진도가 죽죽 나갈 수 있어서 수험생으로서는 심리적으로 힘이 덜 드는 공부 방법이다.

　이런 장점에도 불구하고 회독수 공부 방법에도 단점이 있다. 언제나 최근에 공부한 것만 기억나고 오래 전에 공부한 내용은 기억나지 않는다는 것이다. 앞을 공부하면 뒤를 잊어버리고, 뒤를 공부하면 앞을 잊어버리는 것을 반복한다. 이러한 현상을 없애려면 회독수를 빨리 늘려야 하고 진도를 나가면서 이해와 기억을 병행하는 공부를 해야 한다. 그러나 이게 말이 쉽지 실천하기는 어렵다. 누구보다 이러한 사실을 수험생들이 잘 알 것이다.

2. 모든 것을 기억하는
기억 전략

싸구려 성취감을 버려라

공부과정에서 수험생이 성취감을 느끼게 되면 공부가 재미있고 힘이 덜 든다. 수험생이 공부할 때 느끼는 성취감에도 종류가 있다. 교과서를 공부하면서 내용을 이해할 때 느끼는 이해의 성취감, 내용을 기억했을 때 느끼는 기억의 성취감, 시험을 본 후 좋은 성적을 받았을 때 느끼는 성적의 성취감 등이 있다.

하지만 모든 수험생이 이런 성취감을 느끼는 것은 아니다. 소수의 우등생들만이 공부하면서 이런 성취감을 경험한다. 이런 성취감을 '고급스런 성취감'이라 할 수 있겠다. 하지만 성취감 중에서 성적과 관련 없이 모든 수험생이 느끼는 싸구려 성취감이 있다. 바로 진도의 성취감이다. 진도는 이해나 기억의 성공 없이도 시간이 흐름에 따라 저절로 진행되기 때문이다.

누구든지 중간에 학교나 학원을 그만두지 않는 한 진도를 마치게 된다. 그래서 성적과 상관없이 대부분의 수험생들이 진도를 통해서 얻는 성취감을 경험한다.

하위권 학생들이 공부할 때 경험하는 유일한 성취감이기에 이들은 공부의 효율과는 상관없이 진도만 나가는 공부를 한다. 수험생들이 진도의 성취감만을 추구하면 처음부터 끝까지 읽어나가기만 하는 회독수 공부 방법을 고집할 수밖에 없다.

고급성취감을 느껴라

회독수 방법으로 실패를 거듭한 수험생들에게 누적 방법을 소개하려 한다. 누적 방법이란 진도에 중점을 두는 것이 아니라 복습에 중점을 두는 공부 방법이다. 수험공부의 목표를 진도에 두지 않고 복습에 두는 것은 이유가 있다. 이해의 실패보다 더 나쁜 것이 힘들게 이해한 내용을 잊어버리는 것이다.

혹시 어렵게 이해한 내용이 기억나지 않아 다시 처음부터 이해한 경험이 없는가? 그건 정말 고통스러운 일이다. 어느 경우엔 전에 이해한 내용인데도 지금은 이해가 안 돼 영원히 이해를 못하는 경우도 있다. 생각해보라. 그 황당함과 막막함을.

어차피 시험공부는 이해로 끝나는 것이 아니다. 이해란 기억을 하기 위한 전 단계일 뿐이다. 공부한 내용이 기억나야 문제를 풀 수 있다. 그러기에 처음부터 기억에 초점을 두고 공부를 하면 진도는 조금 늦을지 모르지만 이해나 기억, 문제해결 과정에서 고급스런 성취감을 느끼며 공부할 수 있다. 즉 수험생이 진도에서 느끼는 성취감을 일부 포기하면 진짜 성취감을 느끼며 공부하게 된다.

회독수 방법으로 성공하기 위해서는 회독수를 빠르게 늘리며 이해와 기억을 동시에 해야 한다. 이렇게 하려면 공부시간이 많아야 하며 동시에 엄청난 집중력도 필요하다. 그래서 회독수 방법은 공부를 제대로 해보지 못한 수험생들이 번번이 실패하는 학습 전략이다.

누적 방법은 이런 과다한 부담을 분배해서 공부하는 방법이다. 특히 기억하는 것을 힘들어하거나 귀찮아하는 수험생에게는 회독수방식보다 누적방식이 더 적합하다.

5회독 누적복습의 원리

다음에 제시할 누적복습 진도표는 수험생이 매일 1시간(60분) 동안 교과서를 평균 20쪽 공부하는 것을 가정하여 설계한 진도표다. 누적복습 진도표를 자신의 학습 능력에 맞도록 합리적으로 설계하기 위해서는 과목별로 1시간 동안 공부할 수 있는 평균 학습량을 미리 파악해야 한다. 그래야 학습설계를 할 때 합리적으로 진도표를 작성할 수 있다. 시간당 학습량은 공부할 때 시간을 재면서 과목별로 1시간당 어느 정도 진도를 나가는지 기록해보면 알 수 있다.

처음 자신의 시간당 학습량을 알아보기 위해 표를 만들어 기록하면 좋다. 1주일간 기록한 후 나온 그 평균치가 자신의 과목별 시간당 학습 진도다.

고시생의 과목별 시간당 학습량

과목	헌법	영어	민법	행정학
쪽수/시간	20/60분	10/60분	8/60분	20/60분

수능생의 과목별 시간당 학습량

과목	국어	영어	수학	과학
쪽수/시간	20/60분	10/60분	8/60분	20/60분

5회독 누적복습 진도표

1일	1~20 (60분)					
2일	1~20 (30분)	21~30 (30분)				
3일	1~20 (15분)	21~30 (15분)	31~40 (30분)			
4일	1~20 (7분)	21~30 (8분)	31~40 (15분)	41~50 (30분)		
5일	1~20 (3분)	21~30 (4분)	31~40 (8분)	41~50 (15분)	51~60 (30분)	
6일		21~30 (2분)	31~40 (4분)	41~50 (8분)	51~60 (15분)	51~60 (30분)	
7일			31~40 (2분)	41~50 (4분)	51~60 (8분)	61~70 (15분)	71~80 (30분)

*표에 예시된 진도와 시간은 누적복습의 원리를 설명하기 위하여 기계적으로 계산한 것으로 실제 진도와 시간은 수험생마다 차이가 있다. 회색 칸이 매일 나가는 진도다.

- 1일째는 정독(개념학습)을 하면서 1시간 동안 교과서 20쪽을 공부한다.
- 2일째는 어제 공부한 내용(20쪽)을 복습하고 나머지 시간에 새로운 진도(21~30)를 나간다. 진도가 10쪽인 이유는 1시간에 20쪽을 공부할 수 있기에 공부시간이 30분이면 그 절반인 10쪽이 되기 때문이다.
- 3일째는 1~2일 동안 공부한 내용(1~30쪽)을 누적으로 복습하고 나머지 시간에 새로운 진도(31~40)를 나간다.
- 4일째는 1~3일 동안 공부한 내용(1~40쪽)을 누적으로 복습하고 나머지 시간에 새로운 진도(41~50)를 나간다.
- 5일째는 1~4일 동안 공부한 내용(1~50쪽)을 누적으로 복습하고 나머

지 시간에 새로운 진도(51~60쪽)를 나간다.

- 6일째는 다섯 번 복습한 1~20쪽은 더 이상 복습하지 않고 2~5일 동안 공부한 내용(21~50쪽)을 누적으로 복습한다. 그리고 나머지 시간에 새로운 진도(51~60쪽)를 나간다.

- 7일째는 역시 다섯 번 복습한 21~30쪽은 더 이상 복습하지 않고 3~6일 동안 공부한 내용(31~60쪽)을 누적으로 복습한다. 그리고 나머지 시간에 새로운 진도(61~70쪽)를 나간다.

복습시간은 수업시간의 1/2이 넘으면 안 된다. 그래서 둘째 날 복습시간이 30분이 된다. 누적복습시간도 전날의 반으로 줄어든다. 5일째가 되면 20쪽을 복습하는 데 3분이 소요된다. 반복학습을 통해 공부해야 할 내용이 줄어들기 때문이다. 이것이 바로 '5회독 누적복습법'이다.

복습시간과 진도는 표처럼 정확하게 지켜지지 않을 수 있다. 원리 안에서 시간과 진도는 적절하게 조정해가며 공부하면 된다.

5회독 누적복습의 장점

이해는 몸을 사용하지 않고 머리로만 가능하나 암기는 몸의 모든 감각기관을 다 활용해야 가능하다. 기억을 잘하는 수험생들을 보면 입으로 중얼거리거나 손으로 쓰는 등 온몸을 활용해 공부한다. 몸을 움직이는 것을 싫어하는 수험생일수록 암기를 싫어하고 잘 안한다. 암기를 싫어하는 수험생들이 주로 사용하는 방식이 교과서를 단순히 읽는 일이다. 이들은 읽다 보면 외워질 것으로 생각한다. 그러나 읽기만 한다고 내용이 외워지지는 않는다.

공부한 내용을 기억하기 위한 '교과서 읽기의 전략'이 있다. '5회독 누적복습법'은 읽는 것만으로 기억이 가능한 복습방법이자 전략적 독서법이다. 5회독 복습법의 장점은 기억을 위해 따로 외우는 과정을 갖지 않는 데 있다. 이해한 내용을 꾸준하게 5일 동안 반복적으로 읽기만 하면 기억이 되기 때문이다. 누적복습 방식은 복습의 횟수가 늘어날수록 같은 내용을 복습하는 시간이 점점 줄어든다. 5일째처럼 같은 내용을 다섯 번 보게 되면 복습시간이 몇 분 만에 끝난다.

시험공부는 기억도 중요하지만 기억한 내용을 망각하지 않는 것도 중요하다. 처음에는 이해한 내용을 기억하는 일에 전력을 다하지만 최종적으로는 그렇게 기억한 내용을 잊지 않기 위해서 망각과 싸워야 한다.

기억에는 많은 노력과 시간이 필요하지만 망각에는 노력이 필요 없다. 기억되는 것만큼 망각도 일어난다. 기억은 내가 무엇을 기억했는지 알 수 있지만 망각은 내가 무엇을 망각했는지 모른다. 지식이 우리 뇌에서 몰래 무단으로 이탈하기 때문이다. 대개 그런 내용은 시험장에서 확인을 하게 된다. 그래서 기억한 내용을 잊어버리지 않게 기억을 관리하는 능력이 중요하다.

자신이 공부한 내용을 시험 때까지 잊어버리지 않도록 체계적으로 관리하는 능력을 '학습관리 능력'이라고 한다. 수험생이 같은 이해력을 갖추었다면 성적의 차이는 결국 학습관리 능력이 판가름한다. 그래서 상위권으로 갈수록 더욱 그렇다. 지식을 이해하는 것에서부터 문제가 있다면 상위권으로 진입하는 것이 애초에 불가능하다. 5회독 누적복습은 이해한 내용을 기억하는 전략적 독서방법이지만 지식을 체계적으로 관리하면서 공부를 할 수 있는 학습관리 전략이기도 하다.

5회독 누적복습에서 주의할 점

5회독 누적복습으로 공부할 때의 주의할 점을 알아보자. 누적복습의 가장 큰 원칙은 매일 일정한 학습량을 공부해야 한다는 것이다. 따라서 중간에 복습을 건너뛰면 다시 처음부터 시작할 것을 각오해야 한다.

같은 내용을, 그것도 이미 알고 있는 내용을 반복적으로 다섯 번 보는 일은 쉽지 않다. 처음 한두 번은 괜찮지만 서너 번째 보려면 마음속에서 거부감이 일어난다. 누구든지 아는 내용을 다시 보는 일은 지겹고 따분하기 마련이다. 이런 심리를 권태감이라 한다.

권태감을 빨리 느끼는 사람은 같은 내용을 두 번만 봐도 지겹다. 결국 지루함을 이기지 못해 3회독 내에서 복습을 끝내기도 한다. 그러면 다시 진도에 대한 욕심이 생긴다. 사실 공부는 회독수에 집착할 필요는 없다.

자신이 기억해야 하는 내용을 시험 때까지 잘 기억할 수 있는지가 더 중요하다.

반복하는 것이 지루하고 힘들기 때문에 5회독을 마치지 못했다면 그것은 기억 능력의 문제가 아니라 공부에 필요한 끈기나 절제와 같은 성품의 문제이다.

시험공부는 이해하고 기억하는 인지 능력만 필요한 것이 아니다. 절제나 끈기와 같은 성품도 중요하다. 이해하고 기억하는 '인지 능력'이나 끈기나 절제와 같은 '성품' 중 굳이 하나를 선택하라면 나는 성품을 우선에 두겠다. 그 이유는 수험생의 인지 능력을 향상시키는 일보다 성품을 바꾸는 일이 더 어렵기 때문이다.

뇌의 권태감을 이겨라

누구나 같은 내용을 여러 번 보는 일은 지루하고 힘들다. 이것을 참아내느냐 참아내지 못하느냐가 시험의 성패를 결정한다. 그런 면에서 새로운 내용을 공부하는 것보다 아는 것을 복습하는 과정이 더 힘들다. 아는 것을 복습할 때 우리의 뇌가 스트레스를 더 받기 때문이다. 한 번 본 영화를 집중해서 네 번이나 더 봐야 한다고 생각해보라. 얼마나 지루하겠는가? 아무리 재미있는 영화라도 한 번 본 영화를 다시 보면 재미나 흥미가 현격히 줄어든다. 하물며 재미없고 따분한 영화를 억지로 다섯 번

봐야 된다면 그것은 고문일 것이다.

영화도 이럴진대 내용도 딱딱한 공부를 다섯 번이나 반복하는 일은 결코 쉽지 않다. 우리 뇌는 끊임없이 새로운 것을 요구한다. 복습이 중요하다는 것을 알면서도 그것을 잘해내지 못하는 이유는 뇌가 느끼는 권태감 때문이다. 공부를 잘하기 위해선 지식을 이해하는 정신 능력뿐만 아니라 복습과정에서 주는 지루함을 잘 버텨내는 인내심도 요구된다. 이것을 미리 알고 있어야 5회독 누적복습을 할 때 일어나는 마음의 저항을 스스로 잘 이겨낼 수 있다.

5회독 누적복습은 부족한 자신의 절제력을 향상시키는 훈련에도 도움이 된다. 아는 것을 반복하는 과정을 통해 끈기를 기를 수 있기 때문이다. 그래서 5회독 누적복습은 기억력을 키울 수 있을 뿐만 아니라 성품까지도 변화시키는 고도의 학습 전략이라 할 수 있다.

5회독 누적복습의 응용

수험생이 누적복습을 통해 공부가 되는 것을 경험하면 점차 모든 과목에 누적복습을 적용하고 싶은 욕심이 생긴다. 욕심이란 대개 부정적인 의미로 쓰이지만 공부 욕심은 좋은 거다. 대신 욕심 때문에 수험생활의 리듬을 깨뜨려선 안 된다. 누적복습의 원칙이 하루도 거르면 안 되는 것이기에 시험과목이 많을 경우에는 전 과목을 누적으로 공부하려면 부담을 느낄 수 있다.

학습법 강연과 학교 연수 중 전 과목을 어떻게 누적복습할 수 있는지에 대해서 자주 질문을 받는다. 학습자마다 학습 능력이 다 다르기 때문에 일률적인 기준을 정하기는 힘들다. 또한 학습 능력뿐만 아니라 학습자의 학습 환경이나 시험의 종류(수능, 고시 등), 수험과목에 따라 다르다. 수험과목 내에서도 국어·영어·수학이나 헌법·민법·형법처럼 공부하는 데 시간을 더 많이 써야 하는 주요 과목이 몇 개인지에 따라 다르다.

이런 다양한 변수들을 감안하여 자기에게 맞는 누적복습법을 적용하는 방법에 대해 알려주겠다. 5회독 누적복습의 핵심은 진도가 아니라 복습이다. 그래서 매일 진도를 나가지 않아도 얼마든지 누적복습을 할 수 있다. 누적복습의 원리는 앞에서 설명했기에 시간은 생략하고 진도만으로 응용하는 방법의 예시를 들겠다.

이틀마다 진도를 나가는 5회독 누적복습 진도표

1일	20				
2일	20				
3일	20	21~30			
4일	20	21~30			
5일	20	21~30	31~40		
6일		21~30	31~40		
7일		21~30	31~40	41~50	

*숫자는 쪽수, 회색 칸은 진도

여기 제시한 누적복습 진도표를 보면 5회독 누적복습법의 기본은 매일 복습하고 매일 진도가 나가는 방식인데 비해, 이 방식은 복습은 매일 하되 진도는 이틀에 한 번씩 나가는 방법을 쓰고 있다. 이러한 방식은 공부할 양이 주요과목보다 적은 과목의 복습에 활용할 수 있는 방식이다. 만약 진도를 더 늦게 나가도 되는 과목이면 3일에 한 번씩 진도를 나가는 방식으로 응용할 수도 있다.

이렇게 하면 복습할 때 시간이 짧아져서 많은 시간을 소비하지 않고도 누적복습을 충실히 할 수 있다. 이런 방식을 적용해서 공부하더라도 헌법·민법·형법이나 국어·영어·수학 등과 같이 공부해야 할 양이 많아서 매일 꾸준하게 공부를 해야 하는 과목은 5회독 누적복습의 기본형식을 적용하여 매일 진도를 나가면 된다.

자신의 학습 능력과 시험과목, 과목의 부담감에 따라 적절하게 응용하여 활용할 수 있다. 이렇게 다양한 방식으로 자신의 학습설계를 짜기 위해서는 몇 과목이라도 충실하게 실천을 해봐야 자신에게 맞는 최적의 학습설계를 할 수 있다. 누적복습의 다양한 응용법을 알면 여러 과목을 동시에 복습하며 수험준비를 할 수 있다.

5회독 누적복습의 고급 기술,
알파와 오메가 복습법

　누적복습의 최종목표는 교과서나 문제집 전부를 처음부터 끝까지 암기하는 것이다. 하지만 누적복습을 해도 망각은 끊임없이 찾아오기 마련이다. 다섯 번을 본다고 영원히, 아니 시험일까지 기억된다는 보장은 없다. 기억에는 언제나 망각이 함께하기 때문이다. 이럴 경우를 대비해서 추가적인 학습과정이 필요하다. 나는 그것을 알파(α)와 오메가(Ω) 복습법이라 이름 붙였다.

　알파와 오메가는 그리스 문자의 처음과 끝을 말한다. 즉 첫 페이지부터 마지막까지 완벽하게 기억한다는 의미로 붙인 이름이다. 또한 이것을 통하지 않으면 완전학습에 이를 수 없음을 상징적으로 암시하는 말이기도 하다.

　알파와 오메가는 기억한 내용을 잊어버리지 않도록 해주는 높은 수준의 학습 전략이다. 특히 고시생의 경우는 알파와 오메가 복습을 잘해야 두꺼운 법서를 시험일까지 완벽하게 기억할 수 있다. 그래서 시험일까지 꾸준하게 기억한 내용을 관리해주어야 하며 그러한 과정을 학습관리라고 했다.

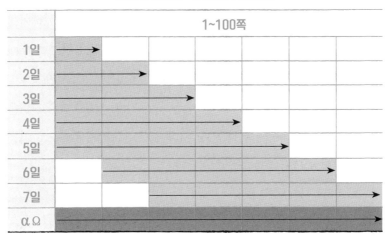

알파와 오메가 복습법의 기본원리

	1~100쪽						
1일							
2일							
3일							
4일							
5일							
6일							
7일							
α Ω							

　알파와 오메가 복습은 학습 진도나 학습일수에 따른 두 가지 방법이 있다. 학습 진도를 기준으로 하는 경우에는 누적으로 학습 진도가 100쪽을 넘어서면 그때부터 진도를 나가지 않고 1~100쪽 전체를 복습한다. 시간에 구애 받지 않고 지난 내용을 처음부터 다시 복습한다. 1~100쪽의 복습이 끝나면 다시 5회독 누적복습으로 진도가 나간다. 이후 진도가 200쪽을 돌파하면 다시 진도를 그치고 1~200쪽을 누적으로 복습한다.

　이렇게 100쪽씩 나누어서 300, 400, 500 (…) 1,000쪽에 이를 때까지 누적으로 1~300, 1~400 (…) 1~1,000쪽 순으로 누적복습을 해나가는 것을 말한다. 그러면 수험생은 마지막엔 하루 만에 교과서 한 권을 다 보게 되는 복습을 하게 된다. 수험생이 하루 만에 교과서나 문제집 한 권을 다 볼 수 있으면 어떤 시험이든지 합격권에 도달한 것이다.

두 번째 방법으로 학습일수에 따른 복습법을 보자. 알파와 오메가의 주기는 보통 7일~10일이다. 보통 수험생의 기억주기가 그 정도 되기 때문이다. 따라서 진도가 늦게 나가는 경우에는 100쪽이 아니어도 7~10일 주기에 맞추어 알파와 오메가 복습을 하면 된다. 적용방법은 진도를 기준으로 한 방법과 동일하다. 진도 나가는 것을 그치고 누적으로 처음부터 공부한 곳까지 총복습을 하면 된다.

5회독 누적복습이 단기~중기 복습이라면 알파와 오메가는 장기 복습이라 할 수 있다. 알파와 오메가 복습도 누적방식으로 하는 데는 이유가 있다. 아무리 교재를 다 공부했다 해도 하루 만에 교과서 1,000쪽을 다 보는 일은 쉽지 않다. 고시의 경우 대부분의 교과서는 1,000쪽을 훌쩍 넘는다. 1,000쪽의 교재는 그냥 대충 훑어만 보는 일도 지겹고 힘든 일이다. 생각해보라. 1,000쪽의 교과서를 1쪽부터 넘기는 작업을. 1,000쪽의 교재를 하루 만에 다 보는 일은 평상시에 연습이 없으면 쉽게 할 수 없다. 더욱이 시험 전날에는 초조함이나 긴장감으로 평소 보았던 교재조차 잘 안 넘어간다. 그래서 1~100, 1~200, 1~300 (…) 1~900, 1~1,000쪽으로 점차 그 양을 늘려가는 것이다.

이러한 방법은 옛날 축지법을 연습하기 위해 마당에 작은 나무를 하나 심어 넣고 매일 그 나무를 넘는 연습을 해서 나무가 커질수록 높이 뛰는 능력을 키워가는 원리와 같다. 하루에 교과서나 문제집을 전부 볼 수 있는 내공에 이르면 어떠한 시험이든지 두렵지 않고 실패란 없을 것이다.

만점카드 학습법

만점카드 학습법은 시중에서 판매하는 단어카드에 영어단어 등 암기해야 하는 내용을 적어서 암기하는 학습방법이다. 만점카드를 이용해 기억하기 위해서는 기억하고자 하는 내용을 만점카드에 적어 만들어야 한다.

시중에도 판매되는 단어장이 있는데 굳이 단어를 다시 적어 만점카드를 만들 이유가 있는지 의문이 들 것이다. 그러한 의문점을 해소하기 위해 만점카드를 만들어 기억하는 방법과 함께 만점카드 학습법의 특징을 알아보자.

만점카드 만드는 방법

① 만점카드 100장을 준비한다(카드 사이즈는 손바닥 안에 충분히 들어가는 크기).

② 카드 앞면에는 영어단어나 숙어 등 암기하려고 하는 내용을 적고 뒷면에는 그 뜻을 적는다.

③ 카드에는 반드시 필요한 내용 하나만 적는다. 예를 들어 단어를 적을 경우에는 한 단어만 적는다(여러 개 적으면 시중에 있는 단어장과 차이가 없으며 방법을 적용할 수 없다).

만점카드 작성 샘플

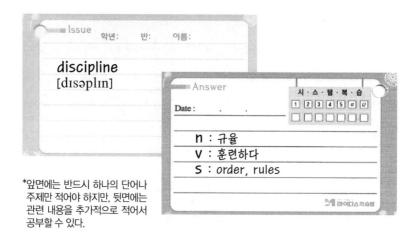

*앞면에는 반드시 하나의 단어나 주제만 적어야 하지만, 뒷면에는 관련 내용을 추가적으로 적어서 공부할 수 있다.

카드 암기법

① 단어장을 보고 뜻이 바로 생각나면 뒤로 넘기고, 뜻이 생각나지 않으면 뒷면에서 뜻을 확인한 후 한 장씩 뒤로 넘겨가며 빠르게 읽는다.

② 하루에 한 번 이상 100장의 카드를 자투리 시간에 본다.

③ 5일째가 되면 100장의 만점카드를 다 외웠는지 확인하며 100장의 카드를 외운 카드와 외우지 못한 카드로 분류한다.

④ 최종적으로 다 암기한 카드는 별도로 보관한다. 이때 암기한 카드의 숫자만큼 새로 만든 카드를 5일 동안 암기하지 못한 카드와 함께 합쳐서 다시 100장을 만든다.

⑤ 다시 처음부터 위의 과정을 5일간 반복한다.

만점카드 학습법 특징

① 몸 전체를 활용하는 암기방법과는 달리 읽는 것만으로 정보를 암기할 수 있다.

② 암기방법에는 5회독 누적복습 시스템을 그대로 적용한다.

③ 자투리 시간을 활용해 학습하는 방법이다.

④ 지루하고 고통스런 기억과정을 게임의 규칙을 만들어 게임처럼 즐길수 있다.

⑤ 영어단어뿐만 아니라 국어, 수학, 사회, 과학, 한문 등 모든 과목에다양하게 활용할 수 있다.

만점카드 학습법은 몸 전체를 활용해 손으로 쓰고 입으로 중얼거리는 방법과는 달리 카드에 적혀 있는 내용을 짧게 읽는 것만으로 암기할 수 있는 점이 특징이다. 만점카드 학습법은 읽는 방식에 특별한 방법과 전략을 결합한 암기 전략이다. 또 읽는 것만으로 내용을 기억하는 암기 방식이다. 그래서 몸을 움직이기를 귀찮아하고 외우는 것을 싫어하는 수험생들에게 적합한 학습 전략이다.

만점카드 학습법의 읽기 전략은 5회독 누적복습 시스템의 방식을 그대로 적용한다. 그래서 5일 동안 반복해서 봐야 한다. 최소한 하루에 한 번 이상은 읽어야 한다. 하루에 여러 번 읽는 것은 상관없지만 하루라도 건너뛰는 것은 안 된다. 누적복습은 뇌의 특성을 이용하여 반복학습으로 기억을 극대화하는 학습법이므로 하루라도 건너뛰면 처음부터 다시 할 것을 각오해야 한다.

시간은 누구에게나 동등하게 주어진다. 그럼에도 불구하고 상위권 수험생들이 하위권 수험생들에 비해 더 많은 시간을 공부에 사용하고 있는 듯 보이는 이유는 무엇일까? 상위권 수험생들이 자투리 시간을 활용하는 능력이 하위권 수험생에 비해 뛰어나기 때문이다.

만점카드 학습법의 핵심은 자투리 시간을 활용하는 학습 전략이다. 자투리 시간이란 등하굣길, 화장실 이용, 식사시간 등 하루 중에 버려지는 시간을 말한다. 자투리 시간에 만점카드를 공부하기 위해서는 카드를 항상 몸에 지니고 다녀야 한다.

수험공부는 단순하게 기억해야 하는 내용들이 많다. 예를 들면 영어나 국어의 어휘, 수학이나 과학에서의 공식, 한자, 필수개념들이다. 이렇게 외워야 하는 기본 내용을 자투리 시간을 활용해 암기할 수 있으면 정규 학습시간에는 사고력 향상이나 심화학습 같은 진짜 공부를 할 수 있다. 수험생들이 단순 기억을 위해 소중한 시간을 낭비하지 않는다면 더 많은 시간을 자신의 사고력 향상과 복잡한 개념과 원리를 이해하는 데 사용할 수 있다. 그래서 자투리 시간을 활용해 필요한 내용을 기억하는 것은 수험과정에서 높은 경쟁력을 갖게 된다.

공부에 지쳐 있는 수험생은 어떤 공부 방법이든지 지겹고 고통스럽다. 하지만 만점카드 학습법은 공부를 게임처럼 할 수 있는 학습 전략이다. 만점카드 학습법에는 하나의 규칙이 있는데 그것은 만점카드를 갖고 공부할 때 절대 다른 사람이 내가 공부하는 것을 알면 안 된다는 것이다. 그래서 '이순신장군 공부법'이라 이름을 붙였다. 화장실처럼 밀폐

만점카드를 활용하는 이순신 장군 공부법

된 공간에서는 아무 문제가 없다. 하지만 공공장소에서는 다른 사람이 내가 공부하는 것을 눈치 챌 수 있다. 그러기에 손안에서 보이지 않게 사람들의 눈을 피해가며 공부를 한다. 물론 다른 사람이 내가 공부하는 것을 눈치 채면 나는 게임에서 지게 된다.

만점카드를 옆에 두고 식사시간에 주변 식구들이나 친구들이 모르게 공부할 수 있다면 성공한 것이다. 친구들과 수다를 떨면서 공부할 수 있으면 내가 이긴 것이다. 즉 다른 사람들이 공부를 하지 않는 시간에 나는 공부를 하고 있다는 충족감이나 뿌듯함을 느낄 수 있다.

"다른 사람이 내가 공부하는 것을 알지 못하게 하라."

만점카드 학습법의 핵심규칙이다.

만점카드 학습법으로 고시를 정복하다

만점카드 학습법은 영어단어를 외우는 데 주로 사용되고 있으나 영어뿐 아니라 수학이나 과학의 공식과 개념, 사회과목 중 암기를 요하는 사실적 내용, 한문을 외울 때도 유용하게 사용할 수 있다. 만점카드 학습법에 익숙해지면 조금 더 다양하게 응용해서 활용할 수 있다. 만점카드의 기본형식은 카드 한 장에 하나의 정보만 담는 것이지만 카드학습법에 익숙하면 서브노트 대용으로 활용할 수 있다. 즉 기억해야 하는 교과서의 내용을 요약하여 외우는 방식이다.

실제 고시에서 이런 방식으로 좋은 결과를 얻은 수험생도 있다. 그 중 초등교사 임용고시에 합격한 수험생의 사례를 보자. 다음은 만점카드 학습법을 서브노트화해서 활용한 사례다.

이 수험생은 12과목을 공부하면서 반드시 외워야 하는 내용을 만점카드 12개를 만들어 공부했다. 처음에는 스터디를 하는 동료들로부터 "시간도 걸리고 귀찮게 그런 걸 왜 만드냐"고 질책도 받았다. 하지만 이동시간이나 자투리 시간에 만점카드만큼 공부효과가 좋은 것은 없었다고 말한다. 만점카드 효과 덕분에 공부시간을 잘 활용할 수 있어 시험성적도 최상위권으로 합격했다.

만점카드 학습법은 암기를 위한 강력한 도구이다. 그렇지만 해보기 전에는 조그만 종이 카드 몇 장이 무슨 효과가 있겠냐며 무시할 수도 있다. 어느 경우엔 만점카드만 만들고 외우지 않는 경우도 있다. 만점카드

만점카드 작성 사례

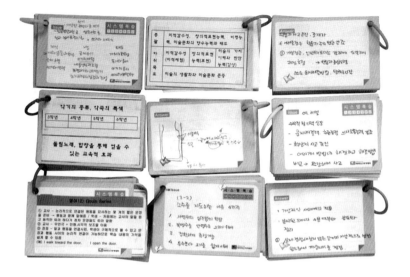

나 오답노트는 시험공부에 유용한 학습 전략이지만 실패하는 수험생들은 만들기까지에만 공을 들이고 정작 공부는 하지 않는다.

임용고시에 합격한 수험생의 경우도 시험성공 요인은 만점카드를 만든 것이 아니라 실제 이동시간이나 자투리 시간에 만점카드를 꺼내어 공부했다는 것이다. 자투리 시간도 공부에 활용할 수 있는 수험생이라면 사실 어떤 공부법이든지 좋은 성과를 낼 것이다.

3. 기억과 인출은
다르다

기억할 내용을 조직화하라

암기학습에서 수험생들이 알아야 할 것이 더 있다. 기억과 인출은 서로 다른 작용이라는 것이다. 수험생들은 공부한 내용을 암기만 하면 아무 때나 꺼내 쓸 수 있을 것으로 생각한다. 하지만 그렇지 않다. 아무리 많은 내용을 머리에 저장했어도 저장한 내용을 필요할 때 꺼내 쓸 수 있는 것이 아니다. 저장과 인출의 작용은 서로 다르기 때문이다. 이렇게 얘기하면 머리를 갸우뚱거리며 이해하지 못하는 사람도 있을 것이다. 실례를 보자.

퀴즈프로그램에서 사회자가 문제를 내면 우리는 그 문제의 답이 머릿

속에서 그려진다. 답은 떠올려지는데 막상 표현하려 하면 입 속에서 맴돌기만 하고 정답이 나오지 않는다. 시간이 지나 사회자가 정답을 발표하면 그제야 '맞아, 바로 저거였지' 하고 뒤늦게 정답이 떠오르는 경험을 한 적이 있을 것이다. 저장은 되어 있는데 필요할 때 인출이 되지 않는 사례다.

이런 일은 실제 수험장에서도 경험한다. 시험문제를 풀고 있는데 분명히 어제까지 생생하게 기억한 내용이 갑자기 머리에서 떠오르지 않는다. 한동안 고통스럽게 기억하려 하지만 결국 기억을 못해 정답을 찍고 답안지를 제출한다. 그리고 교실 문을 막 나오는데 갑자기 그 문제의 정답이 떠올라서 황당하고 분했던 경험이 있을 것이다.

이는 기억을 확실히 못한 것도 이유가 되겠지만, 기억과 인출이 별개의 작용임을 인지하지 못해 오는 현상이기도 하다. 시험공부에서의 기억은 단지 '저장'이 목적이 되어서는 안 된다. 처음부터 '인출'이 목적이 돼야 한다. 인출을 목적으로 하는 저장은 처음부터 특별하게 저장해야 한다. 인출을 목적으로 한 특별한 기억방식을 학습의 조직화 전략이라고 한다.

학습의 조직화 전략에는 우뇌의 특성을 활용한 우뇌학습 전략과 좌뇌의 특성을 활용한 좌뇌학습 전략이 있다. 이제 우뇌와 좌뇌의 특성을 활용한 조직화 전략이 어떻게 되는지 하나씩 살펴보자.

우뇌조직화 전략 - 감성을 활용하라

뇌과학자들의 연구에 따르면 우뇌는 감성·이미지·직관적인 능력을, 좌뇌는 논리·언어·수리 등의 능력을 담당하고 있다고 한다. 먼저 우뇌의 특성을 활용한 학습조직화 전략을 살펴보도록 하자.

학습한 내용을 기억하는 과정에도 우뇌가 담당하는 감성과 이미지를 활용하면 보다 쉽게 기억하고 인출할 수 있다. 우리는 감정이 들어 있는 사건은 기억하려 하지 않아도 오랫동안 기억한다. 그 대표적인 예가 추억이다. 추억은 대개 슬픈 감정, 기쁨의 감정, 좋은 감정, 나쁜 감정을 다 포함하고 있다. 이렇게 어떤 사건에 감정이 개입하면 그것을 기억하려 하지 않아도 저절로 기억되며 오랫동안 잊히지 않는다. 아주 어렸을 때의 추억을 떠올려 보자. 어릴 때의 일을 어른이 돼서도 여전히 기억하는 것은 당시 사건을 기억하는 것이 아니라 그 당시에 우리가 가졌던 행복한 감정이나 슬픈 감정이 사건 속에 녹아 있기 때문이다. 어느 면에서 사건은 감정에 딸린 부속물일 뿐이다.

우뇌의 이런 특성을 공부에 어떻게 활용할 수 있을까? 그것은 공부하는 과정에서 감정을 적극적으로 활용하는 데 있다. 구체적인 방법으로는 공부의 내용을 기억하려 하는 것 외에 공부할 때의 감정을 함께 기억하는 방법이다. 예를 들면 이해가 안돼서 고민하던 내용을 이해하게 되면 우리는 '아, 이거였구나!' 하며 막혔던 무언가가 확 뚫린 감정을 느낀다. 오랫동안 풀리지 않았던 문제를 풀었을 경우에는 감정도 더 강하다. 이렇게 공부에 감정이 개입되면 그러한 내용은 기억하려 하지 않아도 저절로 기억되며 인출도 쉽다.

공부할 때 너무 힘들고 피곤하면 짜증이 난다. 이러한 감정 기복도 그냥 지나치지 말자. 어느 단원의 어떤 내용을 공부할 때 기분이 어떠했는지를 교과서의 여백에다 꼼꼼히 기록하다 보면 다음에 그 단원을 공부할 때 과정이 생생하게 기억난다. 특히 감정의 상태를 적을 때는 아주 자극적이고 유치한 표현을 할수록 효과가 높게 나타난다.

감정의 첨언학습법

민사고 출신으로 하버드대 경제학과를 졸업한 박원희 학생의 공부법이 대표적인 사례다. 박원희 학생은 자신의 공부경험을 정리한 《공부 9단 오기 10단》이라는 책을 냈는데 여기에 공부할 때 감정을 활용한 사례가 있다.

노트필기의 경우 중학교 때는 모든 내용을 보기 좋게 기록하는 것에 중점을 두었지만 고등학교에 와서는 보기 좋게 정리하는 방식의 한계를 깨닫고 재미있는 캐릭터를 그리거나 농담을 적는 등 자신의 감정을 자극하는 여러 말들을 함께 적기 시작했다. 공부 방법이 진화한 것이다. 예를 들면 "미적분 네놈들 짓이냐. 여기 다 있네, 골 때리는 것들!" 등등 노트 여백에 자신의 감정을 재미있는 캐릭터 그림과 함께 표기한 것을 볼 수 있다. 이렇게 공부하는 과정에서 자신의 느낌과 상태를 적으며 공부하면 다음에 그 부분을 공부할 때 스스로를 각성시켜 기억과 인출을 더 쉽게 할 수 있다.

학력고사 수석, 사법고시 수석을 차지한 원희룡 변호사의 공부 방법을 보자. 그는 자신의 공부과정을 합격수기로 남겼는데, 공부하면서 느꼈던 자신의 몸 상태를 꼼꼼히 기록한 것을 볼 수 있다. 누구나 공부를 하다 보면 피곤해서 졸음이 오기 마련이다. 대개는 졸음과 싸우느라 정신이 없거나 아니면 졸음과의 싸움에 져서 잠을 잔다. 그러나 그의 경우에는 자신이 어느 단원의 어느 내용을 공부할 때 졸음이 오거나 실제 졸았는지를 꼼꼼히 기록해서 다음 공부 때 활용했다.

이렇게 공부의 고수들은 자신의 몸 상태나 감정을 공부하는 과정에 꼼꼼히 기록하여 피드백하는 데 활용하고 있다. 공부할 때 불쑥불쑥 일어나는 다양한 감정들을 기록하면 나중에 그 단원을 다시 공부할 때 피드백 되어 이해나 기억에 도움이 되는 것이다. 이러한 것을 나는 '감정의 첨언학습법'이라고 이름을 붙였다. 물론 공부의 고수들만 활용하는 방법이다.

공부는 이성의 작용이지만 감성의 활용도 중요하다. 교과서를 공부하면서 교과서와 대화를 나누며 감정을 교류할 수 있는 이유는 교과서에 실린 옛사람을 만날 수 있기 때문이다. 학습과정에 감성을 적절히 활용하면 공부를 생동감 있게 할 수 있으며 공부한 내용을 기억하는 과정에도 많은 도움이 된다.

이미지를 활용하라

다음으로 우뇌의 특성 중 이미지와 관련하여 공부하는 방법을 알아보자. 기억은 글(문자)을 기억하기보다는 그에 대응되는 이미지를 기억하는 게 훨씬 쉽다. 예를 들면 같은 내용의 소설을 읽는 것보다 연극이나 영화를 보는 것이 더욱 확실히 뇌리에 박힌다. 이는 형태가 있는 이미지는 구체성을 갖기 때문이다. 우리의 뇌는 추상적이거나 모호한 것보다는 구체적이고 분명한 것을 보다 더 잘 기억한다. 공부를 잘하는 학생들을 보면 추상적인 내용을 구체화하는 능력이 뛰어나다. 이것을 '추상의 구체화 능력'이라 한다.

예를 들어 '1+1=2'는 연산이라는 추상적 개념을 수학적 기호로 표현한 것이다. 이러한 추상적 개념을 공부할 때 자기가 좋아하는 구체적 사물을 이용하여 '사과 한 개에 사과 한 개를 더하면 두 개가 되는 것'으로 바꾸어 생각하는 식이다. 이것이 바로 추상의 구체화이다. 교과서에서 배우는 개념은 대부분이 이런 추상개념이다. 추상개념을 자기가 이해하기 쉽게 구체화하는 능력이 학습 능력에도 영향을 준다.

추상의 구체화 능력이 발달하려면 어려서부터 자연을 경험하고 느끼는 자연학습과 체험학습이 밑바탕 되어야 한다. 사과를 그림책에서 본 아이와 실제 과수원에 매달려 있는 것을 본 학생은 구체화하는 능력에서 큰 차이가 난다. 박물관의 유물을 실제 박물관에서 본 학생과 그림책으로 본 학생도 마찬가지다.

이미지를 통한 영어 교과서 암기 방법

이미지를 활용하는 암기법은 모든 교과목에 응용할 수 있다. 여기서는 영어 과목에 어떻게 활용할 수 있는지 알아보자. 수험생들이 학교시험에 대비해 영어교과서를 외우는 일은 수험공부에 많은 도움을 준다. 실제로 우등생들은 시험 준비를 하면서 영어교과서를 다 외우고 시험을 본다.

교과서를 암기하는 일이 시험에 꼭 필요한 행위임에도 학생들이 그렇지 못하는 이유는 무엇일까? 외우는 일이 귀찮고 피곤하기 때문이다. 또 시도해 봐도 잘 되지 않는 것 역시 한 이유이다. 왜 학생들은 교과서 암기에 실패할까? 머리가 나빠서가 아니라 기억하는 방법을 모르기 때문이다. 영어교과서를 외우는 방법은 영어문장을 반복해서 외우는 좌뇌방식과 교과서의 내용을 이미지로 바꾸어 외우는 우뇌방식이 있다.

여기서는 교과서의 내용을 이미지로 바꾸어 외우는 우뇌방식을 알아보자. 다음은 이솝 우화에 나오는 '여우와 신포도'의 내용이다.

여우가 과수원을 걷고 있었어요.

그러던 중 잘 익은 포도를 보았어요.

여우는 포도가 갈증을 해소해줄 것으로 생각했어요.

그런데 포도가 너무 높아서 손이 닿지 않았어요.

다시 시도했지만 소용이 없었어요.

여우는 여러 번 시도했어요.

결국 포기한 채 떠나면서 "저 포도는 아마 너무 실거야"라고 말했어요.

이 내용은 전부 일곱 개의 문장으로 이루어졌다. 위의 문장을 교과서라고 생각하고 한번 외워보자. 이것을 다 외우려면 1번 문장부터 차례대로 반복해서 외워야 한다. 실제로 학생들은 그렇게 문장을 외우고 있다. 하지만 이러한 문장을 외울 때도 이미지를 활용해서 외울 수 있다. 문장 하나하나를 하나의 장면으로 생각해보자. 그래서 문장을 외우려 하지 말고 머리로 문장의 내용을 그림 그려보는 것이다. 그러면 다음과 같은 일곱 개의 그림을 머리로 상상할 수 있다.

다음 페이지 그림을 하나씩 보며 본문의 내용을 떠올려보자. 훨씬 쉽게 문장을 완성할 수 있다.

© 최현지

학교에 가서 학생들에게 우뇌학습 전략을 가르쳐 주면 매우 흥미롭고 즐겁게 배운다. 연수에서는 학생들에게 워크샵 교재 안에 그림을 직접 그리게 한다. 제주도의 한 중학교 연수 중에는 이런 일도 있었다. 학생들이 포도과수원을 그려야 하는데 그리지 못해 난감해했다. 포도밭을 가본 적이 없어서 포도나무를 그릴 수 없단다. 다 그린 그림을 살펴보니 어떤 학생은 귤나무에 포도를 그려 넣었다. 그래서 포도나무 그림을 찾아 학생들에게 보여준 적도 있다.

이처럼 우뇌학습 전략에는 이미지를 만들 수 있는 소스(Source)가 중요하다. 그래서 어릴 때 자연탐방이나 현장학습을 많이 다녀야 한다. 포도 과수원을 책으로 본 학생과 실제 과수원에서 포도를 경험한 학생은 머리에서 그려지는 이미지의 느낌이 다르기 때문에 추상의 구체화 능력에서 차이를 보이게 된다.

수업을 진행하는 것도 감정 표현이 비교적 활발한 초등학교의 경우엔 더 수업을 생동적으로 할 수 있다. 중·고등학교에서 연수를 하면 아무래도 수업참여가 소극적이며 감정표현이 줄어든다.

초등학교 4~6학년 아이들과 학습법 연수를 할 때였다. 이미지 연상법을 알려주고 일곱 개의 문장을 누가 빨리 외우는지 시합을 해본 적이 있다. 방법을 알려주고 똑같은 조건에서 경쟁을 하게 되면 성적과 관련 없이 아이들이 엄청나게 몰입해서 외운다. 외운 것을 발표하는 시간에도 서로 먼저 하겠다고 아우성이다. 시간이 부족해서 발표를 못한 여학생의 경우는 눈물을 흘리며 섭섭해하기까지 했다.

좌뇌조직화 전략 – 그룹핑하라

기억과 인출의 원리를 설명할 때 흔히 창고를 예로 들어 설명한다. 정리가 안 돼 어지러운 창고는 물건을 찾는 데 시간이 오래 걸리며 심지어는 찾고자 하는 물건을 찾지 못하는 경우도 있다. 그래서 기억을 할 때도 정리해서 기억하면 인출이 더 쉽다. 지식을 정리할 때도 아무렇게나 하는 것이 아니다. 원리와 방법이 있다. 우리 뇌의 특성을 활용하는 것이다.

좌뇌는 논리·언어·수리를 담당하고 있다. 논리의 대표적 기능은 참과 거짓을 구별하는 능력이다. 참과 거짓을 구별하기 위해서는 논리성이 필요하다. 분석을 통해 사물의 이치를 따지는 일도 논리성에서 나온다. 좌뇌의 특성을 통해서 학습내용을 재조직화하는 일도 이런 논리적 성질을 기본으로 한다. 논리를 통해 교과목 내용을 조직화하는 방법은 그룹핑이다. 그룹핑이란 섞여 있는 여러 사물이나 현상 속에서 같은 속성을 갖고 있는 것들을 구별해 한 데 모으는 것을 말한다.

교과서를 읽고 이해한 후에 그 내용을 쉽게 기억하고 인출하기 위해서는 교과서를 조직화해야 한다. 조직화할 때는 교과서의 내용을 기능, 속성, 개념, 주제, 소재, 원인과 결과 등으로 나눠서 할 수 있다. 이렇게 교과서를 조직화하여 공부하면 문제를 해결할 때 어떤 내용이 어디에 있는지 빠르게 꺼내어 쓸 수 있으며 문제의 분석에도 유용하게 활용할 수 있다.

4. 기억 능력의
향상법

학습관리 능력을 향상시켜라

수험공부에 필요한 기억 능력은 교과서 한 권을 장기기억하는 능력이다. 아무리 머리가 좋다 해도 단 시간 안에 교과서 전체를 암기하는 것은 불가능하다. 이를 위해선 이해를 먼저 해야 하고 기억과 인출을 위한 조직화 전략이 필요하며 여기에 더해 장기간의 꾸준한 학습관리도 필요하다.

교과서나 문제집 전체를 암기해야 한다는 것을 알아도, 실제로 그렇게 하고 수험장에 가는 수험생은 매우 적다. 이건 수험생들의 지능 문제가 아니라 기억과 관련된 학습 전략이나 규율성이 부족하기 때문이다.

교과서 전체를 잘 암기하는 수험생은 자신만의 기억 전략이 있으며 공부를 규칙적으로 한다. 그래서 수험생들이 자신의 암기 능력을 향상시키기 위해서는 기억 전략을 배워야 하고 공부를 규칙적으로 할 수 있는 규율성을 갖추어야 한다. 그러나 규율성은 성품과 관련되어 있기에 단기간에 모방을 하거나 배울 수 없다. 수험생 스스로 규율성에 대한 목표의식을 갖고 자신을 단련해야 한다.

장기기억 능력은 5회독 누적복습과 알파와 오메가 복습방법을 꾸준히 실천하는 것으로 향상시킬 수 있다. 5회독 누적복습의 경우에도 규율성이 부족하면 5일 동안 매일 복습하기 쉽지 않다. 하지만 5회독 누적복습을 연습하다 보면 5일을 버티고, 6일을 버티고 이렇게 하루씩 복습하는 날 수가 늘어가게 된다.

복습하는 날 수가 늘어가게 되면 수험생이 얻는 것이 있다. 바로 공부의 성취감이다. 수험생이 공부가 되어가는 긍정적인 성취감을 맛보면 조금 힘든 상황에서도 그것을 잘 참아내고 계속 전진할 수 있다. 이렇게 누적복습을 꾸준하게 해나가는 날이 길어지면 결국 장기기억의 학습 전략을 익힐 수 있으며 규율성을 향상시키게 된다. 그리고 학습 성공에 필요한 학습관리 능력을 갖추게 되는 것이다.

기억은 고대로부터 다음 세대에 지식을 전달하는 수단으로 사용되어 왔다. 문자가 없었던 시대에 기록을 대신하는 것은 오직 기억이었다. 그래서 고대에는 신화나 서사시를 낭송하는 구비문학이 발달할 수밖에 없었다. 문자가 발명되면서 기억에 의존하던 전달 방식이 기록으로 바뀌게 된다. 문자의 사용이 보편화되며 문자의 역할도 기록을 위한 기능에서 표현을 위주로 한 기능으로 바뀐다. 오늘날 글쓰기는 기록보다는 표현이 주목적이다.

문자가 발전되지 못했던 고대에 글쓰기 교육은 당연히 없었다. 오로지 말을 잘하게 하는 스피치 교육이 중심이었다. 지금에야 글을 잘 쓰면 노벨문학상을 받으며 문화적 권력까지 얻게 되지만, 당시에는 말을 잘하는 사람만이 권력에 오를 수 있었다. 우리는 그들을 정치인이라고 부른다.

당시 청년들은 정치인이 되는 것이 최고의 꿈이었다. 그래서 소피스트들이 정치인이 되고자 하는 청년들에게 변론술과 수사학을 가르쳤다. 고대 수사학에 관한 기록을 보면 기억술도 엄연히 교과목 중 하나였다. 교과서가 없으니 스승의 가르침을 모두 기억해야 하는 건 당연한 일이다. 중세에 들면서 수사학 교과에 기억술이 사라지고 문자가 그 역할을 대신했다.

이제 기억은 다음 세대에게 지식을 전달하는 문화적 도구에서 개인이 지식을 습득하는 개인적 도구로 그 역할과 의의가 축소되었다. 학교에서 기억술은 더 이상 필수 과목이 아니며 기억술을 가르쳐주는 학교도 없다. 수험생 스스로 기억하는 방법을 찾아 익혀야 한다.

지식의 역사, 읽기나 독서법의 발전사를 공부하다 보면 자연스럽게 기억과 관련된 내용을 보게 된다. 중세시대에도 수도사들이 성경공부를 할 때 그림을 그리고, 주제별로 정리하고, 성경을 읽은 후의 감정을 여백에 기록한 흔적을 볼 수 있다. 오늘날의 뇌과학적 시각에서 보면 좌우뇌의 특성을 활용하며 공부했던 셈이다.

시험공부를 할 때는 무조건 읽어 나갈 것이 아니라 좌우뇌의 특성을 활용해 내용을 어떻게 정리할 것인지 생각해야 한다. 교과서를 정리하며 공부하는 일은 특별한 공부 방법이 아니다. 고대부터 중세까지 이미 활용되어왔던 고전적인 방법이다. 기억 능력은 타고난 지능이 아니다. 기억을 돕는 전략과 방법을 찾아서 배우고 익히면 누구나 교과서와 문제집 전체를 통으로 암기할 수 있다.

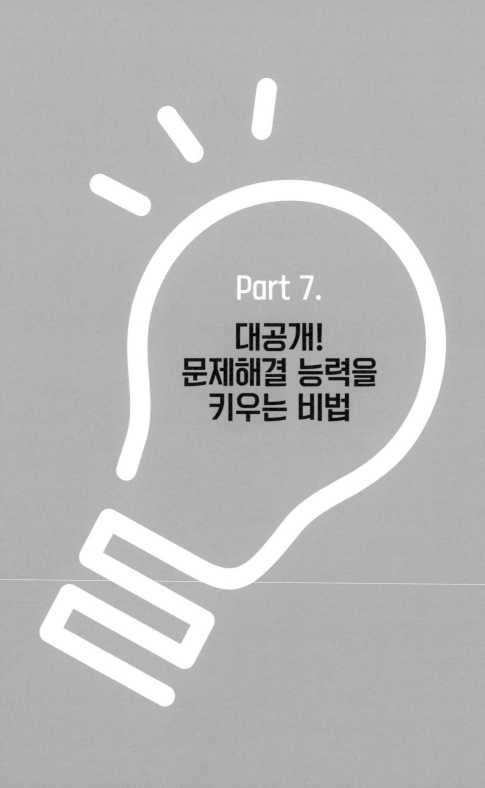

Part 7.

대공개!
문제해결 능력을
키우는 비법

1. 사고력,
왜 중요한가

문제해결에는 사고력이 필요

　문제해결에 필요한 능력은 사고력이다. 사고력은 넓은 의미로 인지 능력을 포함한 포괄적인 인간의 정신 능력을 나타낸다. 종합적인 정신 능력을 나타내는 의미로서의 사고력은 논리성을 기반으로 분석, 종합, 추론, 비판, 창의와 같은 정신작용을 포함한다. 이것은 문제를 해결할 때 공통적으로 필요한 능력이다. 만약 수험생이 교과서를 공부할 때 는 어려움이 없었는데 시험문제를 풀 때 어려움을 느낀다면 틀림없 이 사고력이 부족한 것이다.

　대학입학자격시험에서 사고력을 평가하는 것은 지식선진국에서 면

저 도입했다. 대표적으로 미국의 대학입학시험인 SAT를 들 수 있다. 우리의 대학수학능력시험도 SAT를 모형으로 우리 실정에 맞도록 문제의 유형을 개발해 시행하고 있다. 평가목표 및 요소를 기준으로 SAT와 우리의 수능시험을 비교해보면, SAT는 사실적 사고나 추론적 사고를 위주로 평가하는데 비해 우리 수능은 사실적, 추론적 사고는 물론 비판적, 창의적 사고를 요구하는 문항까지 출제되고 있다. 이런 점에서 우리의 수학능력시험이 SAT보다 다양한 방식으로 사고력을 평가한다고 할 수 있다.

결국 수능은 수험생들의 이해나 기억과 같은 단순 인지 능력이 아니라 종합적인 사고력의 평가를 목표로 두고 있다. 따라서 사고력을 평가하는 문제에서는 교과서의 사실정보나 개념을 이해하고 외우는 것만으로는 문제를 해결할 수 없다. 사고력은 이해나 기억과 같은 인지 능력과는 다른 정신 능력이기 때문이다.

사고력 평가와 관련한 수능 및 국가공무원시험

다음은 실제 대학수학능력시험과 국가공무원 5급 및 7급 공채시험에서 출제한 문제를 평가목표에 맞추어 분류한 표다. 특히 수능이 왜 사고력을 평가하는 시험인지 표를 통해 확인하길 바란다. 실제 문제가 어떻게 출제되는지는 뒤에서 알아보도록 하겠다.

2013학년도 대학수학능력시험 언어영역 분석표 - 홀수형

번호	영역	평가항목
1	듣기	추론적 사고(핵심정보를 활용한 교훈의 추리)
2		추론적 사고(핵심정보의 추리)
3		사실적 사고(세부 정보의 이해)
4		사실적 사고(개괄적 정보의 파악)
5		비판적 사고(말하기 방식의 파악)
6	쓰기, 어휘, 어법	추론적 사고(내용 생성의 적절성 평가)
7		비판적 사고(자료 활용 방안의 적절성 평가)
8		비판적 사고(개요의 수정 및 구체화 방안의 적절성 평가)
9		비판적 사고(고쳐 쓰기 방안의 적절성 평가)
10		창의적 사고(조건에 따른 표현)
11		어휘, 어법(이형태)
12		어휘, 어법(반의어)
13	고전소설	비판적 사고(서술상의 특징)
14		추론적 사고(소재, 배경의 기능)
15		비판적 사고(감상의 적절성)
16		사실적 사고(한자성어의 이해)
17	현대소설	비판적 사고(서술상의 특징)
18		창의적 사고(관점에 따른 작품의 감상)
19		추론적 사고(인물의 정서 및 태도 파악)
20		비판적 사고(감상의 적절성 파악)
21	비문학(인문)	사실적 사고(세부 정보 파악)
22		추론적 사고(견해의 추리)
23		추론적 사고(자료해석의 적절성)
24		어휘(문맥적 의미의 파악)

번호	영역	평가항목
25	비문학(예술)	사실적 사고(세부 정보 파악)
26		비판적 사고(반응의 적절성 파악)
27		추론적 사고(구체적 사례에의 적용)
28		어휘, 어법(합성어의 이해)
29	비문학(과학)	사실적 사고(세부 정보의 파악)
30		사실적 사고(두 대상의 특징 비교)
31		추론적 사고(자료 해석의 적절성)
32	현대시	추론적 사고(작품의 공통점 이해)
33		비판적 사고(감상의 적절성 파악)
34		비판적 사고(작품의 종합적 감상)
35		추론적 사고(시구의 함축적 의미 파악)
36	비문학(언어)	사실적 사고(설명방식의 이해)
37		추론적 사고(숨겨진 내용의 추리)
38		추론적 사고(구체적 사례에의 적용)
39	비문학(사회)	추론적 사고(미루어 알기)
40		추론적 사고(입장의 비교 평가)
41		추론적 사고(자료해석의 적절성)
42		어휘(사전적 의미)
43	비문학(기술)	사실적 사고(세부 정보의 파악)
44		추론적 사고(새로운 정보의 생성)
45		추론적 사고(이유의 추리)
46	갈래복합	추론적 사고(작품들의 공통점 파악)
47		추론적 사고(화자의 정서와 태도 파악)
48		추론적 사고(시어의 의미 파악)
49		비판적 사고(작품의 종합적 감상)
50		비판적 사고(어구에 나타난 화자의 태도 및 정서의 파악)

2016 국가공무원 5급공채 · 외교관후보자선발 및 지역인재 7급 선발시험

번호	영역	평가항목
1		사실사고
2		사실사고
3		사실사고
4		추론사고
5		추론사고
6		추론사고
7		추론사고
8		사실사고
9		비판사고
10		비판사고
11		사실사고
12		비판사고
13		비판사고
14		비판사고
15		비판사고
16		비판사고
17		추론사고
18		비판사고
19		추론사고
20		비판사고

번호	영역	평가항목
21		사실사고
22		사실사고
23		사실사고
24		사실사고
25		추론사고
26		추론사고
27		추론사고
28		비판사고
29		비판사고
30		비판사고
31		사실사고
32		비판사고
33		비판사고
34		비판사고
35		비판사고
36		비판사고
37		추론사고
38		추론사고
39		비판사고
40		추론사고

2. 사고력을 향상시키지 못하는 이유

인지 능력이 부족하면 사고력을 향상시키기 힘들다

넓은 의미의 사고력은 '사물을 이해하고 기억하는 인지 능력'을 포함한다. 즉 사고력은 인지 능력의 바탕 위에 발현되는 정신작용이다. 기본적인 이해력과 기억력이 부족하면 논리, 분석, 종합, 추론, 비판, 창의와 같은 사고력을 발휘할 수 없다. 그래서 인지 능력이 떨어지면 사고력도 낮을 수밖에 없다.

공부의 기본은 지식을 이해하고 기억하는 것으로부터 시작한다. 그런데 성적이 낮은 수험생들은 대개 이해나 기억과 같은 인지 능력이 떨어진다. 그러다보니 학교 수업을 이해하는 일만으로도 버겁다. 사정이 이러니 중하위권 학생들에게는 문제해결에 필요한 사고력을 향상시키는 일보다 이해하고 기억하는 인지 능력의 향상이 더 급한 것이 현실이다.

실제 교육이 행해지는 모든 강의장에서도 학생들이 강의내용을 이해하지 못하는 것이 문제지, 문제해결에 필요한 사고력은 나중 일이다. 가르치는 사람의 입장에서도 수업을 이해하지 못하는 학생들을 가르칠 때 곤혹스럽다. 인지 능력이 떨어지는 학생들에게 이해나 기억의 문제를 건너뛰고 사고력을 가르치는 일은 자칫 기본을 건너뛰고 더 높은 기술을 가르치려는 우를 범하는 것과 같다. 걷지도 못하는데 뛰거나 나는 것을 가르칠 수 있겠는가?

그래서 교과서를 올바로 이해하지 못하는 수험생들은 사고력을 향상시키는 공부를 할 수 없다. 결국 사고력의 문제도 정신 능력의 기본인 이해와 기억에서 출발해야 한다. 이해력과 사고력도 완전히 별개의 능력이 아니라 기본적인 인지 능력에 그 기반을 두고 있기 때문이다.

우리 수험현실에서 성적이 낮은 수험생들의 고질적인 문제는 교과서조차 제대로 이해하고 기억하지 못하는 데 있다. 공교육만으로도 부족해 사교육의 도움까지 받는다. 한 번으로 부족해서 미리 선행학습까지 한다. 그럼에도 불구하고 교실에는 여전히 교과서를 이해하지 못하는 학생들이 넘쳐난다.

3. 논리적 사고와 비판적 사고

참과 거짓을 가려라

교과서를 잘 이해하고 기억하는데도 문제를 풀 때는 어려움을 겪는 수험생들이 있다. 교과서를 열심히 공부하고도 문제를 풀지 못한다면 허무하고 답답할 것이다. 하지만 이보다 더 화가 나는 경우가 있다. 틀린 문제의 정답이나 해설을 보고도 왜 그것이 답인지 끝까지 이해가 안 될 때다. 이런 경우는 대개 수험생들이 문제해결에 필요한 논리적 사고력이 부족할 때 일어난다.

사고력 시험의 일반적 유형은 지문을 읽고 선택지에서 참과 거짓을 가려내는 것이다. 이때 참과 거짓을 잘 구별하면 상위권, 그렇지 못하면

하위권이다. 매우 간단한 이치다. 그렇다면 수험생들은 교과서 공부를 완벽하게 하고서도 실제 시험에서는 참과 거짓을 왜 가려내지 못할까?

수험생들이 참과 거짓을 판별하는 기본적 원리를 모르기 때문이다. 참과 거짓을 판단할 때 어떤 기준을 적용해야 하는지 모르면 그 판단은 객관적이지 못하고 주관적인 것이 된다. 사고력 시험에서 논리적인 능력이 부족한 수험생들은 대개 참과 거짓의 기준을 자기 자신이 정한다. 그 기준도 대개는 문제를 풀면서 즉흥적으로 정하는데, 그마저도 그때그때 다르다. 판단의 기준을 자기 멋대로 정하게 되면 논리적이고 합리적으로 정답을 선택하지 못한다.

수험생이 참과 거짓을 선택하는 객관적 기준을 모르고 참을 선택한다면 자신이 아무리 정답이라고 생각해도 그것은 참된 이해가 아닌 '오해'가 된다. 오해를 하면 자신이 틀린 것이 아니라 세상이 틀렸다고 생각한다.

시험문제를 풀 때 참과 거짓을 판별하는 기준이 있다. 그러한 기준을 근거 또는 전제라 한다. 참과 거짓을 판단하기 위한 근거나 전제는 일반적으로 문제의 지문에 담겨 있다. 그러나 특별하게 교과서의 사실, 개념, 원리 등과 같이 '문제를 풀기 위하여 그 내용을 수험생이 사전에 암기하고 있어야 하는' 근거나 전제도 있다. 이럴 경우는 교과서의 내용을 잘 기억하고 있어야 문제를 풀 수 있다.

시험출제위원들이 문제를 만들 때는 지문 안에 근거를 제시하기도 하지만 특별히 교과서의 숨겨진 전제를 알아야 풀 수 있는 문제를 출제하기도 한다. 그래서 수험생들이 한 문제도 틀리지 않기 위해서는 교과서 전체를 잘 암기해야 한다.

이렇게 문제에서 참과 거짓을 가려내기 위하여 근거나 전제를 찾아 비교하며 판단하는 것을 논리적 사고라고 한다. 수험생에게 논리적 사고 력이 부족하면 문제를 풀 때 근거를 찾지 않고 추측으로 정답을 선택하 게 된다. 추측은 근거가 없는 주장이다. 이와 반대로 근거에 기초해서 참 과 거짓을 판단하거나 어떤 결론을 끌어오는 것을 논리적 사고라 한다.

논리적 사고력이 수험에서 왜 필요한지에 대한 사례를 하나 보자. 다 음은 EBS 〈공부의 왕도〉 7회의 내용이다. 주인공인 김도균 학생의 사례 는 성적이 정체되어 고민하는 수험생들에게 교훈을 준다. 문제해결과 관 련하여 중요한 사례이기에 전체내용을 요약했다.

수능언어, 오답노트로 승부하라

김도균 학생은 학교 내신이 최상위권으로, 서울대를 목표로 열심히 공부하는 우등생이었다. 하지만 고등학교 3학년이 돼서 문제가 생겼다. 언어영역의 점수가 기대만큼 나오지 않았던 것이다. 본인이 그토록 원했 던 서울대 입학의 발목을 잡힌 것이다.

김도균 학생은 언어영역의 성적을 올리기 위해 특별한 노력을 한다. 평소 문제집을 여러 권 풀지 않았던 자신만의 공부법마저 포기하고, 시 중에서 좋다고 하는 문제집을 모두 구해 풀어본다. 그래도 성적이 오르 지 않자 사교육의 도움이라도 받아야겠다는 절박감에 대치동의 유명한 학원도 다닌다. 그래도 성적이 오르지 않자 초조함에 다른 여러 학원으로 바꿔가며 언어영역에 전념한다.

미친 듯이 공부한 후 6월 모의고사를 치르게 된다. 그동안의 노력을 생각하며 좋은 성적을 기대했으나 기대에 못 미치는 점수를 받는다. 수능을 얼마 남겨놓지 않은 시점에서 좌절한 김도균 학생은 담임선생님과 자신의 문제점에 대해 상의한다. 담임선생님은 본인의 공부 경험을 소개하며 언어영역에서 오답노트를 만들어 보기를 권한다.

선생님의 조언에 따라 모의고사나 문제집에서 틀린 문제를 오려 붙이고 자신이 그 문제를 왜 틀렸는지 분석하며 틀린 문제의 내용을 꼼꼼하게 재정리한다. 새로운 공부방식으로 공부에 몰입하니 점점 자신감이 생긴다. 자신의 공부흔적을 모아본 수험생이라면 그것이 얼마나 뿌듯한 감정과 자신감을 주는지 알 것이다.

9월이 되어 평가원의 마지막 모의고사를 치르게 된다. 그동안의 공부를 생각하며 당연히 최고의 점수를 얻을 것이라 기대한다. 하지만 시험을 치르고 그가 받은 성적표에는 사상 최악의 점수인 79점이 적혀 있었다. 문제집도 풀 만큼 풀었다. 유명하다는 학원도 다녀봤다. 오답노트 역시 성실하게 만들었다. 수험생으로서 할 수 있는 모든 방법을 다 사용한 것이다. 여기서 더 무엇을 할 수 있겠는가? 이제 남은 것은 포기밖에 없었다.

하지만 그동안의 노력이 너무 억울했기에 그는 자신이 심혈을 기울여 만들며 공부했던 오답노트를 꺼내어 마지막으로 점검해본다. 수능까지 남은 기간은 2개월 남짓이었다. 남은 기간을 생각하면 더 이상의 새로운 방법을 찾거나 실천하기는 어려운 상황이었다. 이대로 포기해야 하나.

김도균 학생은 해도 해도 성적이 오르지 않아 막막하던 중, 답답한 마음에 자신이 틀렸던 문제를 보다가 우연히 공통점을 발견한다. 틀린 문제들을 살펴보니 선택지에는 정답이 있고, 그것과 비슷한 내용이 같이 있었는데 그 두 개의 선택지 중에서 항상 헷갈려 했던 것을 알게 된다. 즉 다섯 개의 선택지 중에서 정답이 아닌 세 개까지는 골라낼 수 있었는데 항상 마지막 두 개에서 고민을 했던 것이다. 문제의 정답을 정확하게 찾아내지 못했다는 것은 결국 공부가 꼼꼼하지 못하고 부족했다는 증거다.

그래서 자신이 왜 두 개의 선택지 중에서 고민을 했는지를 분석했다. 그러던 중 그는 하나의 사실을 알게 된다. 즉 정답을 고를 때 선택지의 내용이 참인지 거짓인지에 대한 근거를 지문에서 꼼꼼하게 찾지 않았던 것이다. 그러다 보니 올바른 추론이나 비판적 사고가 되지 못하고 추측이나 감으로 정답을 선택했다.

자신이 논리적 사고가 부족했다는 것을 알게 된 후 과감히 공부 방법을 바꾼다. 선택지에 나와 있는 내용과 관련 있는 지문의 내용을 찾아 밑줄을 그어 하나하나 근거를 찾으며 문제를 풀기 시작한 것이다.

이제 남은 기간은 2개월 남짓. 하지만 자신이 찾은 방법이 올바른 방법이라는 것을 확신하고 남은 기간 동안 최선을 다해 공부한다. 드디어 최종 결전의 날. 김도균 학생이 찾은 공부 방법은 그의 노력을 배신하지 않고 그에게 승리의 월계관을 씌워 주었다. 단 2개월 동안 언어영역의 점수가 20점이나 올랐던 것이다. 결국 수능에서 99점을 맞고 자신이 그토록 원했던 서울대 인문학부에 진학했다.

이 내용은 EBS 〈공부의 왕도〉 7회에서 '수능언어, 오답노트로 승부하다'라는 제목으로 소개되었다. 제목만 보면 오답노트가 학습 성공의 원인으로 보일 수 있다. 하지만 내용을 보면 김도균 학생의 성공요인은 오답노트가 아니다. 문제해결 능력과 관련한 논리적 사고력을 갖추게 된 것이 성공의 진짜 원인이다.

김도균 학생의 경우 교과서를 공부하는 데는 전혀 문제가 없었다. 교과서 공부에 문제가 있다면 학교 내신이 최상위권이 될 수 없었을 것이다. 김도균 학생이 언어영역에서 어려움을 겪은 진짜 이유는 문제해결과 관련한 논리적 사고가 부족한 점이었다. 김도균 학생의 사례를 통해 보았듯이 문제해결에는 논리적 사고가 필요하다. 그것이 지금처럼 문제해결의 방법을 배워야 하는 이유이다.

비판적 사고를 키워라

비판적 사고의 정의는 다양하다. 비판적 사고를 연구하는 학사마다 그 정의가 조금씩 다르기 때문이다. 하지만 이 책의 주제는 비판적 사고의 학문적 이론이 아니다. 문제해결 능력과 관련한 사고력을 다뤄야 하기에 이 책에서 비판적 사고의 일차적 개념은 국가시험(수능 및 임용고시)을 출제하는 한국교육과정평가원의 정의를 우선 따르기로 한다.

수능을 출제하는 한국교육과정평가원에서는 비판적 사고를 '어떤 기준에 따라 진술의 정당성이나 적절성, 혹은 가치의 우열을 판단하는 능력'이라고 정의한다. 비판적 사고는 정확성, 적절성, 타당성, 효용성의 기준에 얼마나 적합한가를 평가의 기준으로 삼고 있다. 따라서 수험생이 비판적 사고력을 향상시키기 위해서는 평소 문제를 풀 때 근거에 입각해 정확, 적절, 타당, 효용성 있게 진술의 참과 거짓을 판별하는 능력을 키워야 한다.

비판적 사고의 또 다른 정의를 보자. 비판적 사고란 '자신을 포함하여 누구의 생각도 틀릴 수 있다는 가능성을 열어놓고 사실적 근거에 따라 참과 거짓을 판단하는 능력'을 말한다. 따라서 비판적 사고 능력이 부족한 수험생은 주관적인 자기 의견에 사로잡혀 외부 의견을 받아들이지 않거나 기존 정답이나 권위에 대해 무조건 따르는 경향이 있다.

세상을 놀라게 하는 새로운 지식은 언제나 기존 지식의 권위를 몰아내며 등장한다. 고전물리학을 깨고 탄생한 현대물리학이 그랬으며, '과학을 도덕이나 윤리의 잣대로 평가할 수 없다'는 가치중립적인 과학관이 핵전쟁과 환경파괴의 영향으로 '과학기술도 도덕과 윤리적으로 사용되어야 한다'는 가치지향적 과학관으로 바뀌어가는 것도 그렇다. 사람들이 기존 지식과 사상의 권위에 비판적 사고 없이 무조건 따랐다면 지식과 사상 혹은 패러다임의 변화는 생기지 못했을 것이다. 세상을 변화시키는 천재들은 기존의 학문적 권위에 무조건 순응하지 않는다.

지금 옳은 게 미래에도 반드시 옳은 건 아니다. 지금 잘못된 것이 미래에도 반드시 잘못된 것은 아니다. 진리에 대한 이러한 열린 마음을 갖추어야 새로운 패러다임을 창조하고 새로운 지식을 탄생시킬 수 있다. 이것이 비판적 사고다. 그래서 학문에는 열린 마음과 비판적 사고가 필요하다.

비판적 사고를 평가하는 문제를 해결하기 위해서는 판단의 근거를 갖추고 참을 골라내는 훈련을 평소에 꾸준히 해야 한다. 특히 기출문제는 평가의 목표를 확인하고 문제해결 능력을 연습할 수 있는 최고의 자료이다. 비판적 사고와 관련된 기출문제를 찾아 풀어보면서 자신에게 부족한 점을 찾고 문제해결의 핵심역량을 키워나가야 할 것이다.

사실과 의견

논리적 사고나 비판적 사고의 기본은 반드시 '근거를 통해서 판단하는 것'이다. 근거 없는 판단을 보통 주장이라고 하는데, 이는 논리성이 결여된 진술일 뿐이다. 물론 근거를 통한 판단이라고 해도 모든 판단이 비판적 사고가 되는 것은 아니다. 어떤 진술이 논리성을 가지려면 그 근거에도 기준과 원칙이 있어야 한다. 비판적 사고의 근거는 사실이어야 하지 의견이 되면 안 된다. 이제 사실과 의견이 어떻게 다른지 알아보자.

다음 진술 중 사실과 의견을 구분해보자.

① 라일락 꽃은 향기롭다.　　　② 오늘 날씨는 선선하다.
③ 우리 엄마는 요리솜씨가 좋다.　④ 오늘 기온은 섭씨 27도이다.

위의 진술 중 사실은 4번이고 나머지는 모두 의견이다. 라일락 꽃에 향기가 있는 것은 사실이지만 모든 사람이 라일락 향기를 향기롭다고 생각하지는 않는다. 너무 독하다고 생각하는 사람도 있을 것이다. 날씨가 선선하다는 표현도 사람마다 느끼는 체감온도가 다르다. 어떤 사람에게는 선선한 날씨가 어떤 사람에게는 춥게 느껴질 수 있다. 엄마의 요리솜씨는 나에게는 좋을지 모르지만 음식문화가 다른 사람에게는 다르게 느껴질 수 있다. 하지만 오늘 기온이 섭씨 27도라는 진술은 말하는 사람의 의견이 개입되지 않은 있는 그대로의 객관적 사실이다.

다음은 2012년 국가수준 학업성취도 평가 초등학교 6학년 국어시험에 출제된 문제다. 비록 초등학교 문제이지만 이 문제를 풀기 위해서는 사실과 의견에 대한 명확한 개념을 알아야 한다. 중·고등학교에 가서 연수를 할 때 학생들에게 이 문제를 풀게 한 적이 있다. 물론 사고력과 문제해결에 관한 수업을 진행할 때였다. 초등학교 문제니까 고등학생이면 다 풀 수 있을 것 같지만 실제는 틀린 학생도 있었다. 고등학생이 되어서 사실과 의견을 구분하지 못한다면 논리적 사고를 기대할 수 없다.

[5~6] 다음 글을 읽고 물음에 답하시오.

– 2012 국가수준학업성취도평가, 초등학교 6학년 국어

민화는 서민들 사이에서 유행한 그림이다. (ㄱ) 민화는 전문 화가가 아니어도 누구나 그릴 수 있었고, 특정한 형식에 얽매이지 않았다. 민화에는 다양한 동식물이 소재로 사용되었는데 서민들은 이러한 동식물을 청색, 백색, 적색, 흑색, 황색의 화려한 색으로 표현하였다.

민화는 서민들의 소망이 담겨 있다. 서민들은 민화를 통하여 부귀, 화복, 장수를 믿었다.

예를 들어 (ㄴ) 부귀를 바랄 때에는 활짝 핀 맨드라미나 잉어를 그렸다.

화목을 바랄 때에는 어미 새와 여러 마리의 새끼 새가 함께 있는 모습을 그렸다. 또 장수를 바랄 때에는 어미 새와 여러 마리의 새끼 새가 함께 있는 모습을 그렸다.

민화에는 나쁜 기운을 물리치고자 하는 서민들의 바람도 담겨 있다.

(ㄷ) 나쁜 귀신을 쫓아내고 사악한 것을 물리치기 위해 해태, 닭, 개 등을 그렸다. 불이 나지 않기를 바라는 마음에서 전설의 동물 해태를 그려 부엌에 걸었다. 또 (ㄹ) 어둠을 밝히고 잡귀를 쫓아내기 위해 닭을 그려 문에 걸었다. _____

(가)_____ 개를 그려 곳간에 걸었다.

우리는 민화를 통해 서민들의 소망과 멋을 엿볼 수 있다. 민화에는 현실에서 이루고 싶은 서민들의 소망이 솔직하고 소박하게 표현되어 있다. 또 신비스러운 용을 할아버지처럼 그리거나 호랑이를 바보스럽게 표현하여 재미와 웃음을 찾고자 했

던 서민들의 멋스러움도 잘 드러난다. (ㅁ) 그림에 담겨 있는 서민들의 소망과 멋을 찾아가며 민화를 감상해보자.

5. (ㄱ)~(ㅁ) 중, 사실을 나타내는 문장이 아닌 것은 어느 것입니까?

① (ㄱ)　　② (ㄴ)　　③ (ㄷ)　　④ (ㄹ)　　⑤ (ㅁ)

(ㅁ)은 "감상해보자"는 필자의 의견이 들어 있는 주장이다. 다른 선택지의 문장과 달리 사실이 아니라 의견임을 알 수 있다.

분석

분석이란 사고의 한 과정으로, 여러 가지가 합쳐서 이루어진 대상의 구성요소를 찾아 나누는 것을 말한다. 분석의 대상이 물리적 실체물인 경우엔 물리적 분석이 되며, 분석의 대상이 추상적 관념일 경우엔 관념적 분석이 된다.

물리적 분석은 사물을 형태로 나누거나 구성요소로 나누는 것을 의미한다. 예를 들면 곤충을 머리, 가슴, 배로 나누거나 물을 수소와 산소로 나누는 것이 물리적 분석이다. 관념적 분석은 하나의 관념을 그 성질에 따라 다른 관념으로 분해하여 설명하는 것을 의미한다. 예를 들면 공부라는 추상적 관념을 이해, 기억, 문제해결이라는 세 가지 관념으로 나누는 것이다.

분석은 사물과 현상을 이해하기 위한 기본적인 정신 능력이다. 17세기의 천재 데카르트는 분석과 종합의 사고력을 문제해결의 기본적인 원칙으로 정립했다. 그의 저서 《방법서설》을 보면 모든 문제를 풀 수 있는 방법의 일반원칙이 제시되는데, 그 핵심이 분석과 종합의 사고력이다.

공부의 대상이 되는 자연현상은 여러 요소나 원인 등이 복합적으로 작용해 드러난다. 그래서 세계 속에서 일어나는 하나의 현상을 이해하기 위해서는 그러한 결과를 가져오는, 보이지 않는 수많은 원인과 관련사항을 분석할 수 있어야 한다. 이렇게 분석은 하나의 현상 속에 숨겨진 관계요소를 찾아 드러난 현상의 실체를 이해하는 중요한 과정이다. 우리가 무엇을 이해한다는 것은 곧 그것을 구성요소로 나눌 수 있음을 의미한다.

수험생이 분석 능력을 갖추기 위해서는 평소에 전체를 보면서 그것이 어떤 구성요소로 이루어졌는지를 탐색하는 습관을 가져야 한다. 독서를 할 때 도 글이 쓰인 목적을 생각하며 읽어야 하며, 문장 속 핵심단어를 찾는 것도 분석의 과정이다. 교과서를 읽을 때 주제와 관련된 개념에는 어떤 것들이 있는지 생각하는 것도 분석적 사고다. 문제를 풀 때 문제를 이해하기 위하여 필요한 개념과 문제를 해결하기 위해 필요한 개념이 무엇인지를 생각해보는 것도 분석적 사고다. 노트필기를 할 때 일정한 기준에 맞추어 그룹핑하며 요약하는 것도 분석적 사고다. 기출문제를 통해 출제경향을 알아보는 것도 분석적 사고다. 어떤 현상을 원인과 결과로 나누어 보는 것도 분석이다.

분석적 생각이 논리성을 갖추기 위해서는 글에서 전제와 추론이 어떻게 전개되었는지를 살펴보아야 한다. 분석 능력은 사고력의 기본이기에 앞에서 제시한 다양한 방법을 공부에 활용하면 시험에 필요한 사고력을 향상시킬 수 있다. 특히 사고력은 문제해결에 필요한 능력임에도 별도의 수업이 없는 것이 현실이다. 그래서 수험생은 교과서 공부와 문제해결을 통해 스스로 자신의 사고력을 향상시켜야 한다.

종합

종합이란 분석의 반대 개념으로, 나누어진 개별요소를 하나로 합치는 과정을 의미한다. 종합을 단지 부분의 합처럼 단순한 과정으로 생각할 수 있지만, 종합하는 능력도 분석처럼 누구나 할 수 없는 특별한 능력이다. 종합이 무엇이고 그러한 능력이 왜 중요한지 사례를 통해 알아보자.

애플을 창업한 스티브 잡스는 비즈니스계에서 한 시대를 빛낸 인물이다. 자신이 창업한 회사에서 쫓겨난 후 우여곡절 끝에 다시 회사로 돌아와 아이폰을 만들어 기울어가는 애플을 세계최고의 기업으로 만든 일화는 널리 알려진 사실이다.

아이폰은 동화책에 나오는 마법의 거울처럼 못하는 일이 거의 없다. 기능은 아직도 진화 중이어서 그 끝이 어디일지 예측도 불가능하다. 하지만 아이폰에 담겨 있는 기능을 보면 세상에 없었던 전혀 새로운 창작물이 아니다. 이미 세상에 개별적으로 존재했던 기능을 하나로 통합한 것에 불과하다. 잡스는 세상에 없던 새로운 장르를 개척하지는 않았다. 개별적인 장르를 하나로 모아놓은 것에 불과하다.

어떤 것이든지 남들이 이루어낸 업적을 보면 나도 생각할 수 있는 일들이 많다. 콜럼버스의 달걀 세우기도 마찬가지다. 잡스의 위대함은 누구나 생각할 수 있는 아이디어를 최초로 생각하고 실천한 것이며, 기존의 소비문화에 순응하지 않고 용감하게 도전한 것이다. 이것이 잡스가 남과 다른 점이다.

학문에도 이와 유사한 사례가 있다. 다중지능이론으로 유명한 하워드 가드너 박사다. 가드너 박사는 기존의 단일지능이론을 반박하며 인간의 지능은 하나의 기준에 의해 평가될 수 없고 개인은 그 능력과 재능이 다르다는 다중지능이론을 발표한다. 그러한 지능에는 대인관계지능, 개인이해지능, 공간지능, 신체운동지능, 음악지능, 언어지능, 논리수학지능, 자연탐구지능, 영적지능 등이 있다. 결국 가드너 박사의 이론은 스티브 잡스의 아이폰처럼 지능이라는 하나의 요소에 기존의 여러 기능을 추가한 것과 같은 맥락이다. 알고 보면 아무것도 아닐 수 있지만 중요한 것은 이것을 최초로 주장했다는 사실이다. 단일지능이론이 학계의 대세였던 시기에 기존의 학문적 권위에 순응하지 않고 도전한 것이다.

종합은 단순히 분리된 것을 물리적으로 합치는 것만을 의미하지 않는다. 부분을 보는 것과 전체를 보는 것은 보이는 것도 다르고 해석도 다르다. 어떤 판단을 하고 나서 그러한 판단이 올바른 판단인지 잘못된 판단인지를 전체적으로 빠짐없이 한 번 더 검토하는 것도 종합하는 능력 중 하나다. 수학에서는 이러한 과정을 검산이라고 한다. 인간은 신이 아니기에 늘 실수할 수 있는 가능성이 있다. 실수를 최소화하는 것은 자신의 두뇌가 아니라 판단의 과정을 다시 한 번 꼼꼼히 살펴보는 절차적인 과정인데, 그것이 종합의 사고력이다.

종합의 사고력이 부족하면 늘 전체를 보지 못하고 부분만 보게 된다. 그러면 올바른 판단을 할 수 없다. 학생들 중에는 자신이 좋아하는 과목만 공부한다거나 자기가 좋아하는 일만 고집해서 성적과 삶이 균형을 이루지 못하는 경우가 있다. 이것도 부분만 보고 전체를 못 보기 때문에 그렇다. 종합하는 능력이 부족해서 일어나는 현상이다. 종합하는 능력이 부족하면 또한 장기적인 안목을 갖지 못한다. 수험생의 경우 장기적인 수험계획을 세울 수 없고 시험공부도 벼락치기식 공부만 하게 된다.

분석과 종합은 사물의 현상을 이해하고 올바른 판단을 내리는 인간의 가장 기본적인 사고행위이다. 천재들은 모두 이러한 능력이 뛰어났다. 천재들의 이런 능력이 인류의 학문과 지식을 발전시켰다면 그것을 좇아가는 사람들도 당연히 이런 능력을 갖춰야 한다. 17세기 천재 데카르트가 분석과 종합을 자신의 저서에 남겨 후대에 전한 이유도 그럴 것이다. 학문을 탐구하는 긴 여정에서 혹시 길을 잃은 사람들이 데카르트에게 올바른 길을 묻는다면 데카르트는 이렇게 말하지 않았을까?

"쪼개어라, 종합해서 검토하라, 그러면 문제가 해결될 것이다."

그의 조언을 잡스가 실천했고 가드너 박사가 실천했다. 이제 우리가 실천할 차례다.

추론

추론이란 전제를 통해서 판단이나 결론을 이끌어내는 사고의 과정을 의미한다. 여기에서 전제란 판단이나 결론을 뒷받침하는 근거를 말한다. 추론은 전제와 결론이라는 형식을 갖고 있다. 우리가 어떤 주장을 펼 때 근거가 있고 그 근거가 사실일 때 논리성을 갖추었다고 말한다.

일반적 추론의 형식에는 연역적 추론과 귀납적 추론이 있다. 추론의 사고에서는 결론의 근거가 되는 전제가 중요하다. 전제가 참이어야만 결론이 참이 될 수 있기 때문이다. 결론이 참이라 할지라도 전제가 참이 아니면 그러한 사고는 논리적 사고라 할 수 없다. 논리학 시험이 아닌 사고력 시험에서는 논리의 형식을 묻는 것이 아니라 내용의 참과 거짓을 가려내는 근거와 이유를 찾는 과정이 중요하다. 근거나 이유를 찾는 능력은 학문적 탐구의 기본정신이며 인류 학문발전의 원동력이었다.

살아가면서 외부로부터 부당한 대우를 받거나 비합리적인 행동을 접하게 될 때 우리의 마음속에서 그러한 이유나 근거를 물을 수 있다면 논리적 사고력을 갖추고 있는 것이다. 세상 곳곳에서 일어나는 부조리를 해소하기 위해서는 논리적 사유가 필요하다. 하지만 논리적 사유가 인류 갈등을 해소하는 보편적인 소통 수단으로 사용되기까지는 수천 년이 필요했으며, 아직까지도 완성된 것은 아니다.

"Why(왜 그런 것인가)?"

인류가 만들어낸 하나의 짧은 단어지만, 이유나 근거를 찾고 그것을 따지는 일은 시험문제를 풀기 위해서만이 아니라 인간이 인간답게 사는 가장 기본적인 사유 능력이다.

4. 사고력,
어떻게 향상시킬 것인가

질문을 통해 사고력을 키워라

　사고력이란 생각하는 능력이다. 공부란 생각하는 과정이다. 생각해보라. 생각을 안 하고 공부할 수 있겠는가? 공부하기 싫어하는 학생들의 공통점은 유난히 생각하기를 싫어한다는 것이다. 생각하기를 싫어하는 학생들의 사고력을 향상시키거나 공부를 잘하게 만들기는 힘들다. 그래서 사고력 향상 교육의 기본은 학생들이 즐겁게 생각하고, 자연스럽게 생각하도록 하는 데 있다.

　생각은 질문으로부터 나온다. 질문이 없는 생각은 없다. 질문이란 일종의 자극이다. 우리 뇌는 질문을 받으면 끊임없이 그 답을 찾기 위해 생각을 한다. 심지어는 잠을 자는 동안에도 답을 찾기 위해 계속 생각한다. 심지어 어떤 수학자는 해결이 어려운 문제의 답을 꿈속에서 찾은 경우도 있다.

질문은 다른 사람뿐만 아니라 자신에게 하기도 한다. 자기 자신에게 질문을 하는 동물은 인간밖에 없다. 스스로에게 하는 질문이야말로 인간이 인간임을 나타내는 징표다. 그런 질문들이 인류의 학문과 정신을 이끌어왔다. '사과는 나무에서 떨어지는데 달은 왜 떨어지지 않는지'에 대한 질문이 뉴턴을 과학자의 길로 걷게 했으며, '나는 누구인지'에 대한 존재론적 질문은 많은 사람을 철학자의 길로 인도했다.

질문을 많이 하는 학생이 생각도 잘한다. 결국 생각을 잘하기 위해서는 질문을 잘해야 한다는 결론에 이른다. 그래서 우리는 학생들에게 질문을 장려하고 있다. 질문을 장려하는 대표적인 민족이 유대인들이다. 유대인 부모들은 자녀들에게 선생님의 설명을 잘 들으라고 하지 않고 질문을 많이 하라고 가르친다. 하지만 질문이 중요하다는 것을 알아도 실제 질문하는 일은 쉽지 않다. 질문도 뭘 알아야 할 수 있다. 학교에서도 상위권 학생들이 질문을 많이 하지 중하위권 학생들은 질문을 하고 싶어도 하지 못한다. 뭘 물어봐야 할지 모르기 때문이다. 그래서 질문의 중요성을 아는 것과 실제 질문하는 능력과는 괴리가 있다.

생각하는 능력을 키우기 위해서는 수험생 스스로 자신에게 질문을 하거나 교사가 학생들에게 질문을 해야 한다. 이런 원리는 고대로부터 강의장에서 비교적 잘 지켜지고 있다. 똑똑한 학생들은 스스로에게 질문을 잘한다. 문제의 원인을 찾기 위한 질문을 스스로에게 던지며, 문제의 해답을 찾기 위한 질문도 스스로에게 한다. 우리는 자신에게 질문한 답을 찾았을 때 "유레카"를 외친다. 그리스의 현인으로 알려진 소크라테스는 특유의 문답법으로 상대방의 무지를 깨우쳤다. 배우는 사람도 가르치는 사람도 모두 질문을 깨우침의 도구로 활용했다. 그래서 질문은 생각을 성숙시키며 세련되게 만든다.

수험생들이 시험과 관련한 사고력을 향상시키기 위해서는 어떤 질문을 해야 할까? 당연히 시험과 관련한 질문이어야 한다. 수험생들이 사고력 향상을 위해서 항상 가져야 하는 질문은 다음과 같다.

---

① 이유나 목적은 무엇인가.
② 인과관계는 어떻게 되는가.
③ 개념은 무엇인가.
④ 판단의 근거와 전제는 무엇인가.
⑤ 추론의 결과는 무엇인가.

목적을 생각하라

모든 글이나 말에는 목적이 있다. 글의 목적을 파악하기 위해서는 제목을 확인하면 된다. 교과서는 크게 제목부터 시작한다. 국어, 영어, 수학도 개별학문의 내용을 상징하는 제목이다. 우리는 학문의 제목만 보고도 그 내용을 상상하거나 유추할 수 있다. 제목을 넘기면 단원별로 다시 소제목이 붙여진다. 거꾸로 제목이 없는 글을 읽고 제목을 붙여보는 것도 글의 목적이나 글쓴이의 의도를 파악할 수 있다. 교과서에서는 단원이 시작하는 곳에 그 단원과 관련한 목적과 이유를 분명히 표시해주고 있다.

모든 교과서의 예를 다 적을 수 없기에 대표적으로 수학교과서의 사례를 보도록 하자. 다음은 중학교 수학2에 나오는 내용이다.

중학교 수학2, '2장 식의 계산' 첫 장

무엇을 배울 것인가?

· 지수법칙을 이해한다.
· 다항식의 덧셈과 뺄셈의 원리를 이해하고, 그 계산을 할 수 있다.
· 다항식의 곱셈의 원리를 이해하고, 그 계산을 할 수 있다.
· 다항식의 곱셈공식을 알고, 이를 적용할 수 있다.
· 다항식의 나눗셈의 원리를 이해하고, 그 계산을 할 수 있다.
· 간단한 등식을 변형할 수 있다.

왜 배우는가?

인류는 수량 사이의 관계를 문자를 사용하여 식으로 나타내고, 그 식을 계산하면서 사회 과학이나 자연 과학 분야에서 많은 발전을 이루었다. 이처럼 식의 계산은 다양한 분야의 기초가 되는 내용이다.

어떤 구성인가?

1. 단항식의 계산

·지수법칙

·단항식의 곱셈과 나눗셈

2. 다항식의 계산

·다항식의 덧셈과 뺄셈   ·다항식의 곱셈

·곱셈공식   ·다항식의 나눗셈

·등식의 변형

– 중학교 수학2, 금성출판사, 2013

'무엇을 배울 것인가'는 단원에서 지향하는 목적을 의미하며 '왜 배우는가'는 단원을 배워야 하는 이유를 설명한다. '어떤 구성인가'는 단원의 핵심개념과 원리를 나타내고 있다. 그런데 학생들은 단원의 목적을 생각하지 않고 단원의 내용만 이해하느라 바쁘다. 왜 이 단원을 공부하는지, 무엇을 배우는지 미리 스스로에게 질문한 후에 내용을 공부하는 건 목적 없이 내용만 배우는 것과는 분명히 차이가 있다.

인과관계와 개념을 파악하라

교과서는 주제와 관련한 많은 정보를 학생들에게 주고 있다. 특히 사실적 내용의 경우 이야기의 전개 과정이 있으면 대개 원인과 결과가 있다. 이런 단원을 공부할 때도 무조건 결과를 암기할 것이 아니라 결과의 원인이 왜 발생했는지 이유는 무엇인지를 파악하며 공부하면 사고력을

향상시킬 수 있다.

교과서 공부를 할 때는 공부할 단원과 관련한 기본개념을 먼저 익혀야 한다. 그래야 교과서 내용을 잘 이해할 수 있다. 앞에서 보았듯이 단원을 시작하기 전에 어떤 개념을 배우게 될지를 맨 앞에서 설명하고 있다. '어떤 구성인가'에 대한 설명은 그 단원의 주요개념을 잘 나타낸다. 공부를 하면서 무조건 개념을 공부할 것이 아니라 단원과 관련하여 목적과 이유를 먼저 알고 단원의 개념을 공부하면 다양한 시각에서 훨씬 더 개념을 쉽게 이해할 수 있다. 또 문제를 해결하는 경우에도 배운 개념을 보다 잘 활용할 수 있게 된다.

판단의 근거와 전제를 확인하라

논리적 사고의 기본은 '어떤 판단이나 결론이 근거를 가지고 있느냐'이다. 시험에도 이런 형식은 그대로 적용된다. 앞서 김도균 학생의 경우에서 보았듯이 논리적 사고력이 부족하면 문제집을 다 풀어도, 유명학원을 다녀도, 오답노트를 만들어도 문제해결 능력이 향상되지 않는다.

수험생이 논리적 사고력을 향상시키기 위해서는 늘 판단과 결론을 보면서 그것이 나오게 된 전제나 근거를 확인하는 습관이 필요하다. 문제를 풀 때는 더 말할 것도 없다. 그래서 이러한 판단의 근거는 무엇일까? 왜 이렇게 생각했을까? 등 스스로에게 끊임없이 질문을 해야한다.

문제를 통해 사고력을 키워라

수험에서의 사고력은 '지식의 이해'가 아닌 '문제해결에 필요한 정신능력'이다. 사고력은 문제를 해결할 때 가장 잘 드러난다. 그렇기에 사고력의 향상도 교과서 지식을 수동적으로 받아들이는 주입식 교육으로는 향상시킬 수 없다. 교육과정에서 토의와 토론, 실험, 글쓰기, 체험학습 등을 통해 스스로 생각하게 하는 능동적인 학습과정이 필요하다.

그러나 우리교육은 수업시간에 교사가 모든 학생들에게 질문을 할 수도 없으며, 토론식 수업이나 실험 등 직접적인 체험을 통한 학습이 어려운 것이 현실이다. 그러다 보니 사고력 향상을 위해서는 별도의 학습과정이 필요하다. 최근 대학 커리큘럼에서 토론과 글쓰기 교육이 강화되고 있는 것은 사고력 향상과 관련하여 매우 바람직한 현상이다.

사고력이 문제를 해결하기 위한 능력이라면 지식을 이해하고 기억하는 수동적 학습이 아니라 실제 문제를 해결하는 과정을 통해 향상시켜야 한다. 때문에 수험생들은 교과서의 내용을 이해하고 기억하는 것 못지않게 문제 푸는 연습을 게을리 하면 안 된다. 문제를 푸는 행위는 단지 지식의 이해와 기억의 확인을 위한 것이 아니다. 풀어가는 과정 속에서 자신의 사고력을 향상시키는 훈련이 된다.

성적이 낮은 학생들이 사고력을 향상시키지 못하는 경우도 이유가 있다. 우선 중하위권 학생들은 시험공부를 하면서 문제집을 잘 풀지 않는다. 이들이 문제집을 풀지 않는 이유는 귀찮고 힘들기 때문이다. 지식을 이해하고 기억하는 것만으로도 벅찬데 문제까지 풀어볼 만한 물리적 시간이나 심리적인 여유도 없다. 더욱이 문제집을 풀어본다고 해도 맞는 문제보다 틀리는 문제가 더 많기에 문제를 푸는 것이 재미없고 두렵기까지 하다. 지식을 이해하거나 기억하는 행위, 문제해결 능력을 갖추는 모든 것이 생각하는 과정인데 생각하는 것을 귀찮아해서는 공부를 잘할 수 없고 두뇌를 계발시킬 수 없다.

시험을 위해서 관련 문제집을 풀어보는 일은 단지 자신의 공부가 어느 정도 되어 있는지만을 확인하는 수동적인 과정이 아니다. 문제를 해결하지 못할 때는 그 원인을 찾아야 한다. 그래야 자신의 부족한 능력을 향상시킬 수 있다. 실제 수험생들은 평소에 틀렸던 문제나 같은 유형의 문제를 반복해서 틀리기 때문이다.

공부한 지식을 평가하기 위해 문제를 만들어내는 일은 높은 수준의 지적 활동이다. 국가의 공인기관에서 출제되었을 경우에는 그 문제만으로도 그 나라의 학문 수준을 알 수 있는 잣대가 되기도 한다. 시험문제는 반드시 평가하려고 하는 목표가 있다. 사고력을 평가하는 경우라면 더 그렇다. 그래서 수험생들은 수험공부를 하면서 문제 하나하나를 소중하게 다루어야 한다.

문제를 풀면서 자신이 해결하지 못하는 건 그 문제를 해결하는 데 필요한 능력이 부족하다는 증거이다. 그것이 이해력이 될 수도 있고 암기, 분석, 종합, 추론, 비판, 창의 등 세부적인 능력이 될 수도 있다. 시험 문제는 자신의 부족한 능력을 찾아내고 그것을 갖추도록 공부시키는 또 다른 스승이기도 하다.

수험생들이 실력이 향상되었다는 것은 전에 풀었던 문제를 틀리지 않고 다시 풀었다는 데 의미가 있는 것이 아니다. 전에 풀지 못했던 문제를 해결할 수 있을 때 실력이 향상되었다고 할 수 있다. 문제집을 풀 때는 정답을 맞춰보는 것으로 끝내선 안 된다. 자신이 무엇을 알고 무엇을 모르는지 아는 일이 실력을 향상시키는 진짜 공부다.

5. 적을 알고 나를 알면 백전백승

시험의 실체를 파악하라

수험생들이 시험을 두려워하는 이유엔 여러 가지가 있다. 그 중에는 '시험의 특성을 모르는 것'도 한 몫 한다. 시험문제만 보면 올라오는 울렁증은 '시험을 잘 봐야 된다'는 강박관념 때문이기도 하지만, 한편으로는 시험이 어떻게 나올지 모른다는 두려움에서 비롯되기도 한다.

남녀의 연애도 상대방이 나를 사랑하는지 알 수 없다면 불안하고 자신이 없어진다. 마찬가지로 시험이 어떻게 출제될지 모르면 당연히 수험생은 불안해질 수밖에 없다. 반대로 시험이 어떻게 출제되는지 출제경향을 잘 알고 그에 맞는 대비를 철저하게 해온 수험생이면 자신감이 앞서

게 된다. 그래서 수험생은 기출문제의 분석을 통해서 출제경향을 철저히 파악하며 공부를 해야 한다.

시험공부는 학문을 연구하는 과정이 아니다. 대학수학능력시험은 대학에서 전공분야의 학문을 얼마나 잘 익히고 공부할 수 있는지 판단하는 선발시험이다. 공시·고시 또한 공무원을 선발하는 자격시험이다. 시험은 학문이 아니기에 시험의 출제경향을 무시하고 주관적인 판단으로 공부해서는 안 된다. 객관성을 무시하고 자신만의 공부를 추구하는 학문적 성향을 갖고 있는 수험생들은 좋은 실력에도 불구하고 시험에 실패한다. 이런 일은 주로 사법고시와 같은 시험에서 볼 수 있다. 객관적으로 실력이 있는 수험생들이 번번이 시험에 실패를 하는 경우다.

그러나 엄밀히 말하면 시험 실패는 운이 아니라 과학적인 결과다. 공부나 시험은 철저하게 운이 배제되는 합리적 과정이며, 실패에는 반드시 그럴 만한 과학적인 원인이 있기 마련이다. 실력 있는 수험생이 열심히 공부했는데도 결과가 좋지 않다면 그 이유는 출제경향을 분석하지 않았기 때문이기도 하다. 출제경향을 분석하지 않으면 공부를 주관적으로 하게 된다.

고시의 경우 가끔 교과서의 이론을 부정하고 자신만의 학설을 새로 쓰는 학자풍의 수험생도 있다. 기존의 학설을 비판하는 일은 용기 있는 행위다. 그러나 시험은 학문이 아니다. 출제자가 시험문제를 출제할 때는 그 문제를 통해서 알고자 하는 내용이 있다. 수험생은 그러한 쟁점을 정확하게 찾아서 답을 작성해야 한다.

시험은 출제자와 수험생이 벌이는 한 판의 머리싸움이다. 시험에서의 머리싸움은 일종의 게임이론과 같다. 게임이론에 따르면 게임에서 승리하는 쪽은 언제나 게임 상대방에 대한 정보가 많은 사람이다. 상대방의 행동을 미리 알고 있으면 어떠한 게임이든지 패하지 않을 것이다. 그래서 머리로 하는 경기는 상대방의 수를 잘 읽어야 한다.

이런 원리를 모르는 수험생은 시험공부를 하면서 주관적인 기준과 판단에 따라 시험예상 문제를 스스로 출제한다. 공부를 하면서 스스로 도취되어 이 내용은 시험에 반드시 나온다고 세뇌를 한다. 그러나 시험을 잘 보는 시험선수는 예상문제를 자기 기준에 맞추지 않는다. 철저하게 출제자의 입장에서 생각하고 그에 맞추어 시험을 준비한다. 물론 출제예상문제는 기출문제 분석을 통해서 이루어진다. 이것이 시험의 실체다.

수험생은 반드시 출제경향 분석을 통해서 자신이 치르는 시험에 대비해야 한다. 내신은 내신에 맞게, 수능은 수능에 맞게, 고시는 고시에 맞게 준비해야 한다. 최상위 합격자들의 말을 들어보면 이들은 기출문제 분석을 통해 출제경향을 분석하며 공부했음을 강조한다. 이것이 수험에서 남과 다른 결과를 가져오는 또 다른 이유다.

출제경향을 분석해서 그에 맞게 준비를 하면 시험에 대한 불안이 적어지고 자신감을 키울 수 있다. 수험생이 출제경향을 알게 되면 시험을 올려다보는 것이 아니라 대등하게 보거나 내려다볼 수 있다. "사랑하는 사람을 너무 높이 보면 비극이 온다"는 막스 셸러의 말처럼 시험도 너무 높이 보면 실패의 비극을 맞이하게 된다.

시험은 공정한 게임이 아니다

출제경향 분석과 관련해 안타까운 현실이 있다. 수험생이라고 다 출제경향 분석이 가능한 게 아니기 때문이다. 기출문제를 통하여 시험의 출제경향을 분석할 수 있으려면 문제 출제자와 비슷한 지적 수준이 되어야 한다. 그래서 출제경향 분석이 중요하다는 것을 알면서도 중하위권 학생들은 이를 실행하기가 어렵다. 분석은커녕 기출문제를 풀어보는 일만도 벅차다. 심지어는 기출문제를 확인조차 안 하는 수험생도 있다.

중·고등학교 연수 때 출제경향에 대한 학생들의 대처 능력이 얼마나 되는지 알아보기 위하여 중간고사 사회과목 시험범위 중 일부를 정해서 시험에 나올 만한 내용을 요약하는 과제를 주었다. 학생들이 요약한 내용을 살펴보니 상위권 학생들은 비교적 시험에 나올 만한 내용을 잘 정리했다. 반면에 하위권 학생들은 요약한 내용도 많지 않지만 그나마 정리한 내용도 시험에 나오지 않을 내용만 기가 막히게 찾아서 요약했다. 하위권 학생들은 무엇이 시험에 나올지 모르니 시험에 나오지 않을 내용을 위주로 공부한다. 성적이 안 좋을 수밖에 없다.

출제경향을 분석할 줄 알아야 시험공부의 올바른 방향을 잡고 시간과 에너지를 낭비하지 않는다. 하지만 현실에서 출제경향 분석은 최상위권 수험생들만이 누리는 특권처럼 활용된다. 이래저래 중하위권은 시험 준비과정에서도 불공정한 게임을 할 수밖에 없다. 수험생은 출발선도, 환경도, 능력도 다 다르지만 시험은 그것을 고려하지 않는다. 오직 결과만 볼 뿐이다. 수험생들은 시험의 이러한 특성을 알고 게임을 준비해야 한다. 자신이 시험의 출발선 중 어느 위치에서 경주를 하는지 돌아봐야 한다. 기초가 부족하면 출발선 한참 뒤에서 경주해야 한다. 시험이 어떻게 출제되는지를 모르면 트랙을 벗어나 잘못된 길로 달리게 된다.

우리는 시험에서 응시자격의 제한이 없으면 공정한 시험이라고 생각한다. 누구에게나 기회가 열려 있다고 생각한다. 하지만 출발선과 경기환경이 다른 점은 고려하지 않는다. 시험을 공정하게 하려면 최대한 경주의 조건을 비슷하게 시작해야 한다. 출제경향도 마찬가지다. 출제경향 분석이 어려운 수험생에게는 출제경향 분석이 가능한 사람이 수험공부의 방향을 잡아줘야 한다. 이런 일은 대개 교사나 수험전문가들이 하고 있다.

그런데 수험생들을 돕고 싶어도 어려운 경우가 있다. 어떤 수험생들은 성적과 관계없이 자신의 공부스타일을 고집하기 때문이다. 아무리 친절하게 성공의 길을 안내해도 듣지 않으면 도울 수 없다. 어떤 분야이든지 열린 마음이어야만 더 나은 발전을 가져온다. 영국의 철학자 베이컨은 학문의 성장을 가로막는 개인적인 편견을 동굴의 우상에 비유했다. 수험생들이 동굴의 우상에 갇혀 있으면 돕고 싶어도 도울 수 없다.

6. 시험은
이렇게 출제된다

시험은 네 가지 유형이다

　문제해결을 잘하기 위해서는 사고력을 갖춰야 하며 시험의 특성을 알아야 한다. 앞에서 사고력에 대해 살펴봤다면 이제는 각종 시험에서 실제 문제로 출제되는 시험의 특성에 대해 알아보자. 시험의 특성을 알기 위한 가장 좋은 방법은 실제 문제를 분석해보는 것이다. 그것을 출제경향 분석이라고 했다. 문제의 특성을 알면 공부의 방향성을 잡을 수 있어 효율적인 수험공부를 할 수 있다. 무엇보다 시험에 대한 자신감이 생긴다.

　시험문제는 크게 다음의 네 가지 유형으로 나눌 수 있다. 이 네 가지 유형이 개별적으로 출제될 수도 있고, 한 문제 안에 융합되어 나올 수도 있다.

- 사실정보에 대한 문제 (사실적 사고)
- 개념의 이해와 적용을 묻는 문제
- 사고력을 묻는 문제 (사실, 추론, 비판, 창의)
- 개념과 사고력을 복합적으로 묻는 문제

시험문제의 유형을 개념 기준으로 정리하면, '개념을 몰라도 풀 수 있는 문제'와 '개념을 모르면 풀 수 없는 문제'로 나눌 수 있다. 개념을 몰라도 풀 수 있는 문제는 교과서에서 다루어지지 않은 지문이 출제된다. 흔히 이것을 범교과형 문제라 한다. 이런 문제는 주제와 관련한 개념의 이해와 적용을 평가하는 것이 아니라 주어진 자료를 통해 사고력을 평가하는 것이다. 그러나 좀 더 복잡하게 문제를 만들 경우에는 개념과 사고력을 동시에 갖추어야 풀 수 있도록 구성한다. 이때의 개념은 정의, 원리, 법칙, 규칙, 공식 등을 포함하는 넓은 의미이다.

교과서 공부를 잘하는 것과 시험을 잘 보는 것은 분명히 다르다. 이제 각각의 문제가 어떤 평가 원리에 맞추어 출제되는지를 확인해보자.

사실적 사고 1

흙속의 미생물에서 감기약 성분을 얻는다면 믿을 수 있을까?

놀랍게도 과학자들은 흙속의 미생물인 방선균에서 그 성분을 얻고 있다. 방선균은 실처럼 생긴 가지가 서로 연결된 형태를 띤 세균의 한 종류이다. 방선균은 흙, 식물, 동물의 몸, 하천, 바닷물 등에 사는데 그 중에서도 ① 흙속에 가장 많이 산다.

방선균은 우리 생활에 많은 도움을 준다. 먼저 ② 방선균은 식물이 사는 데 꼭 필요한 질소를 공급해 준다. 그래서 농사에 도움이 된다. 또한 방선균은 유기물을 분해하기 때문에 퇴비를 만드는 데에 쓰인다. ③ 화장실, 정화조 등의 악취를 없애고 가정의 하수 등을 정화하는 데에도 이용된다. 무엇보다도 방선균의 가장 큰 특징은 곰팡이나 병원균을 파괴하는 항생 물질을 만들어 내는 것이다.

④ 방선균이 만들어내는 항생 물질은 의약품을 만드는 데 널리 이용된다. 우리가 사용하는 의약품 중 약 70%가 방선균이 만들어 낸 항생 물질을 원료로 한다. 감기약이나 안약, 피부질환에 바르는 연고에서부터 암이나 결핵을 치료하는 약에 이르기까지 방선균의 쓰임은 다양하다.

과학자들은 계속해서 방선균 연구에 힘쓰고 있다. ⑤ 새로운 방선균의 발견과 그것의 활용방안에 대한 연구는 방선균의 활용가치를 높이는 데 기여할 것이다.

위 글의 내용과 일치하지 않는 것은 어느 것입니까?

– 2012 국가수준학업성취도평가, 초등학교 6학년 국어

① 방선균은 물 속에서 가장 많이 발견된다.
② 방선균은 식물이 살아가는 데 도움을 준다.
③ 방선균은 가정의 하수를 정화하는 데 활용된다.
④ 최근에 바다에 있는 방선균에 대한 연구가 이루어지고 있다.
⑤ 방선균이 만들어내는 항생물질은 의약품을 만드는 데 이용된다.

이 문제는 사실적 사고의 개념을 이해하고 있는지를 알아보는 전형적인 문제이다. 사실적 사고의 문제는 지문의 내용과 선택지의 내용이 얼마나 사실적으로 일치하는지를 묻고 있다. 이런 문제를 풀 때는 선택지의 내용이 참인지 거짓인지 지문에서 근거를 찾아서 판단해야 한다. 지문에서 근거를 찾을 때는 예시처럼 선택지에 해당하는 문장에 밑줄을 긋고 번호를 붙이면 비교가 쉬워서 정답을 찾기 쉽다. 실제 문제에는 밑줄과 번호가 없으며 설명을 위하여 임의로 그은 것이다.

사실의 일치를 판단하는 문제는 초등학교 시험뿐만 아니라 수능에서도 똑같이 나온다. 학생들이 이 문제를 틀리는 이유를 보자. 이해력이 부족해서라기보다는 문제를 푸는 형식적인 과정이 올바르지 않기 때문이다. 즉 참과 거짓을 판단할 때는 위에서처럼 근거를 찾아 일일이 비교하며 파악해야 한다.

그런데 중하위권 수험생 들은 근거를 찾아서 비교하는 과정이 귀찮고 힘들기 때문에 대충 전체적인 느낌 속에서 감으로 참과 거짓을 판단하려 한다. 생각하기를 싫어하는 중하위권 학생들의 대표적인 현상이다. 논리적으로 판단하는 일은 감성이 아니라 이성이며 느낌이 아니라 분석하며 생각하는 과정이다. 성적이 낮은 수험생들은 생각하는 것을 싫어하니 정밀한 사고를 하지 못한다. 문제 하나하나를 꼼꼼하게 분석하고 비교하는 것이 아니라 항상 전체적인 느낌 속에서 추측으로 문제를 풀어간다. 그러니 문제해결 능력이 향상될 수 없다.

사실적 사고의 훈련이 되어 있지 않은 수험생은 중·고등학생이든 대학생이든 이 문제를 틀릴 수밖에 없다. 거꾸로 초등학생이라 하더라도 근거를 찾아 참과 거짓을 판별하는 능력이 있다면 수능문제도 얼마든지 풀 수 있다. 초등학교 교과과정과 학력평가 문제를 보면서 다시 한 번 확인한 것은 '공부에 관한 모든 기초를 초등학교에서 거의 다 배운다'는 점이다.

일본이 우리나라를 강제로 점령한 후 첫 번째로 한 일은 애국지사들을 체포한 일이었다. ① 체포한 사람들을 감옥과 구치소, 경찰서의 유치장에다 가둘 수 없었기에 창고와 사무실까지 임시로 개조하여 벌집 같은 감방을 만들었다. ② 1911년 정월, 나는 황해도 일대의 민족주의자를 모두 잡아 가두고자하던 일제에 의해 체포되어 감옥에 수감되었다. 나는 우리나라를 빼앗기기 전 위태로운 나라를 구하기 위한 사업에 온 힘과 정성을 다하지 못한 죄를 지금에 와서 받게 된 것이라 생각했다. 그리고 이와 같은 어려운 때를 당하여 내가 지켜야 할 신조가 무엇인지 깊이 생각하였다.

나는 신문실로 끌려가 여덟 차례에 걸쳐 갖가지 신문을 당하였다. 왜놈들은 신체적 고문을 가혹하게 하는 것은 기본이었고, 반항할 경우 음식을 반으로 줄이거나 굶기기도 했다. 때로는 점잖게 대우하는 척하면서 회유하는 교묘한 방법을 쓰기도 했다. 나는 신체적인 고문은 얼마든지 견딜 수 있었다. 왜놈들이 제 뜻대로 되지 않아 발악하며 고문할 때에는 저절로 울분이 솟구쳐 저항하며 인내했다. 그렇지만 굶기거나 온화하게 우대하는 척하면서 그들 편으로 끌어들이려는 고문은 정말 참기 어려웠고, 그럴 때에는 오랑캐에게 잡혀 19년 동안이나 감옥에서 굶주리면서도 옷 솜털을 씹어 먹으면서까지 끝내 절의를 지켰다는 중국 한나라의 소무 이야기를 생각했다. 또한 허기진 몸으로 고문당하면서 "몸은 욕보일 수 있을지언정 내 정신은 뺏을 수 없다."라고 소리쳤던 전날의 기개를 생각하기도 했다.

그렇게 버티던 와중에 공판이 열렸고, ④ 나는 15년형을 선고 받고 서대문 감옥으로 옮겨졌다. ③ 서대문 감옥에 있는 동안 일본의 왕과 그의 처가 사망하면서 형량이 5년으로 줄었다. 그곳에서 그럭저럭 3년여를 지내고, 남은 기간은 불과 2년이었다. ④ 이때부터 나는 다시 세상에 나가 활동할 수 있을 것이라는 확실한 신념이 생겼다. 그리하여 세상에 나가면 무슨 일을 할까 밤낮으로 생각하였다. 왜놈들은 그런 나를 그들이 주인이 된 땅에서 골라 내버려야 할 큼지막한 돌이라고 여겨 '뭉우리돌'이라 불렀다. 나는 왜놈들이 나를 거추장스러운 뭉우리돌로 취급하는 것이 나를 두려워하는 것이라 생각했기에 오히려 기뻤다.

⑤ 그러나 감옥에서 왜놈들에게 갖은 학대와 모욕을 당한 애국지사 중에는 세상에 나가서 오히려 그들에게 순종하며 사는 자도 있었다. 그것은 뭉우리돌이 다시 세상이라는 바다에 던져지면서 단단히 굳어 있던 의지가 석회 같이 뿌옇게 흐려지는 것과 같다. 그렇기 때문에 나는 다시 세상에 나가는 데 대해 걱정이 들기도 했다. 만일 나 역시 희뿌연 석회질을 품은 뭉우리돌이라면 차라리 만기 이전에 깨끗한 정신을 품은 채로 죽는 편이 낫지 않을까하고도 생각 했다. 그리하여 나는 굳은 의지를 다지는 결심의 표시로 이름을 '구(九)'라 하고, 호를 '백범(白凡)'이라 고쳐 동지들에게 알렸다.

– 김구, 《백범일지》

위 글의 내용에 대한 이해로 적절하지 않은 것은?

– 2012 국가수준학업성취도평가, 중학교 3학년 국어

① 일제에 체포된 애국지사들은 한 곳에 수감될 수 없을 정도로 많았다.
② 글쓴이는 나라를 빼앗기고 나서 일제에 의해 체포되어 감옥에 갇혔다.
③ 감옥에서 글쓴이의 형량이 줄어들게 된 것은 모범적인 생활 덕분이었다.
④ 글쓴이는 서대문 감옥에 있는 동안 다시 세상에 나갈 수 있다는 확신을 얻었다.
⑤ 애국지사 중에는 감옥에서 나간 뒤에 변절하는 사람도 있었다.

똑같이 사실적 내용의 이해를 묻는 문제인데 역시 선택지의 내용이 참인지 거짓인지를 판단하는 근거는 오직 지문에서 찾아야만 한다. 밑줄 치고 번호를 붙인 것이 지문과 선택지의 근거를 찾아 표시한 것이다. 물론

시험장에서는 이런 과정을 꼼꼼하면서도 빠르게 해야 한다. 시간제한이 있는 시험에서는 정답을 찾는 능력 못지않게 빨리 찾아내는 능력도 중요하다. 정답을 찾는다 해도 하루 종일 걸린다면 시험에 무슨 의미가 있겠는가? 그래서 문제를 풀 때는 선택지에 해당하는 근거를 본문에서 빠르게 찾아 밑줄을 그어야 하며 평소에 이런 과정을 기계적으로 반복해야 한다. 그것이 논리와 비판적 사고력을 갖추는 연습과정이다.

내용 중 일본의 왕과 그의 처가 사망하여 형량이 5년으로 줄었다는 말이 있다. 그래서 3번이 정답이다. 여기서는 문제를 푸는 것에 초점을 맞추는 게 아니라 문제를 어떻게 풀어 가는지에 대한 형식적 접근을 잘 이해해야 한다. 문제해결의 방법론을 익히는 것이지 국어과목을 공부하는 것이 아니기 때문이다.

사실의 일치를 묻는 형식의 문제는 국어 과목뿐만 아니라 사회나 과학 등 다른 과목에서도 얼마든지 같은 유형으로 출제될 수 있다. 이때도 주어진 자료 속에서 근거를 꼼꼼히 찾아 비교하며 판별한다면 문제의 정답을 찾는 데 어려움이 없을 것이다. 고시의 경우 법조문 내용 중 조사하나만 다르게 해서 수험생을 혼동시키기도 한다.

이어폰으로 스테레오 음악을 ㉠ 들으면 두 귀에 약간 차이가 나는 소리가 들어와서 자기 앞에 공연장이 펼쳐진 것 같은 공간감을 느낄 수 있다. 이러한 효과는 어떤 원리가 적용되어 나타난 것일까?
① 사람의 귀는 주파수 분포를 감지하여 음원의 종류를 알아내지만, 음원의 위치를 알아낼 수 있는 직접적인 정보는 감지하지 못한다. 하지만 사람의 ② 청각 체계는 두 귀 사이 그리고 각 귀와 머리측면 사이의 상호작용에 의한 단서들을 이용하여

음원의 위치를 알아낼 수 있다. 음원의 위치는 소리가 오는 수평·수직 방향과 음원까지의 거리를 이용하여 지각하는데, ③ 그 정확도는 음원의 위치와 종류에 따라 다르며 개인차도 크다. 음원까지의 거리는 목소리 같은 익숙한 소리의 크기와 거리의 상관관계를 이용하여 추정한다.

음원이청자의 정면 정 중앙에 있다면 음원에서 두 귀까지의 거리가 같으므로 소리가 두 귀에 도착하는 시간 차이는 없다. 반면 음원이청자의 오른쪽으로 ⓛ 치우치면 소리는 오른쪽 귀에 먼저 도착하므로, 두 귀 사이에 도착하는 시간 차이가 생긴다. 이때 치우친 정도가 클수록 시간 차이도 커진다. 도착순서와 시간 차이는 음원의 수평방향을 ⓒ 알아내는 중요한 단서가 된다.

④ 음원이 청자의 오른쪽 귀높이에 있다면 머리 때문에 왼쪽 귀에는 소리가 작게 들린다. 이러한 현상을 '소리 그늘'이라고 하는데, 주로 고주파 대역에서 ② 일어난다. 고주파의 경우 소리가 진행하다가 머리에 막혀 왼쪽귀에 잘 도달하지 않는데 비해, 저주파의 경우 머리를 넘어 왼쪽까지 잘 도달하기 때문이다. 소리 그늘 효과는 주파수가 1,000Hz 이상인 고음에서는 잘 나타나지만, 그 이하의 저음에서는 거의 나타나지 않는다. 이 현상은 고주파 음원의 수평방향을 알아내는 데 특히 중요한 단서가 된다.

한편, 소리는 귓구멍에 도달하기 전에 머리 측면과 귓바퀴의 굴곡의 상호작용에 의해 여러 방향으로 반사되고, 반사된 소리들은 서로 간섭을 일으킨다. 같은 소리라도 소리가 귀에 도달하는 방향에 따라 상호작용의 효과가 달라지는데, 수평방향뿐만 아니라 수직방향의 차이도 영향을 준다. 이러한 ⑤ 상호작용에 의해 주파수 분포의 변형이 생기는데, 이는 간섭에 의해 어떤 주파수의 소리는 ⓜ 작아지고 어떤 주파수의 소리는 커지기 때문이다. 이 또한 음원의 방향을 알아낼 수 있는 중요한 단서가 된다.

위 글의 내용과 일치하지 않는 것은?
– 2012학년도 대학수학능력시험, 언어영역 (홀수형)

① 사람의 귀는 소리의 주파수 분포를 감지하는 감각기관이다.
② 청각체계는 여러 단서를 이용해서 음원의 위치를 지각한다.
③ 위치 감지의 정확도는 소리가 오는 방향에 관계없이 일정하다.
④ 소리 그늘 현상은 머리가 장애물로 작용하기 때문에 일어난다.
⑤ 반사된 소리의 간섭은 소리의 주파수 분포에 변화를 일으킨다.

이 문제는 소리의 전파에 관한 과학적 사실을 기술하고 있다. 이 문제는 교과서에서 배우는 내용이 아니다. 이렇게 교과서에서 다루지 않은 내용의 문제를 범교과형라 하며, 주로 사고력을 평가하기 위해 출제하는 대표적 유형이다.

주어진 지문을 읽고 문제를 푸는 시험에서 주의할 사항은 사실의 일치를 판단하는 기준은 언제나 지문에서 구해야 한다는 점이다. 따라서 선택지에서 나타난 진술이 참인지 거짓인지를 판단하기 위해서는 선택지의 기술이 지문에서 서술되고 있는지만 찾아서 비교하면 된다. 지문에서 밑줄 친 부분이 선택지의 근거가 되는 부분이다.

선택지의 내용 중 다른 모든 것은 지문의 내용과 일치하나 3번만 사실이 다르다. 지문에서는 "그 정확도는 음원의 위치와 종류에 따라 다르며 개인차도 크다"고 서술되었다.

최근 '힙합'이라는 음악 장르가 관심을 끌고 있다. 방송프로그램에 힙합 가수들이 출연해 다양한 끼와 랩 실력으로 ㉠ 주목을 받고 있고, 힙합 가수를 꿈꾸는 청소년들도 늘어나고 있다. 이렇게 힙합 음악이 대중화된 상황에서 힙합 가수들에게는어떠한 창작 태도가 필요할까? 힙합 음악의 중요한 창작 수단으로 인식되어온 '샘플링'을 중심으로 이를 알아보고자 한다. 1960년대 미국에서 힙합이 '거리음악'으로 막 시작되고 성장해 가던 시기의 샘플링은 단순히 원곡의 일부나 혹은 전체를 빌려 쓰는 것이었다. 당시에는 완전히 새로운 음악 창작 방법이었으며, 저작권에 대한 인식이 확고하지 않았던 때라 샘플링에 큰 제약도 없었다. 샘플링에 대한 이런 인식은 1990년대 초반까지 이어지며 확대되었다. 하지만 힙합 음악이 대중적으로 ㉡ 관심을 끌면서 샘플링에 대한 인식도 점차 발전적으로 변화하였다. 특히 1992년 미국에서 샘플링과 관련하여 제기된 저작권 소송이 변화의 중요한 계기가 되었다. 이후 힙합 음악에서 샘플링은 원곡에 대한 충분한 이해와 원작자에 대한 존경심을 바탕으로 그의 허락을 받아 자신만의 방식으로 재해석하는 예술기법으로 인식되고 있다.

이런 변화 속에서 우리나라에서도 1990년대에 힙합 음악이 본격적으로 발표되기 시작했고, 지금까지 많은 양적, 질적 © 성장을 이루어내고 있다. 그런데 우리나라의 일부 힙합 가수들은 여전히 샘플링을 쉽고 간단한 '복사하고 붙여넣기'방법 정도로 이해하고 있다. 이러한 베끼기 수준의 샘플링은 표절 문제를 피하기 어렵다. 원곡에 새로운 의미를 부여하거나 원곡의 가치를 더 높이려는 태도를 보이지 않는다면, 힙합 음악의 대중화 열풍을 가져왔던 샘플링이 오히려 힙합 발전의 ② 발목을 잡을 수도 있다.

현재 우리나라에서 힙합음악은 '거리음악'의 ⑩ 단계를 벗어났다. 대중매체 속 음악 프로그램의 음원 차트를 보면, 이제 힙합은 대중음악의 중요한 갈래 중 하나로 인정받고 있다. 이런 상황에서 힙합 가수들은 샘플링이 원곡에 대한 더 진지한 이해와 존경을 바탕으로 한 재창조라는 점을 더욱 분명하게 인식해야 할 것이다. 그리고 샘플링을 넘어서는 새로운 창작방법을 찾기 위한 노력도 해야 할 것이다.

㉠~㉤ 중 〈자료〉에서 설명하고 있는 표현방식이 쓰인 것은?

– 2016 국가수준학업성취도평가, 중학교 3학년 국어

〈자료〉 관용표현: 둘 이상의 낱말이 합쳐져서 원래의 뜻과는 다른 새로운 뜻으로 굳어져 쓰이는 표현.

⑩ 운동부 선수들은 계속된 연습으로 파김치가 되었다. ⇨ 파김치가 되다: 몹시 지쳐서 기운이 없다.

① ㉠   ② ㉡   ③ ㉢   ④ ㉣   ⑤ ㉤

지문에서 같은 표현양식이 포함된 내용을 찾아서 고르면 된다. 둘 이상의 낱말이 합쳐져서 원래의 뜻과 다른 새로운 뜻으로 굳어져 쓰이는

관용표현을 찾아보면 된다. 예문에는 파와 김치가 합쳐져서 전혀 다른 뜻으로 의미가 쓰였다. 지문을 하나씩 살펴보면 둘 이상의 낱말이 합쳐진 단어는 '발목'을 포함한 ㄹ임을 알 수 있다.

2012년 문제에서는 지문과 선택지의 내용이 사실적으로 같은 것을 고르는 문제였지만, 2016년도 문제에서는 지문과 선택지 간 내용의 일치를 묻는 것이 아니라 표현방식의 일치를 묻고 있다. 사실의 일치에서도 내용의 일치, 표현방식의 일치와 같이 다양한 방식으로 문제를 출제할 수 있음을 보여준다.

지레는 받침과 지렛대를 이용하여 물체를 쉽게 움직일 수 있는 도구이다. 지레에서 힘을 주는 곳을 힘점, 지렛대를 받치는 곳을 받침점, 물체에 힘이 작용하는 곳을 작용점이라 한다.

받침점에서 힘점까지의 거리가 받침점에서 작용점까지의 거리에 비해 멀수록 힘점에 작은 힘을 주어 작용점에서 물체에 큰 힘을 가할 수 있다. 이러한 지레의 원리에는 돌림힘의 개념이 숨어 있다.

① 물체의 회전 상태에 변화를 일으키는 힘의 효과를 돌림힘이라고 한다. 물체에 회전운동을 일으키거나 물체의 회전속도를 변화시키려면 물체에 힘을 가해야 한다. 같은 힘이라도 회전축으로부터 얼마나 멀리 떨어진 곳에 가해주느냐에 따라 회전상태의 변화 양상이 달라진다. 물체에 속한 점 X와 회전축을 최단거리로 잇는 직선과 직각을 이루는 동시에 회전축과 직각을 이루도록 힘을 X에 가한다고 하자. 이때 물체에 작용하는 돌림힘의 크기는 회전축에서 X까지의 거리와 가해준 힘의 크기의 곱으로 표현되고 그 단위는 $N \cdot m$(뉴턴미터)이다.

동일한 물체에 작용하는 두 돌림힘의 합을 알짜돌림힘이라 한다. 두돌림힘의 방향이 같으면 알짜돌림힘의 크기는 두 돌림힘의 크기의 합이 되고 그 방향은 두 돌림힘의 방향과 같다.

두 돌림힘의 방향이 서로 반대이면 알짜 돌림힘의 크기는 두 돌림힘의 크기의 차가 되고 그 방향은 더 큰 돌림힘의 방향과 같다. ④② 지레의 힘점에 힘을 주지만 물체가 지레의 회전을 방해하는 힘을 작용점에 주어 지레가 움직이지 않는 상황처럼, 두 돌림힘의 크기가 같고 방향이 반대이면 알짜돌림힘은 0이 되고 이때를 돌림힘의 평형이라고 한다.

회전 속도의 변화는 물체에 알짜 돌림힘이 일을 해주었을 때에만 일어난다. 돌고 있는 팽이에 마찰력이 일으키는 돌림힘을 포함하여 어떤 돌림힘도 작용하지 않으면 팽이는 영원히 돈다. 일정한 형태의 물체에 일정한 크기와 방향의 알짜돌림힘을 가하여 물체를 회전시키면, 알짜돌림힘이 한일은 알짜돌림힘의 크기와 회전각도의 곱이고 그 단위는 J(줄)이다.

(중략)

알짜돌림힘이 물체를 돌리려는 방향과 물체의 회전 방향이 일치하면 알짜돌림힘이 양(+)의 일을 하고 그 방향이 서로 반대이면 음(-)의 일을 한다. 어떤 물체에 알짜돌림힘이 양의 일을 하면 그만큼 물체의 회전운동 에너지는 증가하고 음의 일을 하면 그만큼 회전운동 에너지는 감소한다. ⑤ 형태가 일정한 물체의 회전운동 에너지는 회전속도의 제곱에 정비례한다. ③ 그러므로 형태가 일정한 물체에 알짜돌림힘이 양의 일을 하면 회전속도가 증가하고, 음의 일을 하면 회전속도가 감소한다.

윗 글의 내용과 일치 하지 않는 것은?

– 2016학년도 대학수학능력시험 국어A형 (홀수형)

① 물체에 힘이 가해지지 않으면 돌림힘은 작용하지 않는다.
② 물체에 가해진 알짜돌림힘이 0이 아니면 물체의 회전 상태가 변화한다.
③ 회전속도가 감소하고 있는, 형태가 일정한 물체에는 돌림힘이 작용 한다.
④ 힘점에 힘을 받는 지렛대가 움직이지 않으면 돌림힘의 평형이 이루어져 있다.
⑤ 형태가 일정한 물체의 회전속도가 2배가 되면 회전운동에너지는 2배가 된다.

선택지의 내용과 지문의 내용을 비교하여 사실의 일치를 찾는 문제다. 선택지 5번을 보면 회전속도의 제곱에 정비례한다고 했기에 2배가 아니라 4배가 되어야 한다. 즉, 지문의 내용과 선택지의 내용이 일치하지 않음을 알 수 있다.

지금까지 사실의 내용을 파악하는 문제를 초등학교, 중학교, 고등학교 별로 살펴보았다. 문제를 보면 출제자가 일관된 평가원칙에 의하여 문제를 출제했음이 보인다. 또 문제를 통해 수험생의 어떤 능력을 보고 싶어 하는지도 알 수 있다. 그래서 기출문제를 분석하면 시험공부의 방향을 정할 수 있으며 그에 맞게 올바른 시험공부를 할 수 있는 것이다.

다음 글에서 알 수 있는 것은?

– 2016 국가공무원5급 공채·외교관후보자 선발 및 지역인재 7급 선발시험

김치는 넓은 의미에서 소금, 초, 장 등에 절인 채소를 말한다. 김치의 어원인 딤채(沈菜)도 담근 채소라는 뜻이다. 그러므로 깍두기, 오이지, 오이소박이, 단무지는 물론 짱아찌까지도 김치류에 속한다고 볼 수 있다. 우리나라의 김치는 '지'라고 불렸다. 그래서 짠지, 싱건지, 오이지 등의 김치에는 지금도 '지'가 붙는다. 초기의 김치는 단무지나 장아찌에 가까웠을 것이다.
⑤ 처음에는 서양의 피클이나 일본의 쯔께모노와 비슷했던 김치가 이들과 전혀 다른 음식이 된 것은 젓갈과 고춧가루를 쓰기 시작하면서부터이다. 하지만 이때에도 김치의 주재료는 무나 오이였다. ③ 우리가 지금 흔히 먹는 배추김치는 18세기 말 중국으로부터 크고 맛이 좋은 배추 품종을 들여온 뒤로 사람

들이 널리 담그기 시작하였고, 20세기 들어와서야 무김치를 능가하게 되었다.

김치와 관련하여 우리나라 향신료의 대명사로 쓰이는 고추는 생각만큼 오랜 역사를 갖고 있지 못하다. 중미 멕시코가 원산지인 고추는 '남만초'나 '왜겨자'라는 이름으로 16세기 말 조선에 전래되어 ① 17세기부터 서서히 보급되다가 17세기 말부터 가루로 만들어 비로소 김치에 쓰이게 되었다. ④ 조선 전기까지 주요 향신료는 후추, 천초 등이었고, 이 가운데 후추는 값이 비싸 쉽게 얻을 수 없었다. 19세기 무렵에 와서 고추는 향신료로서 압도적인 우위를 차지하게 되었다. 그 결과 후추는 더 이상 고가품이 아니게 되었으며, '산초'라고도 불리는 천초의 경우 지금에 와서는 간혹 추어탕에나 쓰일 정도가 되었다.

우리나라의 고추는 다른 나라의 고추 품종과 달리 매운 맛에 비해 단 맛 성분이 많고, 색소는 강렬하면서 비타민C 함유량이 매우 많다. 더구나 ② 고추는 소금이나 젓갈과 어우러져 몸에 좋은 효소를 만들어 낸다. 또 몸의 지방 성분을 산화시켜 열이 나게 함으로써 겨울의 추위를 이기게 하는 기능이 있다. 고추가 김장김치에 사용되기 시작한 것도 이 때문이라고 한다.

① 17세기에 와서야 고추를 사용한 김치가 출현하였다.

② 고추가 소금, 젓갈과 어우러져 만들어 내는 효소는 우리 몸에 열이 나게 한다.

③ 고추를 넣은 배추김치를 먹게 된 것은 중국 및 멕시코와의 농산물 교역 덕분이었다.

④ 16세기 이전에는 김치를 담글 때 고추 대신 후추, 천초와 같은 향신료를 사용하였다.

⑤ 젓갈과 고추가 쓰이기 전에는 김치의 제조과정이 서양의 피클이나 일본의 쯔께모노의 그것과 같았다.

2016년 PSAT 시험과목 중 언어논리 시험문제이다. 앞에서 풀어본 형식과 똑같이 선택지에 해당하는 지문에 밑줄을 긋고 하나씩 사실관계를 확인해보자.

선택지 1의 내용은 본문 밑줄 그은 내용에서 찾아볼 수 있기에 참으로 선택할 수 있다. 선택지 2의 내용을 본문에서 살펴보면 "효소를 만들어 낸다"고 했지 "효소가 몸에 열을 낸다"고 하지는 않았다. 뒷 문장에 "고추가 몸의 지방성분을 산화시켜 열이 나게 한다"는 말이 나온다. '열이 난다'는 동사의 주어는 효소가 아니라 고추임을 알아야 한다. 문장의 호응이 잘못되어 해석의 오류가 생겼다.

선택지 3의 내용을 본문에서 찾아보면 18세기 말 중국으로부터 배추 품종을 들여왔다고 했지 중국이나 멕시코와의 농산물 교역에 대해서는 나와 있지 않다. 이렇게 사실의 일치에서는 항상 지문에 나와 있는 내용에서만 근거를 찾아야지 지문을 벗어난 지식에서 근거를 찾으면 지나친 비약의 오류가 생긴다.

선택지 4의 내용을 본문에서 찾아보면 향신료의 종류에 대해서만 이야기 했지 후추나 천초를 가지고 김치를 담근다는 말을 찾아볼 수 없다. 사실의 비교에서는 철저하게 지문의 내용에 근거해야지 근거를 넘어선 비약을 해서는 안 된다. 그래서 논리를 다루는 문제에서는 주제와 관련되어 너무 많은 지식을 알고 있어도 정답을 고르는 데 헷갈릴 수 있다. 다른 모든 문제에서는 문제와 관련된 많은 지식이 문제해결에 도움을 주지만 이처럼 논리성을 묻는 사고력 문제에서는 주제와 관련된 너무 많은 지식이 오히려 정답을 찾는 데 방해가 되고 있다. 이것이 논리적 사고의 아이러니다.

선택지 5의 내용을 본문에서 찾아보면 서양의 피클이나 일본의 쯔께모노와 비슷했다고 했지 같다고 하지는 않았다. 여기서는 서술어의 어휘

"비슷하다"를 "같았다"로 다르게 표현했다. 사실의 일치를 묻는 문제는 결국 동사나 형용사와 같은 서술어를 살짝 바꿔서 문제를 낼 수밖에 없기에 수험생은 기본적으로 유의어와 동의어를 구분할 수 있는 어휘력을 갖추어야 한다. 수험생이 '비슷하다'와 '같다'를 동의어로 이해하고 있는 한 선택지 5번이 왜 정답이 아닌지는 평생 이해하지 못하게 될 것이다. 그래서 수험생이 논리의 기본을 갖추지 못하면 틀린 답의 해설을 보고도 왜 정답이 아닌지 이해하지 못해 답답해하는 것이다.

사실적 사고 2 - 사실의 암기

지도는 지역 경제 협력체 A, B의 회원국을 나타낸 것이다. A, B에 대한 옳은 설명만을 〈보기〉에서 있는 대로 고른 것은?

– 2014학년도 대학수학능력시험, 세계지리

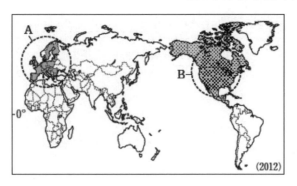

〈보기〉

ㄱ. B가 등장하면서 멕시코에 대한 외국 자본 투자가 급증했다.
ㄴ. A, B 모두 역외 공동 관세를 부과한다.
ㄷ. A는 B보다 총생산액의 규모가 크다.
ㄹ. B는 A보다 총무역액 중 역내 교역 비중이 크다.

① ㄱ, ㄴ   ② ㄱ, ㄷ   ③ ㄱ, ㄴ, ㄹ

④ ㄱ, ㄷ, ㄹ   ⑤ ㄴ, ㄷ, ㄹ

　　이 문제는 EU와 NAFTA에 관한 내용 중 사실의 일치를 묻는 문제다. 문제를 살펴보면 특별히 교과목에 관한 개념적 지식을 알아야만 풀수 있는 문제가 아니다. 보기를 읽고 보기의 내용이 교과서의 사실과 일치하는지 그렇지 않은지를 판단하여 정답을 선택하면 된다.

보기 ㄷ의 경우는 통계적 사실에 관한 내용으로, 학생들이 배우는 교과서에는 2009년 통계가 제시되었다.

ㄱ: 사실의 일치 (관세 철폐로 인해 임금노동이 저렴한 멕시코에 미국 자본의 투자가 이루어졌다)

ㄴ: 사실의 불일치 (EU는 역외 공동 관세를 부과하나, NAFTA는 그렇지 않다)

ㄷ: 사실의 일치 (㈜미래엔 교과서에 제시된 통계는 2009년 통계로, 교과서에는 EU의 총 생산량이 NAFTA의 총 생산량보다 많은 것으로 나와 있다)

ㄹ: 사실의 불일치 (역내교역비중은 EU가 NAFTA보다 높다)

이 문제는 앞에서 본 자료(지문)해석형 문제가 아니라 교과서에 서술된 사실적 내용을 기억해야만 풀 수 있는 문제다. 이렇게 교과서의 사실적 정보를 암기해야 풀 수 있는 문제에서는 선택지의 내용이 참인지 거짓인지를 판단하기 위해 문제와 관련된 내용이 교과서에서 어떻게 서술되었는지를 기억할 수 있어야 한다.

이런 경우처럼 문제를 풀기 위해 기억해야 하는 교과서의 내용을 숨겨진 근거나 숨겨진 전제라고 한다. 수험생들이 교과서를 꼼꼼히 이해하고 기억해야 하는 이유는 이렇게 교과서의 내용을 알아야만 문제를 해결할 수 있는 숨겨진 근거나 전제에 관한 문제가 있기 때문이다.

이 문제는 정답의 시비가 있었던 문제다. 교과서의 통계정보는 2009

년 통계가 나와 있는데 시험은 2012년으로 되어 있어 최신 통계를 알고 있는 수험생의 경우 오히려 정답을 맞히고도 손해를 본 문제다. 통계적 사실의 경우는 년도마다 내용이 달라지는데 실제 최근의 통계는 교과서의 사실과 달리 NAFTA의 총생산이 EU보다 높다.

출제오류에 관한 평가원의 해명은 특정 연도의 통계치를 묻는 것이 아니며, 통계의 경우 매년 변화되어 새로운 통계치를 알고 있는지를 물을 경우 학생들의 학습부담이 과도하게 되는 것을 방지하기 위함이라 한다. 문제의 출제 근거도 세계지리 교과서 2종(교학사, 천재교육)과 EBS 교재에 근거하여 출제한 것으로 해당 교과서에는 EU가 NAFTA보다 총생산액이 크다고 기술되어 있는 것을 근거로 들었다.

지도와 지형이 다르면 어떤 것이 잘못된 것일까? 분명히 지도가 잘못된 것이다. 시간이 지나면 지형은 바뀔 수 있다. 학문은 끊임없이 지도를 바꾸어 가는 과정이다. 실제 학문은 지형과 지도가 맞지 않으면 지형을 기준으로 해야 한다. 하지만 대입자격시험은 학문이 아니다. 출제자는 지도를 기준으로 시험을 출제하기 때문에 수험생 역시 지도를 따라야 한다.

하지만 같은 시험이라도 고시는 또 다르다. 교과서와 판례가 다르면 판례를 따르는 것이 일반적이다. 고시는 지도를 따르지 않고 지형을 따른다. 지도와 지형 중 어느 것을 따라야 하는 것도 시험의 특성에 따라 적용해야 하는 것이다.

개념의 이해와 적용

어떤 시험이든지 일반적인 시험의 형태는 크게 '사실적 내용을 묻는 문제'와 '개념의 이해와 적용을 묻는 문제'로 구분할 수 있다. 시험 문제는 다 까다롭고 어려운 것이라 생각하지만 수험생의 입장에서 진짜 까다로운 문제는 개념보다는 사실적 내용을 묻는 문제다. 개념을 묻는 문제의 경우는 대개 교과서의 주제별로 배우는 개념이 정해져 있어서 시험에 출제될 내용을 어느 정도 예측할 수 있다.

하지만 사실의 내용을 묻는 문제의 경우는 교과서 구석에 눈에 잘 띄지도 않고 중요하지도 않은 내용이 시험에 출제되기에 모든 내용을 암기해야 한다. 그래서 암기하기를 싫어하는 일부 수험생들은 기출문제를 분석해 작년에 나왔던 내용은 올해 다시 나오지 않을 것이라 예단하고 공부할 내용에서 삭제하기도 한다. 출제빈도수가 적은 단원도 아예 건너뛰며 공부한다.

이렇게 공부할 내용을 자의적으로 선택하면 확실히 공부할 양은 줄어든다. 그러나 이렇게 공부해서는 합격을 기대하기 어렵다. 대개는 이렇게 버려진 내용들이 시험에 나오기 때문이다. 수험생들은 시험에 실패하고 나서야 정신을 차리게 된다.

반대로 시험에서 만점을 맞는 수험생의 경우는 중요도를 구분해서 순차적으로 교과서 전체를 통으로 암기하고 시험을 본다. 시험에서 교과서의 암기가 중요한 이유는 사실을 묻는 문제의 경우 관련 내용을 암기하고 있으면 풀 수 있고 그렇지 않으면 틀리기 때문이다. 공무원 시험이 까다로운 경우가 바로 이런 부분이다.

예를 들어 보자. 어느 해인가 국사시험에서 '얄타회담이 열린 장소'가 시험 문제로 출제된 적이 있었다. 수험생이 회담의 의의나 내용이 중요하기에 장소를 지나치고 공부한 경우에는 참으로 충격적인 문제라 하겠다. 역사적 의의로 보더라도 회담의 내용이나 결과가 중요하지 그깟 장소가 뭐가 중요하단 말인가? 이러다가는 '회담을 마치고 만찬을 벌인 식당이름까지 시험에 출제할 기세'라며 시험출제자를 성토하기도 한다.

하지만 시험을 출제하는 사람의 애로사항을 감안하면 이런 황당한 문제도 이해가 된다. 시험의 합격 커트라인과 난이도를 조정하다보면 이렇게 황당한 시험 문제를 내서라도 틀리게 할 수밖에 없기 때문이다. 지금은 시험 문제의 수준도 많이 높아져서 이런 황당한 문제는 지양되고 있는 추세다.

시험문제의 꽃은 개념을 묻는 문제다. 개념을 묻는 문제는 정답의 시비도 없고 문제의 난이도나 수험생의 지적수준을 평가하는 가장 보편적인 문제이기 때문이다. 더욱이 공부의 핵심이 지식적 개념을 배우는 데 있기에 개념문제는 시대나 나라를 가리지 않는 평가의 핵심이다. 그래서 수능이나 고시 등 모든 시험에서 가장 중요하게 다루는 것이 개념을 묻는 문제다.

여기서는 문제의 형태를 살펴보는 데 의의가 있기에 일단 수능문제만 다루기로 한다. 고시의 경우 모든 과목의 사례를 일일이 보이는 것이 의미 없기에 각자 문제를 통해 확인하길 바란다.

문장에서의 역할이 〈자료〉의 밑줄 친 부분과 같은 것은 어느 것입니까?

- 2012 국가수준학업성취도평가, 초등학교 6학년 국어

〈자료〉 의궤는 국가의 행사를 글과 그림으로 기록한 자료이다.

① 의젓한   ② 나그네가   ③ 발걸음을   ④ 급히   ⑤ 돌렸다

　이 문제는 문장성분에 대한 개념을 얼마나 잘 이해하고 있는지를 묻고 있다. 문장성분이란 주어, 서술어, 목적어, 수식어와 같은 문법적 개념이다. 각각의 문장성분에 대한 개념을 잘 이해하고 있는 학생이면 어려움 없이 답을 고를 수 있을 것이다. 하지만 문장성분의 개념을 모르는 학생은 아무리 문제를 오랫동안 읽고 풀어도 정답을 고를 수 없다. 이 문제에서는 주어의 개념을 이해하고 있는지 묻고 있다. 2번 나그네가 주어임을 알면 정답을 찾는 데 어려움은 없을 것이다.

　과학과 더불어 개념을 공부하는 대표적인 학문 중 하나가 수학이다. 수학은 수, 양, 공간을 다루는 학문으로 그 각각에는 이와 관련한 무수한 개념이 존재한다. 수학의 경우 모든 문제는 문제와 관련된 개념을 알아야만 풀 수 있다. 수학문제는 개념과 연산으로 이루어져 있다고 해도 과언이 아니다. 수학을 못하는 학생들을 분석해보면 대개 연산이 약하거나 개념을 소홀히 한다. 다음 문제를 살펴 보자.

다음은 두 학생의 대화입니다. □ 안에 들어갈 수로 옳은 것은 어느 것입니까?

– 2012 국가수준학업성취도평가, 초등학교 6학년 수학 12번

네 생일은 언제야?

내 생일은 6월에 있어.

6월 며칠이야?

6의 배수이면서 72의 약수인 날이야.

그럼 생일이 여러 날이야?

그 중에서 가장 늦은 날이야.

아하! 네 생일은 6월 □일이구나!

응, 맞았어.

① 12 ② 18 ③ 24 ④ 27 ⑤ 30

배수 어떤 수의 곱이 되는 수. 어떤 정수의 몇 배가 되는 수. 정수 a를 0이 아닌 정수 b로 나눈 값이 정수일 때 a는 b의 배수이다. 9는 3의 배수이다.

약수 어떤 수나 식을 나누어 나머지가 없이 떨어지게 하는 수나 식을, 원래의 수나 식에 상대하여 이르는 말이다.

배수와 약수에 대한 개념을 알고 기본적인 연산을 하면 정답이 3번 24임을 알 수 있다.

㉠에 대한 설명으로 가장 적절한 것은?

– 2012 국가수준학업성취도평가, 중학교 3학년 사회

희망의 상징, 닉 부이치치와의 인터뷰

기자 : 학창 시절은 어떻게 보냈나요?

닉 부이치치 : 친구들과는 달리 팔다리가 없는 내 모습이 싫어 방황도 많이
했어요. 그때는 (㉠)이/가 혼란스러운 시기라 '나는 누구인가?',
'내가 할 수 있는 것은 무엇일까?'라는 고민을 많이 했죠.

기자 : 성인이 된 지금은 그 답을 찾았나요?

닉 부이치치 : 네, 지금은 (㉠)을/를 찾았어요! 내가 누구인지, 어떻게 살아야
할지 확신이 생겼지요. 그래서 사람들에게 용기를 주는 동기
부여 강사로 활동하고 있어요.

---

① 개인의 특성은 ㉠의 형성에 영향을 미치지 않는다.

② ㉠을 형성하는 데는 성인기가 가장 중요한 시기이다.

③ ㉠은 자신의 성격, 능력, 가치관 등에 대한 종합적 인식이다.

④ 다른 사람과의 상호 작용은 ㉠의 형성에 부정적 영향을 미치므로 바람직하지
않다.

⑤ 청소년기는 ㉠의 혼란이 끝나고 자신에 대한 명확한 이해와 신념이 확립되는
시기이다.

㉠은 문장의 맥락에서 살펴보았을 때 '자아정체성'에 대해 설명하고
있다. 중학교 교과서에는 '자아'와 '자아정체성'에 대한 개념이 구별되어

있다. 자아는 '남들과 구별되는 자신만의 독특한 모습'으로 표현되어 있고, 자아정체성은 '자신의 모습에 대해 갖고 있는 생각으로, 나는 누구인가?, 나는 어떻게 살아야 하나?와 같은 물음에 대한 주체적 인식'이라고 설명하고 있다. 특히 청소년기는 건전하고 바람직한 자아나 정체성을 확립하는 가장 중요한 시기임을 강조한다. 이 문제는 자아정체성에 대한 개념과 그와 관련한 청소년기의 특징을 알아야 풀 수 있다.

이어서 자연과학 문제를 살펴보자.

다음은 대폭발 우주론에 관한 글이다. (가)~(마)에 대한 설명으로 옳지 않은 것은?

– 2014학년도 대학수학능력시험, 물리12번

> (가) 대폭발 우주론에 의하면 과거 어느 시점에 에너지 밀도가 높은 상태에서 커다란 폭발이 일어나 우주가 생성되었고, 우주는 지금까지 계속 팽창하며 온도가 내려가고 있다. 우주 생성 초기에 (나) 쿼크들 사이에 글루온이 매개하는 (다) 힘이 작용하여 양성자와 (라) 중성자가 생성되었고, 이후 이들이 결합하여 헬륨 원자핵이 생성되었다. 우주의 온도가 약 3,000K정도로 내려갔을 때 전자와 원자핵이 (마) 전자기력에 의해 결합하여 원자가 생성되었다.

① 우주 배경복사는 (가)의 증거이다.   ② (나)의 전하량은 0이다.
③ (다)는 강한 상호 작용이다.   ④ (라)는 3개의 쿼크로 이루어져 있다.
⑤ (마)를 매개하는 입자는 광자이다.

자연과학이야말로 수학과 더불어 무엇보다 개념을 철저히 공부해야 하는 학문이다. 지문에 있는 내용 중 개념어를 조사하면 다음과 같다.

대폭발 우주론, 에너지, 밀도, 우주, 팽창, 온도, 쿼크(업 쿼크, 다운 쿼크), 글루온, 매개, 힘, 양성자, 중성자, 헬륨, 원자핵, 3,000K, 전자, 전자기력, 원자

선택지에는 이와는 별도로 '우주 배경 복사, 전하량, 입자, 광자' 등의 개념이 나온다. 문제 하나를 해결하기 위해 이해해야 하는 개념들이다. 개념의 이해는 교과서의 원리를 이해하기 위한 기본이지 개념만 안다고 문제를 해결할 수 있는 것은 아니다. 개념과 관련한 원리와 법칙도 함께 알아야 한다. 마찬가지로 문제 속에 포함된 개념을 모르면 문제가 무엇을 말하고 요구하는지도 모르게 된다.

문제는 대폭발 우주론에 관한 기본적인 원리이지만 물리에 대한 기본 개념이 부족하면 이해조차 할 수 없다. 이 문제는 개념과 원리의 이해와 적용에 관한 가장 기본적인 문제라 할 수 있다. 문제의 지문은 대폭발 우주론으로 복잡한 내용을 이루고 있으나 실제 문제는 쿼크의 개념과 속성을 알고 있는지를 묻고 있다. 쿼크의 개념과 속성만 알고 있어도 정답을 찾을 수 있는 문제다. 쿼크가 전하량을 갖는 속성을 안다면 정답이 2번임을 알 수 있다. 실제 이 문제의 정답률은 82%였다.

사고력 평가(추론적 사고)

다음 글을 읽고 물음에 답하시오. (가)에 들어갈 내용으로 알맞은 것은 어느 것입니까?

– 2012 국가수준학업성취도평가, 초등학교 6학년 국어

어니스트 베델은 영국의 기자였다. 그는 1904년 러일 전쟁을 취재하기 위해 우리나라에 왔다. 그 당시 우리 국민들은 일본의 침략으로 하루하루 어렵게 살고 있었다. 일본은 우리 국민들을 철저히 감시하였기 때문에 우리나라 사람들이 발행하는 신문에는 일본의 침략 행위에 대한 기사를 실을 수 없었다. 그래서 일본의 만행이 제대로 알려지지 않았다. 이러한 실상을 알게 된 베델은 기자로서 깊은 고민에 빠졌다. 당시 영국은 일본과 동맹국이어서 일본에 우호적인 기사를 써야 했기 때문에 그는 더욱 괴로웠다.

'아! 일본 때문에 한국인들이 고통을 받고 있구나. 일본이 한국을 위해 을사조약을 맺었다는 것은 사실이 아니야. 또 한국인들이 을사조약을 환영한다는 것도 거짓이었어. 그런데도 이런 사실을 감추고 거짓 기사를 쓸 수는 없어. 기자는 사실만을 써야 해. 이 진실을 세상 사람들에게 알릴 수 있는 방법이 없을까?'

(가)

베델은 자신이 만든 대한매일신보에 우리나라에 대한 일본의 침략행위를 사실대로 실었다. 을사조약 문서에 우리나라의 국새가 찍혀 있지 않다는 것과 일본이 우리나라의 문화재를 몰래 빼돌렸다는 사실을 기사로 썼다. 또 이완용의 행동을 비판하는 신문 사설을 처음으로 싣기도 하였다.

베델이 신문을 통해 일본의 침략 행위를 낱낱이 밝히자 일본은 베델을 압박하고 베델의 일을 방해하기 시작하였다. 일본은 영국 정부에 베델을 추방하는 데 협력해 줄 것을 요청하기도 하고, 그의 처벌을 요구하는 소송장을 내기도 하였다. 베델은 세 차례의 재판을 거치면서 건강이 악화되어 결국 서른일

곱의 나이에 우리나라에서 눈을 감았다.

"나는 죽되 대한매일신보는 길이 살아 한국 동포를 구하기를 원하노라."

마지막 순간까지도 언론인의 신념을 지키고자 했던 어니스트 베델. 언론인으로서의 참모습을 실현하고자 했던 그의 정신은 우리 마음속에 영원히 남아 있을 것이다.

① 베델은 러시아의 도움으로 기자가 되었다.
② 베델은 독립군을 지원하기 위해 모금 운동을 하였다.
③ 베델은 한국의 실상을 알리기 위해 신문사를 만들었다.
④ 베델은 세계의 젊은이들에게 진실을 알리기 위해 학교를 세웠다.
⑤ 베델은 일본의 처벌을 피하기 위해 자신이 태어난 영국으로 돌아갔다.

지문을 읽고 앞의 사실을 전제로 뒤에 나올 문장을 추론하는 문제다. 추론적 사고 능력을 묻는 문제이지만 문제해결의 바탕에는 사실에 대한 이해가 전제되어 있다. 내용상 3번이 정답이다. 이제 같은 추론 능력을 묻는 문제라도 중학교와 고등학교에서는 어떻게 출제되는지 살펴보자.

(가) 얼음이 녹아 먹을 것이 사라져 배를 곯는 북극곰. 사막화와 가뭄으로 검게 타들어 가고 있는 아프리카의 뜨거운 땅. 인간이 지구의 주인을 자처하며 생활의 편리함을 위해 에너지를 마구 사용한 결과가 비극적인 부메랑이 되어 돌아왔다. 기후변화 여파는 더 이상 텔레비전 속 먼 나라 이야기가 아니다. 100년 만에 찾아온 2011년 9월 중순의 폭염은 우리에게 초유의 정전사태를 안겨 주지 않았던가.

이러한 사태의 원인은 에너지 과잉소비에 있다. 사람들은 여전히 전기를 비용만 지불하면 마음껏 써도 된다고 생각하며 낭비하고 있다. 에너지 절약을 위한 다각적인 실천은 지구 환경보호를 위해서만이 아니라 국가 경제를 위해서도 중요하다. 사용하지 않는 플러그 뽑기, 대중교통 이용하기, 일회용품 적게 쓰기 등과 같은 개인적인 실천과 더불어 국가적 차원에서의 구체적이고 실효성 있는 에너지 절약 대책마련이 시급하다.

(나)

내 복 약

겨울철 내복을 입고 실내 온도를 1°C만 낮춰도
약 4000억 원의 난방 에너지를 절감할 수 있습니다.

우리 지구 해열제, 내복약을 처방해 보세요.

kobaco
한국방송광고공사 | 공익광고협의회

(가)와 (나)의 공통된 중심 내용은?

– 2012 국가수준학업성취도평가, 중학교 3학년 국어

① 지구 온난화의 원인　　　② 에너지 절약의 필요성
③ 에너지 수입의 문제점　　④ 온실 가스 배출의 심각성
⑤ 대체 에너지 개발의 중요성

　　고대로부터 추론 능력은 매우 특별한 사람들, 즉 철학자들의 비범한 능력으로 생각되었다. 서로 유사한 사물로부터 차이점을 찾거나 서로

다른 사물들에서 공통점을 찾아내는 능력은 확실히 모든 인간이 발휘하는 능력이 아니다. 이런 능력은 뛰어난 관찰력뿐만 아니라 사물을 다양하게 바라보는 관점으로부터 나온다.

누구나 목욕탕에서 목욕을 하지만 아르키메데스처럼 "유레카"를 외치진 않는다. 누구나 가을에는 낙엽이 떨어지는 것을 보지만 뉴턴처럼 '중력'이나 '운동의 법칙'을 발견하진 않는다. 천재들만이 사물을 보는 특이한 관찰 능력과 관점을 갖고 있다.

어떤 것을 설명할 때도 비유를 들어 설명하면 훨씬 이해가 쉽다. 같은 내용을 이해하기 쉽게 바꾸어 설명하기 때문이다. 쇼펜하우어는 "비유를 통해 설명하는 능력은 타고나는 것이지 배워서 할 수 있는 일이 아니다"라고 말한다. 그래서 비유적 표현은 천재성을 나타내는 징표라고까지 얘기한다. 이처럼 두 개의 서로 다른 사물과 현상으로부터 공통점을 유추하는 능력은 인간의 비범성을 나타내는 정신현상이다.

문제에서는 공통적으로 주장하고 있는 내용이 에너지 절약임을 유추하여 찾을 수 있다. 학업성취도 평가문제에서는 비교적 간단한 문제를 다루고 있지만 이러한 능력이 자연현상과 우주로 확장될 경우 그것을 통해 얻는 결과는 인류역사에 커다란 영향을 주는 학문적 업적이 될 것이다. 하지만 똑같은 자연현상을 보고도 누구나 뉴턴이나 아인슈타인이 되지 못하는 게 유감이다.

비트겐슈타인이 1918년에 쓴 《논리철학논고》는 '빈학파'의 ② 논리 실증주의를 비롯하여 20세기 현대철학에 큰 영향을 주었다. 그는 많은 철학적 논란들이 언어를 애매하게 사용하여 발생한다고 보았기 때문에 ① 언어를 분석하고 비판하여 명료화하는 것을 철학의 과제로 삼았다.

그는 이 책에서 ② 언어가 세계에 대한 그림이라는 '그림 이론'을 주장한다. 이 이론을 세우는 데 그에게 영감을 주었던 것은, 교통사고를 다루는 재판에서 장난감 자동차와 인형 등을 이용한 ㉠ 모형을 통해 ㉡ 사건을 설명했다는 기사였다. 그런데 모형을 가지고 사건을 설명할 수 있는 이유는 무엇일까? 그것은 모형이 실제 자동차와 사람 등에 대응하기 때문이다. 그는 언어도 이와 같다고 보았다. 언어가 의미를 갖는 것은 언어가 세계와 대응하기 때문이다. 다시 말해 언어가 세계에 존재하는 것들을 가리키고 있기 때문이다. 언어는 명제들로 구성되어 있으며, 세계는 사태들로 구성되어 있다. 그리고 명제들과 사태들은 각각 서로 대응하고 있다. 이처럼 언어와 세계의 논리적 구조는 동일하며, 언어는 세계를 그림처럼 기술함으로써 의미를 가진다.

③ 그림 이론에서 명제에 대응하는 '사태'는 사실이 아니라 사실이 될 수 있는 논리적 가능성을 의미한다. 따라서 언어를 구성하는 명제들은 사실적 그림이 아니라 논리적 그림이다. 사태가 실제로 일어나서 사실이 되면 그것을 기술하는 명제는 참이 되지만, 사태가 실제로 일어나지 않는다면 그 명제는 거짓이 된다. 어떤 명제가 '의미 있는 명제'가 되기 위해서는 그 명제가 실재하는 대상이나 사태에 대해 언급해야 하며, 그것에 대해서는 참, 거짓을 따질 수 있다. ④ 만약 어떤 명제가 실재하지 않는 대상이나 사태가 아닌 것에 대해 언급하면 그것은 '의미 없는 명제'가 되며, 그것에 대해 참, 거짓을 따질 수 없다. 따라서 경험적 세계에 대해 언급하는 명제만이 의미 있는 것이 된다.

이러한 관점에서 비트겐슈타인은 ⑤ 기존의 철학자들이 다루었던 신, 영혼, 형이상학적 주체, 윤리적 가치 등과 관련된 논의가 의미 없는 말들에 불과하다고 보았다. 왜냐하면 그 말들이 가리키는 대상이 세계 속에 존재하지 않는, 즉 경험 가능하지 않은 대상이기 때문이다. 이와 같은 형이상학적 문제와 관련된 명제나 질문들은 의미가 없는 말들이다. 그러한 문제는 우리의 삶을 통해 끊임없이 드러나는 신비한 것들이지만 이에 대해 말로 답변하거나 설명할 수는 없다. 그래서 비트겐슈타인은 "말할 수 없는 것에 대해서는 침묵해야 한다."라고 말했다.

비트겐슈타인의 이론에 대한 이해로 적절하지 않은 것은?

– 2012학년도 대학수학능력시험, 언어영역

① 언어의 문제를 철학의 중요한 과제로 보았다.
② 그림 이론으로 논리 실증주의에 큰 영향을 주었다.
③ '사태'와 '사실'의 개념을 구별하였다.
④ 경험적 대상을 언급하는 명제는 참이라고 보았다.
⑤ 형이상학적 문제를 다룬 기존 철학을 비판하였다.

이 문제는 선택지의 진술이 지문을 읽고 근거에 둔 올바른 추론인지를 묻는 문제이다. 추론이란 미리 주어진 어떤 생각이나 주제를 근거 삼아 새로운 판단, 또는 결론을 이끌어내는 것을 말한다. 주어진 진술에 대한 이해가 바탕이 되어야 추론이나 비판, 창의와 같은 한층 더 높은 사고력을 발휘할 수 있다. 사실의 일치에서도 범교과형문제가 주어진 지문 안에서만 사실의 근거를 두어야 하듯, 추론문제 역시 마찬가지다. 주어진 지문의 내용에서 선택지에 진술된 내용의 근거를 찾을 수 있어야 한다.

사실의 일치는 지문과 선택지의 어휘가 비교적 동일한 형태로 존재한다. 하지만 추론영역에서는 지문과 선택지의 어휘가 다르게 나온다. 사실의 일치가 A→A라면 추론은 A→A', B라 할 수 있다. 물론 A'나 B의 추론이 A로부터 얼마나 논리적으로 적합한지가 추론의 당위성을 판정한다.

선택지의 진술은 대부분 지문에서 그 근거를 찾을 수 있다. 지문 중 밑줄과 번호는 선택지의 근거를 찾아 표시한 것이다. 다만 4번의 경우 지문에서는 "경험적 세계에 대해 언급하는 명제만이 의미 있는 것이 된다"고 나와 있다. 여기서 비교해 볼 것은 의미 있다는 내용으로부터 참이라는 진술을 끌어올 수 있는지가 핵심이다. 의미가 있다는 것은 단지 참과 거짓을 구별할 자격을 의미하는 것이지 그 자체가 참이라고는 할 수 없다. 따라서 선택지에서 참이라고 결론을 끌어온 것은 지나친 비약, 또는 잘못된 추론이라 할 수 있다.

다음 글에서 추론할 수 있는 것만을 〈보기〉에서 모두 고르면?

– 2016 국가공무원5급 공채·외교관후보자 선발 및 지역인재7급 선발시험

예술과 도덕의 관계, 더 구체적으로는 예술작품의 미적 가치와 도덕적 가치의 관계는 동서양을 막론하고 사상사의 중요한 주제들 중 하나다. 그 관계에 대한 입장들로는 '극단적 도덕주의', '온건한 도덕주의', '자율성주의'가 있다. 이 입장들은 (ㄴ) 예술작품이 도덕적 가치판단의 대상이 될 수 있느냐는 물음에 각기 다른 대답을 한다.

(ㄴ) (ㄷ) 극단적 도덕주의 입장은 모든 예술작품을 도덕적 가치판단의 대상으로 본다. 이 입장은 도덕적 가치를 가장 우선적인 가치이자 가장 포괄적인 가치로 본다. 따라서 모든 예술작품은 도덕적 가치에 의해서 긍정적으로 또는 부정적으로 평가된다. 또한 도덕적 가치는 미적 가치를 비롯한 다른 가치들보다 우선한다. 이러한 입장을 대표하는 사람이 바로 톨스토이이다. 그는 인간의 형제애에 관한 정서를 전달함으로써 인류의 심정적 통합을 이루는 것이 예술의 핵심적 가치라고 보았다.

(ㄷ) 온건한 도덕주의는 오직 일부 예술작품만이 도덕적 판단의 대상이 된다고 보는 입장이다. 따라서 일부의 예술작품들에 대해서만 긍정적인 또는 부정적인 도덕적 가치판단이 가능하다고 본다. 이 입장에 따르면, 도덕적 판단의 대상이 되는 예술작품의 도덕적 가치와 미적 가치는 서로 독립적으로 성립하는 것이 아니다. 그것들은 서로 내적으로 연결되어 있기 때문에 어떤 예술작품의 도덕적 결함은 그 예술작품의 미적 결함이 된다.

자율성주의는 어떠한 예술작품도 도덕적 가치판단의 대상이 될 수 없다고 보는 입장이다. 이 입장에 따르면, 도덕적 가치와 미적 가치는 서로 자율성을 유지한다. 즉, 도덕적 가치와 미적 가치는 각각 독립적인 영역에서 구현되고 서로 다른 기준에 의해 평가된다는 것이다. (ㄱ) 결국 자율성주의는 예술작품에 대한 도덕적 가치판단을 범주착오에 해당하는 것으로 본다.

〈보기〉

ㄱ. 자율성주의는 극단적 도덕주의와 온건한 도덕주의가 모두 범주착오를 범하고 있다고 볼 것이다.

ㄴ. 극단적 도덕주의는 모든 도덕적 가치가 예술작품을 통해 구현된다고 보지만 자율성주의는 그렇지 않을 것이다.

ㄷ. 온건한 도덕주의에서 도덕적 판단의 대상이 되는 예술작품들은 모두 극단적 도덕주의에서도 도덕적 판단의 대상이 될 것이다.

---

① ㄱ   ② ㄴ   ③ ㄱ, ㄷ   ④ ㄴ, ㄷ   ⑤ ㄱ, ㄴ, ㄷ

추론의 참과 거짓의 판단은 모두 주어진 전제를 근거로 해야 한다. 따라서 'ㄱ, ㄴ, ㄷ'의 진술이 참인지 거짓인지를 알려면 진술의 근거를 살펴봐야 한다. 지문에서 밑줄 친 내용이 각각의 진술의 근거가 된다. 하나씩 살펴보자.

ㄱ의 경우 자율성주의는 예술작품에 대한 도덕적 가치판단을 범주착오에 해당하는 것으로 본다고 지문에 나와 있다. 극단적 도덕주의는 예술작품의 전부를, 온건적 도덕주의는 예술작품의 일부를 도덕적으로 판단하기에 범주착오를 범하고 있다는 말은 틀린 진술이 아니다.

ㄴ의 경우, 지문을 살펴보면 예술작품이 판단의 대상이 되는 것이지 도덕적 가치가 예술을 통해 구현된다는 말이 없다. 따라서 ㄴ은 잘못된 결론이라 할 수 있다. 그래서 참이 아닌 진술이 된다.

ㄷ의 경우는 대(大)는 소(小)를 포함한다는 논리의 원칙에 따라 참이 됨을 알 수 있다.

복합개념 문제

직사각형 $A_1B_1C_1D_1$에서 $\overline{A_1B_1}=1$, $\overline{A_1D_1}=2$이다. 그림과 같이 선분 A_1D_1과 선분 B_1C_1의 중점을 각각 M_1, N_1이라 하자.

중심이 N_1, 반지름의 길이가 $\overline{B_1N_1}$이고 중심각의 크기가 $\frac{\pi}{2}$인 부채꼴 $N_1M_1B_1$을 그리고, 중심이 D_1, 반지름의 길이가 C_1D_1이고 중심각의 크기가 $\frac{\pi}{2}$인 부채꼴 $D_1M_1C_1$을 그린다.

부채꼴 $N_1M_1B_1$의 호 M_1B_1과 선분 M_1B_1로 둘러싸인 부분과 부채꼴 $D_1M_1C_1$의 호 M_1C_1과 선분 M_1C_1로 둘러싸인 부분인 ⌒⌒모양에 색칠하여 얻은 그림을 R_1이라 하자 문제그림 R_1에 선분 M_1B_1 위의 점 A_2, 호 M_1C_1위의 점 D_2와 변 B_1C_1 위의 두 점 B_2, C_2를 꼭짓점으로 하고 $\overline{A_2B_2} : \overline{A_2D_2} = 1 : 2$인 직사각형 $A_2B_2C_2D_2$를 그리고, 직사각형 $A_2B_2C_2D_2$에서 그림 R_1을 얻는 것과 같은 방법으로 만들어지는 ⌢ 모양에 색칠하여 얻은 그림을 R_2라 하자.

이와 같은 과정을 계속하여 n번째 얻은 그림 R_n에 색칠되어 있는 부분의 넓이를 S_n이라 할 때, $\lim\limits_{n \to \infty} S_n$의 값은?

— 2014학년도 대학수학능력시험, 수학A형

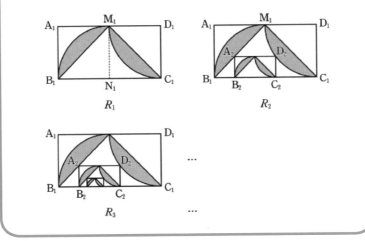

이 문제는 무한수열의 극한 값을 구하는 것인데 수능 수학시험에서 거의 매년 빠지지 않고 출제하는 '복합개념'에 관한 문제다. 이 문제를 풀기 위해서는 원의 성질과 삼각형의 성질, 닮은비의 성질과 관련한 도형의 개념을 함께 알아야 한다. 하나의 문제를 해결하기 위하여 여러 개념이 복합적으로 관련되어 있는 문제다. 이렇게 주제와 관련 있는 단일개념의 이해와 적용을 묻는 문제, 더 나아가 여러 개념이 복합적으로 어울려 있는 문제를 출제할 수도 있다. 물론 문제해결을 위해서는 문제와 관련된 모든 개념을 잘 알고 있어야 그에 맞는 다양한 문제해결 방식을 찾아볼 수 있다.

한국교육과정평가원은 매년 수능출제와 관련해 자료집을 배포하고 있다. 앞에서도 살펴본 대학수학능력시험 학습방법 안내서다. 평가원의 자료집을 보면 대학수학능력시험은 기본개념의 이해와 더불어 모든 과목에서 사실적, 추론적, 비판적, 창의적 사고력을 측정하는 시험임을 나타내고 있다. 한마디로 수능은 개념과 사고력을 측정하는 시험임을 알 수 있다.

국가공무원을 선발하는 PSAT도 사고력을 평가하는 시험이다. PSAT뿐만 아니라 고시와 같은 공개경쟁시험에서도 과거 수능을 잘 준비했던 수험생들이 고시나 공시에서도 좋은 성적을 내고 있음을 볼 수 있다. 그래서 성인 수험생일지라도 기초가 부족하면 기본개념과 사고력을 향상시키는 공부를 해야 한다. 이러한 이유로 이 책에서도 개념과 사고력을 계속 강조하고 있는 것이다.

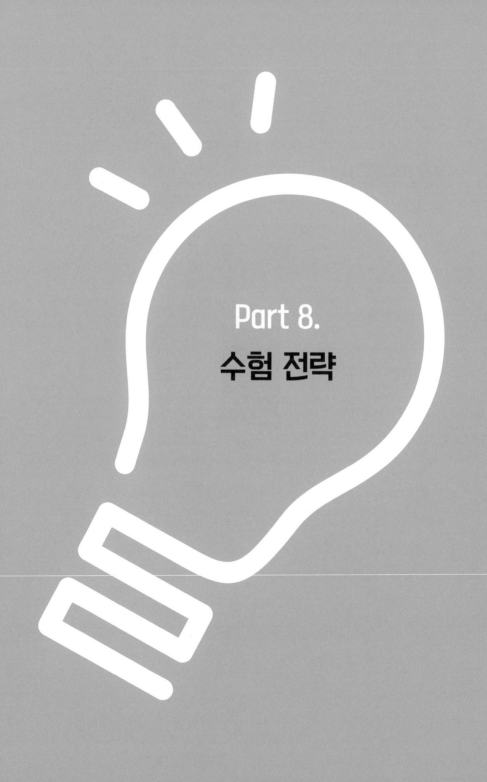

Part 8.
수험 전략

1. 독서법은
공부의 시작과 끝

데카르트의 천재 독서법, 통독에서 체독까지

독서법이란 책을 읽는 방법을 말한다. 수험생들이 독서법을 익혀야
하는 이유는 책을 읽는 방법이 내용을 이해하는 데 영향을 주기 때문이
다. 올바른 독서법이 어떠해야 하는지를 다루기 전에 먼저 과거 학습자
들은 책을 어떻게 읽고 공부했는지 17세기 천재 데카르트를 통해 알아
보자. 우리가 옛사람들의 공부 방법을 살펴보는 건 학문의 천재들이 어
떻게 공부했는지 알 수 있는 유일한 단서이기 때문이다.

데카르트는 당대에 존재했던 모든 수학 문제를 풀었던 인물이며, 당
대에 존재했던 책 중에서 읽고 이해하지 못한 책이 없던 인물이었다. 근

대를 논의할 때 그를 빼놓고 이야기하기 힘들 정도로 철학과 수학 분야에 많은 업적을 남겼다. 데카르트는 《철학의 원리》라는 책에 그가 어떻게 책을 읽고 공부했는지에 대한 자신만의 공부 방법을 아주 짧은 글로 남겼다. 그가 남긴 글을 통해 천재들은 어떻게 책을 읽고 공부했는지 알아보자.

---

1. 처음 책을 읽을 때는 소설과 같이 처음부터 끝까지 쉬지 않고 읽는다.
2. 두 번째 책을 읽을 때는 정독을 하며 어려운 내용은 밑줄 치면서 읽는다.
3. 세 번째 책을 읽을 때면 어려운 내용을 스스로 이해하게 될 것이다.
4. 그 후에도 남게 되는 어려운 부분은 반복된 정독으로 해결될 것이다.

— 데카르트 《철학의 원리》

데카르트의 독서법 제1원칙

통독하라

데카르트는 책을 처음 읽을 때 끝까지 다 읽어야 한다고 했다. 처음에는 이해가 완벽하지 않더라도 읽기 시작한 책은 끝까지 다 읽어야 한다. 우리는 이러한 과정을 '통독이나 완독'이라고 말한다. 지식을 담고 있는 대부분의 책은 주제별로 여러 장으로 나누어 쓰이는데 각 장들은 따로 독립된 것이 아니라 상호 관련성을 갖는다.

그러다보니 어떤 책이 10장으로 이루어졌다고 하면, 처음부터 차례로 1장, 2장, 3장을 읽어나갈 때 이해가 안 되는 내용도 생기기 마련이다. 그러한 과정을 꾹 참고 8장이나 9장 정도를 읽어 나갈 때면 자기도 모르게 앞에서 이해가 안 되었던 3장의 내용이 이해가 된다. 이는 지식의 특성이 서로 다른 개념과 논리로 엮여 상호 관련을 맺고 있기 때문이다. 바로 이러한 이유 때문에 이해가 안 된다고 중간에 읽는 것을 멈추지 말아야 한다.

공부는 세부적인 내용의 파악도 중요하지만 과목 전체에 대한 체계를 파악하는 일 역시 중요하다. 그러면 그 과목에 대한 거시적인 안목이 생기고 전체적인 구성을 훨씬 더 잘 파악할 수 있다. 처음에는 세부적인 내용을 다 모르더라도 전체 목차를 잘 파악하고 있으면 교과서의 체계를 잡아서 공부하기가 쉽다. 그래서 독서를 할 때는 중간에 멈추지 말고 끝까지 읽어야 한다.

수험생들이 데카르트의 독서법 제1원칙을 얼마나 잘 지켜 공부하는지 살펴보자. 어떤 과목이든지 처음부터 끝까지 책을 읽고 꾸준하게 공부하는 수험생은 적다. 중하위권 학생들의 특징은 책의 앞부분만 손때가 묻어 까맣다는 것이다. 교과서나 문제집 전체를 끝까지 읽어내는 힘이 부족하다. 항상 1장이나 2장 정도만 열심히 공부하고 뒤로 갈수록 교과서와 문제집이 깨끗하다. 고시의 경우에도 1,000쪽이 넘는 기본서를 한 번 보는 것조차 벅찬 수험생들이 많다.

이는 공부를 좀 한다고 하는 상위권에서도 종종 보이는 현상이다. 학습컨설팅 사례를 하나 소개한다. 언어나 수학은 1등급인데 영어에서는 2등급을 얻어 고민하는 학생이 있었다. 무언가 원하지 않는 결과가 나왔다는 것은 학습과정에 문제가 있음을 말한다. 이 학생의 학습과정을 살펴보니 유독 영어 과목에서 데카르트의 독서법 제1원칙을 위배하고 있었다.

이 학생의 문제점은 영어문법에 있었다. 부족한 영어실력을 보충하고자 영어를 공부하는 시간이 많았음에도 불구하고 문법책 한 권을 완벽하게 끝낸 것이 없었다. 문법을 완벽하게 끝내지 못한 이유를 찾아보니 학원을 옮기거나 학년이 바뀔 때마다 항상 새로운 문법책을 가지고 학원진도에 맞춰 공부했기 때문이다. 기초가 부족한 경우는 문법책 하나를 선정해서 끝까지 읽고 공부해야 한다. 하지만 이 학생은 그렇지 못하고 환경이 바뀔 때마다 새로운 책으로 부분부분 공부하고 있었다. 그러다보니 마치 수집하듯 모은 문법책만 6~7권이나 되었다.

영어의 문법은 중학교나 고등학교나 그 내용이 다르지 않다. 자기에게 잘 맞는 교재를 선정해서 공부한 후에 그 책을 거의 외우다시피 반복해서 학습하는 것이 훨씬 효율적이다. 그러나 이 학생은 부족한 영어 과목을 위해 지나치게 많은 수업을 받는 과정에서 한 권을 집중적으로 학습하지 못하고 이 책 저 책을 잠깐씩 학습했다. 문제점을 깨닫고 자기에게 잘 맞는 교재를 한 권 선정해서 집중적으로 공부한 결과 자연스럽게 성적이 최상위권으로 올라갔다.

이와 유사한 현상은 성인수험에서도 볼 수 있다. 고시생 중에는 욕심 때문에 기본서와 참고서적을 사 모은 경우도 있다. 지나친 욕심 때문에 기본서 한 권도 제대로 공부하지 못한 채 시험을 본다. 토플시험을 준비하는 경우에도 똑같다. 처음부터 토플교재를 여러 권 구입해서 공부하는 수험생도 있다. 이 경우 역시 한 권도 제대로 마치지 못하는 게 대부분이다.

처음 책을 읽을 때 소설을 읽듯 쉬지 말고 끝까지 읽는다는 데카르트의 독서법 제1원칙은 모든 학습자들이 공부할 때 가슴에 새겨야 할 금언(金言)이다.

데카르트의 독서법 제2원칙

정독하라

데카르트는 책을 읽고 공부할 때 처음에는 전체 내용의 체계를 익히고, 두 번째 읽을 때 정독에 들어갔다. 그러한 내용을 알 수 있는 구절이 "정독을 하며 어려운 내용은 밑줄 치면서 읽는다"는 말이다. 밑줄 치는 독서는 정독을 하지 않으면 할 수가 없다. 책을 천천히 읽으면서 그 내용과 뜻을 새기는 독서가 정독이다. 정독은 단지 속도의 문제가 아니다. 정독의 핵심은 올바른 내용의 파악에 있다. 단어 하나하나 한 구절 한 구절 읽으면서 철저하게 그 내용의 뜻을 파악하는 독서가 정독이다. 교과서를 읽을 때 이렇게 하지 않으면 내용을 올바로 파악할 수 없다. 무슨

뜻인지도 모르면서 막연하게 책을 읽어나가는 것은 올바른 수험독서가
아니다.

많은 수험생들이 정독을 하지 못한다. 정독이란 독서의 핵심과정이
다. 그러나 수험생들은 수험독서법을 체계적으로 배운 적이 없기에 자기
식대로 책을 읽고 공부를 한다. 앞에서도 지적했지만 대개는 동화책이나
만화책을 읽듯이 교과서를 읽고 수험공부를 한다.

정독의 첫 번째 과정은 단어의 올바른 개념 파악이다. 앞서 교과서에
쓰인 용어의 개념을 하나씩 찾아 뜻을 새기면서 공부하는 것을 개념학
습이라 했다. 교과서에 쓰인 개념을 모른 채 책을 읽는 것은 겨우 한글을
읽을 줄 아는 초등학생이 대학교 전공서적을 읽는 것과 다름없다.

우리는 책을 읽을 줄 알면 그 뜻을 이해할 것이라는 착각을 하고 있
다. 책을 읽는 것과 그 뜻을 이해하는 것은 다르다. 정독할 줄 모르면 교
과서를 이해할 수 없다. 책을 읽으면서 이해가 안 되면 책 읽는 것이 재
미 없고 고통스럽다. 이것이 계기가 되어 공부에 흥미를 잃어버리고 학
습부진에 이르게 된다. 이러한 이유 때문에 저학년 때부터 책을 읽는 올
바른 방법을 체계적으로 가르쳐야 한다.

데카르트는 왜 똑같은 책을 두 번씩이나 읽으면서 밑줄 긋는 정독을
강조했을까? 어쩌면 진정한 공부는 처음 통독이 끝난 상태에서 두
번째 책을 읽을 때부터 시작한다고 할 수 있다. 고시의 경우도 마찬
가지다. 1,000쪽이 넘는 기본서를 통독하고 난 후 비로소 본격적인 고시
공부가 시작된다고 할 수 있다. 어떤 책이든지 처음 책을 읽을 때는 맛을

보는 정도지 먹는다는 표현을 할 수가 없다. 지식을 자기 것으로 만들어서 소화시키는 단계는 바로 데카르트 독서법의 제2원칙에서 시작한다고 할 수 있다.

앞선 사례에서 학력고사 문과 수석을 했던 장승수 변호사가 개념학습을 철저히 하며 독서했던 것도 마찬가지다. 장승수 변호사 또한 데카르트의 제2법칙을 충실히 지키면서 공부했음을 알 수 있다.

개념과 핵심어에 밑줄을 그어라

데카르트 독서법 제2원칙의 내용은 정독과 밑줄로 요약할 수 있다. 책을 읽으면서 밑줄을 쳐야 하느냐 말아야 하느냐도 수험생들에겐 하나의 논쟁거리다. 어떤 학생들은 책이 깨끗해야 책을 볼 때 기분이 좋다고 말한다. 교과서에 밑줄 치는 일도 수험생의 취향으로 제각각 나타난다. 그러나 시험공부는 과학적 행위이지 취향이 아니다. 수험공부가 내용의 이해와 핵심을 파악하는 것이 목적이라면 밑줄을 치는 일은 취향이 아니라 필연적 행위다.

일반적으로 핵심을 나타내는 단어에 밑줄을 치기 마련이다. 또한 책에 밑줄을 친다는 것은 다음에 또 읽을 것을 전제로 한다. 소설이나 만화책의 경우는 아주 특별한 상황이 아니면 밑줄을 치면서 읽지 않는다. 왜냐하면 사전을 찾을 일도 없고 복습을 염두에 두지 않기 때문이다.

데카르트의 천재독서법을 이해하게 되면 새로운 지식을 공부하면서 밑줄 치지 않는 게 올바른 공부 방법이 아님을 알 수 있다. 교사들은 보통 수업시간에 밑줄 칠 내용과 단어를 학생들에게 알려준다. 하지만 그보다 더 중요한 것은 왜 그곳에 밑줄을 쳐야 하는지에 대한 이유다. 학생들에게 밑줄 친 내용을 보고 왜 여기에 밑줄을 쳤냐고 물어보면 "선생님이 밑줄을 치라고 해서 쳤다"고 말하는 경우도 있다. 밑줄 치는 것이 중요한 이유는 왜 여기에 밑줄을 쳐야 하는지 스스로 생각하는 과정이 공부의 핵심이기 때문이다.

데카르트의 독서법 제3원칙

같은 책을 세 번 이상 읽어라

데카르트의 독서법 제3원칙을 보면 제1원칙이나 제2원칙에 비해 조금은 싱거운 느낌을 받는다. 내용 자체도 "세 번째 읽으면 스스로 어려운 내용을 이해한다"는 다소 단순하면서도 추상적인 설명이다.

하지만 데카르트와 같은 천재가 의미도 없는 말을 책에 남기지는 않았을 것이다. 고고학자들이 이빨 화석 하나를 가지고 공룡의 모습을 그려나가듯이 우리도 이 내용에서 어떤 학습의 실체가 숨겨져 있는지 탐색해 보자.

데카르트의 제3원칙을 보면 데카르트는 "세 번째 읽을 때면"이라는 말을 남겼다. 이 말을 통해 우리는 무엇을 알 수 있을까? 나는 데카르트와 같은 천재도 공부할 때 같은 책을 세 번 이상 읽었다는 것에 충격을 받았다. 보통 천재는 한 번만 보면 모든 내용을 이해하고 기억하는 사람일 것 같다. 하지만 데카르트가 같은 책을 세 번이나 보는 것을 공식적으로 언급한 걸 보면 천재조차 반복을 통해 학문적 성취를 이룬다는 것을 알 수 있다. 불세출의 천재 뉴턴 또한 데카르트의 책을 늘 옆에 두고 반복적으로 읽고 공부했다고 한다. 천재라고 해서 단 한 번의 독서로 모든 것을 얻는 것이 아님을 알 수 있다.

체독하라

그렇다면 "어려운 내용을 스스로 이해하게 될 것이다"는 우리에게 어떤 교훈을 주는 말인지 생각해보자. 여기서는 '스스로 이해한다'는 말의 뜻을 우리가 잘 이해해야 한다. 제1원칙과 제2원칙의 핵심을 정리하면서 제3원칙과 비교해보자.

제1원칙	통독과 완독 — 학문의 체계와 특성 파악
제2원칙	정독과 밑줄 — 내용 이해 및 핵심 파악
제3원칙	체독과 정리 — 지식을 자기 것으로 만드는 과정

데카르트는 제2원칙에서 글의 내용을 이해하는 신중한 독서를 강조했다. 그런데 왜 세 번째 읽을 때 "스스로 깨닫게 된다"는 말을 또 남겼

을까? 글을 읽고 다른 사람의 지식을 이해하는 과정이 정독이다. 정독을 통해서 무엇이 중요하고 무엇이 논점이 되는지도 파악할 수 있다. 하지만 다른 사람의 지식을 머리로 이해한 것만으로 내가 그 사람과 같은 수준에서 문제를 해결하지는 못한다.

우리가 책을 통하든 강의를 통하든 다른 사람의 도움을 받아 지식을 이해한 경우 그 지식의 주인은 여전히 저자나 이해시킨 사람이다. 결국은 저자의 도움을 받아 이해된 것이지 내 스스로 깨달은 것이 아니다. 누군가의 설명으로 깨달은 지식과 스스로 깨달은 지식은 엄연히 그 질적인 수준에서 차이가 난다.

엄밀히 얘기하면 다른 사람의 도움을 받아 이해한 지식은 진짜로 이해했다고 볼 수 없다. 그러한 지식이 다시 나의 논리로 정리되어 내 머리 속에서 지식의 체계로 자리를 잡아야 비로소 새롭게 익힌 지식을 자유롭게 불러 사용할 수 있다. 독일의 철학자 쇼펜하우어도 스스로 깨달은 지식과 타인의 도움을 받아 이해한 지식이 어떻게 다른지를 다음과 같이 표현했다.

"타인에게서 배운 진리는 장애인의 생활을 돕는 의수, 의족, 틀니와 같다. 혹은 타인의 살점을 이용해 코를 세우거나, 이마의 주름을 펴는 성형수술에 불과하다. 그러나 스스로 사색을 통해 진리를 획득하는 것은 선천적으로 물려받은 수족으로 노동하는 것과 같다. 이것이야말로 진정한 철학이며 사상이다. 사상가와 단순한 학자의 차이가 여기에서 구별된다."

다른 사람의 지식을 이해하는 과정이 제2원칙의 정독이라면 그 이해한 지식을 나의 것으로 만드는 과정이 제3원칙인 세 번째 독서에서 이루어진다. 세 번째 독서야말로 새롭게 알거나 깨달은 지식을 자신의 세포 안에 새겨 넣는 중요한 과정이다. 이것을 체독(體讀)이라고 한다. 독서를 통해서 새롭게 배운 지식을 머리가 아닌 자신의 세포에 각인시키는 과정이 데카르트 독서법의 제3원칙이다.

우리는 데카르트와 같은 천재가 공부할 때 같은 책을 왜 세 번 이상 읽었는지 잘 이해해야 한다. 데카르트 독서법의 제3원칙도 수험에 비추어 살펴보자. 수험생 중에는 교과서를 여러 번 읽는 것 대신 강의를 많이 듣는 것으로 시험공부를 대신하는 경우도 있다. 스스로 궁리하여 이해하는 것 자체가 시간낭비라고 생각하는 수험생이다. 이들은 문제를 푸는 것도 문제풀이 강의를 많이 듣고 강사의 설명을 이해하는 것으로 공부한다. 시험공부의 대부분이 수업으로 채워진다.

강사의 설명을 듣는 과정은 데카르트의 독서법에 비추어 보면 제1원칙에 해당되지 스스로의 사색과 탐구가 필요한 제2, 제3의 원칙은 아니다. 문제풀이 강의와 같이 강사의 설명에 의지하여 공부하는 학습자의 단점은 강사의 이해를 마치 자신의 이해인 양 착각하는 것이다. 강사가 문제를 풀어줘서 이해된 지식은 강사의 이해이지 진정한 나의 이해가 아니다. 수업이 끝난 이후에 이해된 지식을 다시 나의 세포에 각인시키는 체득(體得)과 체독의 과정이 필요하다. 그러려면 문제를 풀고 난 후 문제에 포함된 개념과 원리를 다시 한 번 되새기는 과정이 요구된다. 이 과정이 제2원칙과 제3원칙에 관한 내용이다.

지식을 머리로만 이해한 것이 아니라 세포에 각인시켰다면 그 이해한 지식을 강사의 설명이나 저자의 설명이 아닌 자신의 말로 똑같이 설명할 수 있다. 비유나 용어를 바꾸어서 설명해도 똑같은 개념과 원리를 이해시킬 수 있다면 비로소 '진정으로 이해했다'고 하겠다. 이것이 데카르트의 독서법 제3원칙인 체독과 체득의 단계이다.

데카르트의 독서법 제4원칙

이해될 때까지 반복하라

시험에 합격하기 위해서는 수험서를 도대체 몇 번이나 반복해서 읽어야 할까? 회독수도 수험생들에게는 꽤나 궁금한 사항이다. 그래서 합격한 선배들에게 묻는 전형적인 질문이 "교과서나 문제집을 몇 회독하고 시험에 합격했는가"다. 물론 회독수라는 것은 학습자의 주관적인 능력과 학습방법에 따라 차이가 나는 요소라서 객관적으로 합격의 기준을 정하기는 어렵다.

몇 년 전 고시생을 위한 학습법 세미나를 연구소에서 열었을 때, 공무원 시험에 합격한 후 참석한 학생이 있었다. 그는 수석으로 합격한 친구 예를 들면서 100회독을 했다는 말을 했다. 물론 약간 과장된 표현일 수 있겠지만 이 친구의 말을 빌리면 수석으로 합격한 그 친구는 1년 동안

노량진 고시원 건물에서 한 번도 밖을 나간 적이 없던 독종이었단다. 고시원을 1년 동안 벗어난 적이 없는 독종이라면 100회독이 단순한 과장은 아닐 것이다. 어떤 사람이 100회독을 하고 수석을 했다고 해서 누구나 100회독을 해야 수석을 할 수 있다는 말은 아니다. 또 누구나 100회독을 할 수 있는 것도 아니다.

다른 합격생의 회독수에 대한 기준은 엄밀히 얘기하면 객관적인 기준이 될 수 없다. 데카르트는 정독을 반복하라고 했지 횟수는 언급하지 않았다. 오늘의 수험계를 살펴보면 많은 수험생들이 데카르트의 제4원칙에 위배되는 공부를 하고 있다. 극단적인 경우는 한 번도 책을 안 읽고 시험 보는 학생도 있고, 겨우 한 번 읽고 시험 보는 학생도 있다. 두 번 이상 정독하고 시험을 보는 학생의 수도 많지 않다. 시험공부를 하면서 세 번 이상 책을 읽으며 공부하는 수험생도 상위권에나 있지 중하위권에서는 쉽게 찾아 볼 수 없다. 또한 하위권의 수험생에게 같은 내용을 순서대로 체계 있게 읽으며 공부하는 것을 기대하기는 역시 어렵다.

회독수에 대한 답을 데카르트의 말에서 찾을 수 있지 않을까. 수험서의 회독수는 정해져 있는 것이 아니다. 자신이 이해할 수 있을 때까지 읽어야 한다. '통독·정독·체독'의 올바른 독서방법을 밟아나가다 보면 세 번에 끝낼 수도 있을 것이며, 그래도 이해가 안 되는 부분이 남아 있다면 데카르트의 조언처럼 반복해서 정독을 해야 한다.

우리가 공부할 때 무엇을 공부할 것인지 선택하는 것만큼 어떻게 공부할 것인지에 대한 선택도 중요하다. 지식을 다루고 익히는 학문탐구에서 가장 중요한 학습기술은 독서법이다. 그리고 우리는 운 좋게 한 천재의 공부과정에 대한 흔적을 얻을 수 있었고, 그러한 흔적을 통해 뜻과 의미를 맞추어 보았다.

사실 데카르트의 천재독서법은 전혀 새로운 것은 아니다. 어쩌면 이 책을 읽는 독자 중에 데카르트의 천재독서법을 이미 실천하고 있는 학습자도 있을 것이다. 독서법을 연구하면서 느낀 것은 데카르트의 독서법이 고시생들이 공부하는 방법과 유사하다는 것이다. 고시에 합격한 수험생들의 독서법이 데카르트의 독서법과 너무나도 닮아 깜짝 놀란 경우도 있었다. 이런 것들을 보면서 지식을 탐구하고 익히는 과정은 예나 지금이나 다르지 않다는 것을 새삼 느낀다.

마이다스 수험독서법

우리는 앞에서 고전적인 독서법인 데카르트의 천재독서법을 알아봤다. 데카르트는 독서법을 소개하면서 책을 읽는 큰 지침과 방향성을 제시했지만 책을 읽는 세부적인 절차나 방법을 구체적으로 설명하지는 않았다. 따라서 수험생들이 시험공부에 실제 적용할 수 있도록 책을 읽는 방법을 좀 더 체계화해서 '마이다스 수험독서법'을 완성했다. 수험독서법의 핵심은 첫째, '지식을 완벽하게 익히는 완전

학습'이며 둘째, '시험날짜가 다가올수록 공부할 양이 줄어야 한다' 는 것이다.

마이다스 수험독서법

제1원칙 교과서를 통독한다.

제2원칙 교과서를 정독한다. 개념학습과 개념 풀어쓰기를 활용한다. 문장을 이해하는 데 필요한 핵심어나 핵심문장을 찾아 밑줄을 긋는다.

제3원칙 교과서에 밑줄 친 내용을 다시 읽으며 전체의 뜻을 떠올린다.

제4원칙 밑줄 친 내용 중 다시 읽어야 할 내용을 더 줄인다.

제5원칙 밑줄 친 내용 중 최종적으로 읽어야 할 내용으로 한 번 더 줄인다.

수험생이 공부한 지식을 장기기억해야 하는 기간은 최소 1년 이상이다. 공부한 내용을 며칠, 혹은 몇 달간 기억하는 것은 가능하다. 하지만 1년 이상 장기기억해야 하는 일은 쉽지 않다. 수험생이 교과서나 문제집 일부가 아니라 전체를 1년 이상 장기기억하기 위해서는 학습 전략과 규율성이 필요하다.

마이다스 수험 독서법에서는 교과서나 문제집을 공부할 때 최소 다섯 번 이상 읽는 것을 원칙으로 한다. 그래야 공부한 내용을 1년 이상 장기기억할 수 있기 때문이다. 그래서 수험독서의 단계도 5단계로 나누었다. 같은 내용을 다섯 번이나 읽는 것을 낭비라고 생각할 수 있으나 교과서나 문제집 전체를 1년 이상 장기기억해야 한다는 목표를 생각하면 결코 많은 횟수가 아니다. 수험공부를 얼마만큼 해야 하는지에 대한 기준도 완전학습이 되어야지 회독수가 되어서는 안 된다. 교과서를 완벽하게 이해하고 기억할 수 있으면 굳이 다섯 번이 안 되어도 상관없다. 물론 다섯 번을 공부하고도 완벽하지 않다면 완벽할 때까지 반복해야 한다.

마이다스 수험독서법 제1원칙

> • 교과서를 통독한다.

수험공부의 기본은 수험서를 한 번이라도 다 읽는 것이다. 책을 처음부터 끝까지 다 읽는 일은 예나 지금이나 그 중요성이 다르지 않다. 통독이나 완독의 중요성은 앞에서 설명했기에 줄이기로 한다.

마이다스 수험독서법 제2원칙

> • 교과서를 정독한다.
> • 개념학습과 개념 풀어쓰기를 활용한다.
> • 문장을 이해하는 데 필요한 핵심어나 핵심문장을 찾아 밑줄을 긋는다.

본격적인 수험공부는 교과서를 한번 통독한 후에 이루어진다. 통독을 통해서 전체적인 개요를 파악했다면 그 다음에는 내용의 정확한 이해를 위해 정독과 밑줄 긋기를 한다. 정독의 핵심은 내용의 올바른 파악에 있다. 그러기 위해서는 개념학습과 개념 풀어쓰기를 해야 한다.

정독을 할 때 모르는 개념어나 핵심어가 나오면 밑줄을 그으며 읽는다. 밑줄 긋기란 책을 읽는 중에 뜻을 모르는 개념어가 나왔을 때 그 단어에 밑줄을 긋고 사전이나 참고서를 통해 그 내용을 파악하면서 읽는 과정을 말한다. 이해가 안 되는 개념어를 사전식으로 풀어 독서하면 내용이 더 쉽게 이해되는 것은 개념학습을 통해 배웠다.

모르는 개념을 찾아서 밑줄을 긋고 그 뜻을 파악하며 정독했다면 이제 핵심어에 밑줄 긋는 단계를 알아보자. 일명 '핵심어 찾기'라 하겠다. 교과서를 포함하여 대부분의 책은 저자가 나타내려 하는 핵심요지가 있다. 어떤 글이든지 저자의 의도를 정확하게 나타내는 단어를 찾으면 문장 내용을 줄일 수 있다.

이렇게 저자가 전달하려는 내용을 왜곡하지 않으면서 문장을 최대한 줄일 수 있는 단어가 핵심어다. 문장에서의 나머지 단어는 결국 핵심어를 부가적으로 설명하는 수식어에 불과하다. 핵심어가 아니라면 문장에서 빠져나가도 그 뜻을 전하는 데 부족하지 않다.

글을 읽을 때 문장 속에서 핵심어를 잘 찾는 학습자가 있고 그렇지 못한 학습자가 있다. 보통 핵심어를 찾는 능력은 독서하는 과정 속에서 자연스럽게 길러진다. 문제는 독서를 충분히 하지 못한 학생들이 핵심어를 잘 찾지 못하는 경우다. 이제 핵심어를 어떻게 찾을 수 있는지 그리고 핵심어를 찾지 못하면 왜 시험에서 틀린 답을 고르게 되는지를 실제 수능 문제를 통해 살펴보도록 하겠다.

핵심어를 찾는 방법

다음이 나타내는 시장은?

– 2009학년도 대학수학능력시험 영어문제 번역

(1) 이것은 사람들이 여기서 옷, 신발, 혹은 자동차와 같은 물건들을 사지 않는다는 점에서 모든 다른 시장들과 다르다. (2) 이것으로 해서, 사람들은 한 나라의 돈을 다른 나라의 돈과 쉽게 교환할 수 있다. (3) 사람들은 많은 이유로 그러한 교환을 원한다. (4) 어떤 사람들은 한 국가와 다른 국가 사이의 상품이나 용역의 수입 또는 수출에 관여하고 있다. (5) 자본을 한 지역에서 다른 지역으로 이동시키기를 원하는 사람들도 있다. (6) 또 외국으로 여행가기를 원하는 사람들도 있다. (7) 이것은 국제 경제에 지대한 영향을 준다. (8)이것은 세계에서 실제 일어나는 사건에 의해 영향을 받고, 한 국가의 경제에 영향을 미치며, 그리하여 그 나라의 화폐 가치를 오르고 내리게 만든다.

① 외환시장　　　　② 주식시장　　　　③ 벼룩시장
④ 재래시장　　　　⑤ 경매시장

Part 1.에서 이미 다룬 문제다. 영어의 원문을 다루지 않고 번역문을 가지고 핵심어를 찾아보는 연습을 하는 데는 이유가 있다. 수험생들이 영어시험에서 올바른 해석을 해놓고도 정답을 찾아내지 못하는 경우가 있기 때문이다. 이런 경우는 영어 능력이 부족한 것이 아니라 핵심어를 찾는 읽기 능력, 즉 국어 실력이 부족한 것이다. 예문은 모두 여덟 문장으로 이루어졌다. 각각의 문장에서 핵심단어가 어떤 것인지 살펴보자. 각 문장의 핵심단어를 나열해보았다.

---

(1) 물건 / 사지 않는다는 점 / 다르다
(2) 돈 / 쉽게 / 교환
(3) 교환 / 원한다(원함)
(4) 수입 / 수출
(5) 자본 / 이동
(6) 외국 / 여행 / 원하는 사람
(7) 국제 경제 / 지대한 영향
(8) 화폐 가치 / 오르고 내리고(환율 변동)

1번 문장에서 저자는 결국 '물건을 사지 않는다는 점에서 다른 시장과 다르다'는 말을 하고 싶어 한다는 것을 알 수 있다.

이것은 사람들이 여기서 옷, 신발, 혹은 자동차와 같은 물건들을 사지 않는다는 점에서 모든 다른 시장들과 다르다.

= 물건 / 사지 않는다는 점 / 다르다

1번 문장에서 핵심어만 다시 요약하면 '물건 / 사지 않는다는 점 / 다르다'이다. 핵심어가 아닌 다른 단어가 왜 핵심어에서 제외되었는지를 이해하면 핵심어를 고르는 기준을 알 수 있다. 먼저 '사람'을 핵심어라고 생각한 수험생도 있을 것이다. 그러나 이 문장에서 사람을 제외시켜도 전달하려는 문장의 의미가 변하지 않는 이유가 뭘까. '사지 않는다'라는 표현에서 물건을 사는 주체는 어차피 사람을 포함하고 있기 때문이다.

이와 다르게 '옷, 신발, 자동차'를 핵심어로 찾은 수험생도 있을 것이다. 이 문제에서 '옷, 신발, 자동차'를 핵심어로 찾았다면 문제 푸는 데 큰 오류를 범하기 쉽다. 먼저 '옷, 신발, 자동차'등이 핵심어가 안 되는 이유는 이러한 단어들은 최종적으로 '물건'을 수식해주는 수식어에 불과하기 때문이다. 또한 물건이라는 최종단어에 이미 '옷, 신발, 자동차'는 함축적으로 포함되기 때문이다. 그럼에도 불구하고 수험생이 지문을 해석하면서 '사지 않는다'는 핵심어를 놓치고 우선 눈에 들어오는 '옷, 신발, 자동차'를 핵심어로 파악하면 정답을 벼룩시장이나, 경매시장, 재래시장과 같은 실물거래 시장으로 선택하기 쉽다. 이 문제를 중하위권 수험생에게 주고 문제를 풀게 했더니 실물시장을 정답으로 고른 학생들이 많았다. 핵심어를 찾지 못한 결과다.

문장의 핵심어를 찾을 때는 다른 단어가 왜 핵심어가 아닌지 분명하게 이해해야 한다. 그래야 핵심어를 찾고서 내가 찾은 단어가 문장의 핵심어인지 아닌지를 확인해 볼 수 있다. 자신이 선택한 핵심어를 뺀 나머지 단어를 다 지워보는 것이다. 그래서 핵심어만 적어놓고 원문과 뜻이 같은지 다른지를 확인하면 내가 찾은 단어가 핵심어인지 아닌지 정확하게 알 수 있다. 예를 들면 다음과 같이 핵심어를 찾았다고 가정하고 나머지 단어를 다 지워보면 원 문장과 뜻이 같은지 다른지 금방 판별이 가능하다.

이것은 사람들이 여기서 옷, 신발, 혹은 자동차와 같은 물건들을 사지 않는다는 점에서 모든 다른 시장들과 다르다.

- **잘못된 핵심단어** 사람 옷 신발 자동차 다르다
- **잘못된 핵심단어** 옷 신발 다르다
- **올바른 핵심단어** 물건 사지 않는다는 점 다르다

핵심어를 정리한 세 문장의 뜻이 같지 않음을 알 수 있다. 특히 원문과 비교해보면 뜻의 차이점이 분명하다. 이것이 핵심어를 찾는 방법이다. 핵심어를 찾을 수 있어야 문장에서 밑줄을 그을 수 있다. 핵심어만 읽어도 답이 외환시장임을 분명히 알 수 있다. 설명을 위한 예문은 수능 지문을 가져왔지만 핵심어를 찾는 능력이 수능에만 필요한 것은 아니다. 고시나 공시(공무원 시험)와 같이 읽어야 할 학습량이 많은 시험일수록 핵심단어를 파악하는 능력은 더욱더 필요하다.

수험 초기 대부분의 학습자는 교과서의 이해와 기억에 많은 시간을 투자한다. 하지만 수험공부의 완성은 교과서 내용을 한 번 이해하고 기

억하는 것으로 끝나지 않는다. 이해하고 기억한 내용을 시험 날까지 계속 유지해야 하는 과정이 남아 있다. 이것이 수험생의 진짜 수험 능력이다.

　새로운 지식을 배울 때 필요한 능력이 인지 능력이라 하면 이해한 지식을 시험 날까지 유지하는 능력을 학습관리 능력이라 한다. 학습관리 능력은 수험기술뿐만 아니라 규율성과 같은 성품도 필요하다. 학습관리 능력을 갖춰야 공부를 해나가면서 앞으로 공부해야 하는 양을 점차적으로 줄일 수 있다. 수험기술에 무지한 수험생들은 공부해야 하는 양에 치여서 공부를 하면 할수록 몸과 마음이 지쳐간다. 그러나 학습관리 능력을 갖춘 수험생들은 시험날짜가 다가올수록 공부해야만 하는 양이 점점 줄어간다. 공부할 내용을 압축해 줄여가는 수험기술을 활용하기 때문이다.

　교과서에서 전달하고자 하는 필수 개념과 핵심단어를 찾아서 요약할 수 있다면 이해가 끝난 후에 또다시 불필요한 수식어를 읽으면서 시간을 보낼 필요가 없다. 복습을 할 때는 안 읽어도 되는 학습량을 대폭 줄여야 학습 효율을 높일 수 있다. 그래서 교과서를 공부할 때 밑줄을 그어야 읽어야 할 내용과 읽지 않아도 되는 내용을 구분할 수 있다. 그래야 밑줄 친 내용만 읽어도 핵심내용을 빠르게 복습할 수 있게 된다. 밑줄 치는 행위가 단지 개념학습이나 핵심 찾기에만 작용하는 것이 아니라, 이해한 내용을 장기기억해야 하는 암기학습에도 활용되는 것이다.

마이다스 수험독서법 제3원칙

> • 교과서에 밑줄 친 내용을 다시 읽으며 전체의 뜻을 떠올린다.

　교과서에서 개념어와 핵심어를 찾아 밑줄을 그을 수 있으면 핵심내용이 무엇인지 파악했음을 의미한다. 그러나 내용의 이해만으로 수험공부가 끝난 것은 아니다. 이해한 내용을 1년 이상 장기기억해야 하는 본격적인 수험과정이 남아 있다.

　기억을 위한 최고의 방법은 반복이다. 하지만 반복을 하는 경우에도 읽을 필요 없는 글을 읽는 것은 시간만 낭비된다. 밑줄을 통해 무엇이 중요한지를 알았다면 그 다음 독서는 밑줄 친 내용만 읽고 전체 내용을 파악하는 것이다. 그래서 복습할 때는 교과서 전체를 다 읽는 것이 아니라 밑줄 친 부분만 빠르게 읽으면서 전체 내용을 떠올리는 독서를 해야 한다. 이렇게 하면 책을 읽는 시간이 단축되어 공부시간이 줄어들게 된다.

마이다스 수험독서법 제4원칙

> • 밑줄 친 내용 중 다시 읽어야 할 내용을 더 줄인다.

밑줄을 줄인다는 말은 곧 공부할 양을 줄인다는 말과 같다. 이때 밑줄을 줄이는 과정에도 원칙과 기준이 있다. 그것은 적게 읽고 많은 것을 기억하는 것이다. 처음에 개념어와 핵심어를 찾아서 밑줄을 긋는 과정은 이해학습을 위한 과정이다. 이런 작업이 순전히 이해학습만을 위한 행위냐 하면 그렇지 않다. 이해 후에 해야 하는 암기학습에 대한 사전작업이기도 하다.

수험독서의 핵심은 내용의 이해에만 있지 않다. 복습할 때 읽어야 할 양을 줄이면서 교과서 내용을 완벽하게 복습하는 능력에 있다. 그렇게 하려면 교과서를 읽으면서 복습을 할 때 다시 안 읽어도 되는 단어나 내용을 지속적으로 찾아서 줄여야 한다. 이러한 과정 속에서 수험생은 시험이 다가올수록 공부해야 할 양이 줄어드는 느낌을 받을 수 있다.

수험에 실패하는 수험생들은 흔히 시험날짜가 다가올수록 공부할 양이 점점 늘어난다는 말을 한다. 이는 시험에 대한 심리적인 불안감 때문에 생기는 감정일 수도 있지만, 실제 공부하는 과정에서 학습의 양을 전략적이고 합리적으로 줄여놓지 않았기 때문이기도 하다.

시험에 임박해서 밑줄을 치며 복습할 내용을 줄여놓지 않은 교과서를 가지고 정리하려면 시간도 많이 걸리고 어떤 것을 내가 읽어야 할지 모르기 때문에 학습 효율이 떨어진다. 필요한 단어나 문장에 밑줄을 긋는 것도 실력이지만 밑줄을 줄여서 같은 의미를 재생해내는 것도 역시 능력이다.

복습의 효율은 교과서를 무조건 반복해서 읽는 것으로 결정되지 않는다. 끊임없이 교과서에서 읽어야 할 내용과 읽지 않아도 되는 양을 구분해서 더 이상 읽지 않아도 되는 밑줄을 삭제해갈 때 효율이 높다. 이런 작업들은 처음에는 구분하고 분류해야 하는 일 때문에 머리를 써야 하고 시간을 잡아먹지만 일단 정리해 놓으면 복습할 때 공부시간을 많이 줄여준다.

또 복습을 보다 효율적으로 할 수 있다. 이러한 원리에 의해 밑줄을 줄이는 작업은 복습과정 속에서 반복적으로 계속되는 것이다. 이와 관련한 사례를 하나 소개하겠다.

사법고시에서 차석을 차지했던 수험생의 공부 방법이다. 이 수험생은 두꺼운 수험서마다 견출지를 밖으로 붙여서 본인이 다시 봐야 할 부분을 쉽게 찾을 수 있게 만들어 공부했다. 두꺼운 법서마다 견출지가 20~30여 개 붙어 있는데 실제 시험 전날에는 모든 교과서를 다 보는 것이 아니라 견출지가 붙어 있는 20~30여 장만 보면 시험공부가 다 끝난다. 견출지를 붙인 곳은 기억이 완벽하지 않은 내용이나 스스로 한 번 더 봐야 안심이 되는 부분이다. 견출지를 붙이지 않은 쪽은 더 이상 볼 필요가 없이 완벽하게 공부가 끝났음을 의미한다. 결국 사법고시에서 차석을

견출지를 활용한 독서법

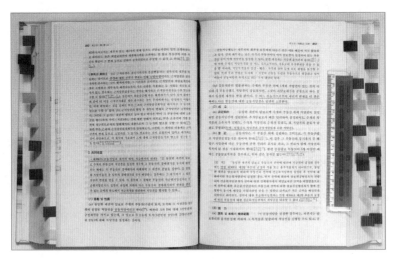

- 김준호, 《민법강의》, 법문사, 2006

차지했던 수험생도 독서과정에서 끊임없이 공부해야 할 양을 줄여갔던 것이다.

어떤 시험이든지 합격하는 수험생은 시험 하루 전에 수험서를 다 볼 수 있어야 한다. 하지만 두꺼운 교과서를 전부 보는 것은 불가능하다. 책을 다 읽고 전체를 기억하는 것이 아니라 적게 읽고 전체를 기억할 수 있다면 책을 전부 본 것과 같은 효과가 있다. 시험 하루 전에 읽어야 할 양을 최대한으로 줄이는 것이 독서법과 수험공부의 핵심인 것이다.

마이다스 수험독서법 제5원칙

> • 밑줄 친 내용 중 최종적으로 읽어야 할 내용 중심으로 한 번 더 줄인다.

교과서를 반복해 읽을 때마다 읽어야 할 내용을 줄여가는 작업은 거의 기계적으로 이루어진다. 최종적으로 교과서 전체를 압축하여 한 단어로 표현하고 그 한 단어로부터 교과서 전체를 다시 서술할 수 있다면 그이상 바람직한 일이 없을 것이다.

그러나 각 장의 구성이 독립된 내용으로 편성되어 있는 경우는 줄이는 데에도 한계가 있다. 그래서 밑줄 친 내용을 줄이는 것도 일정한 원칙과 기준은 있어야 한다. 원칙과 기준이 막연한 것은 막연한 결과를 얻는다.

최종적으로 다섯 번째 독서에서 이루어지는 밑줄 줄이기는 쪽당 다섯 개 내외의 밑줄만 남겨놓겠다는 구체적인 목표를 가지고 해야 한다. 이렇게 구체적인 밑줄 개수를 정해놓고 책을 읽으면 최종적으로 남겨야 되는 핵심단어를 선정하기 위해서 더 집중하게 된다. 쪽 당 다섯 개 내외의 단어를 가지고 전체 쪽의 내용을 연상하고 기억할 수 있으면 밑줄 줄이기가 완료된 것이다.

물론 여기선 다섯 개를 기준으로 했지만 더 줄여도 되고 내용이 너무복잡하고 어려운 경우는 다섯 개를 넘어도 상관없다. 이런 원칙을 가지고 교과서를 읽으면 내용을 이해만 해도 기억할 수 있는 경우는 밑줄이 하나도 없게 될 수도 있다.

최종적으로 밑줄을 그을 때는 특별한 컬러 펜을 따로 마련하여 마치 용의 눈을 그려 넣듯(?) 반드시 읽어야 되는 단어에 밑줄을 친다. 그리고 복습할 때는 그러한 단어만 빠르게 읽어나가면서 전체 내용을 기억하는 것이 수험독서의 핵심 전략이다.

지식을 익히는 방법은 예나 지금이나 같다. 하지만 똑같이 책을 읽고도 그 성과에 차이가 있다면 책을 읽는 방법으로 눈을 돌려야 한다. 책을 읽는 방법이 수험생의 성적을 결정한다. 수험의 효율을 극대화하는 것, 그것이 바로 수험기술이다. 물론 여기서 예시한 방법은 수험독서의 원리를 이해시키기 위한 하나의 사례다. 최종적으로 읽어야 할 양을 정하는 경우에도 컬러 펜, 견출지, 책 접기, 만점카드, 목차활용 등 다양한 활용법이 있다.

2. 수험기술

단권화하라

수험생이면 누구나 더 많은 내용을 공부하려는 욕심을 갖는다. 그러다 보니 교과서나 문제집도 여러 권을 사서 동시에 공부한다.

고시의 경우 남보다 더 창의적인 답안작성을 하거나 좀 더 완벽하게 공부하기 위한 욕심 때문에 이런 수험풍토가 만들어졌다. 고시생들이 주로 보는 법서는 교과서나 문제집 한 권을 완벽히 보기까지도 많은 시간이 소요된다. 대부분의 수험생은 이것도 해내지 못한다. 그럼에도 기본서 외에 같은 과목의 참고서나 문제집을 몇 권씩 더 가지고 공부하는 일은 고시생에게는 특별한 일도 아니다.

수능의 경우라고 다르지 않다. 수험생들은 영어나 수학 문제집을 몇 권씩 가지고 공부한다. 학교 보충수업 교재 외에 학원교재나 과외교재, EBS교재까지 봐야 하니 과목당 3~4권은 기본이다. 문제집이 많아야 심리적으로 안심이 되는 것도 문제집을 여러 권 구입하는 이유다.

단권화라고 하면 보통 두 가지 의미로 사용된다. 하나는 수험서 한 권을 집중적으로 완벽하게 학습하는 것을 의미하며, 다른 하나는 여러 교재를 한 권에 정리하여 통합하는 것을 말한다. 수험생들은 일반적으로 후자를 선호한다. 실행은 염두에 두지 않은 채 의욕만 넘치기 때문이다.

단권화에도 함정은 있다. 기본서나 문제집을 여러 권 보고 한 권으로 통합하여 정리하는 일은 꽤나 높은 수준의 학습과정이다. 실행이 뒷받침되지 않으면 한 권도 제대로 끝내기 힘들다. 대개 실패하는 수험생들의 모습이 이렇다. 어떤 시험이든 문제집 한 권을 완벽하게 암기하고 수험장에 가는 수험생을 찾아보기 쉽지 않다.

일부 수험생들만 문제집 한 권을 철저하게 익히고 시험을 치른다. 합격생들의 모습이 이렇다. 수험생이 문제집을 완벽하게 익히지 못한 채 수험장에 가는 건 시험에 대한 '예의' 문제다. 과하게 말해 시험모독죄다. 결국 시험 실패라는 가혹한 처벌을 받게 된다.

단권화의 핵심은 기본서나 문제집 한 권을 먼저 완벽하게 마치는 일이다. 이를 우선해야 다른 참고서를 읽고 통합하며 공부할 수 있다. 교과서 한 권을 완벽하게 이해하며 공부하는 걸 '분석적 공부'라 하며, 심화학습을 위해 여러 권의 교과서나 문제집을 하나로 정리하는 것을 '종합적 공부'라고 한다. 분석적 공부를 먼저하고 종합적 공부를 해야 한다. 분석이 되지 않으면 통합을 할 수 없기 때문이다. 한 권을 철저하게 마스터하는 단계에 도달하면 그때부터 다른 교과서나 참고서를 보고 첨삭하면서 하나로 통합하는 공부를 할 수 있다.

처음부터 여러 권의 교과서나 기본서가 동시에 주교재가 되어서는 안 된다. 수험생이라면 누구나 손때가 묻어 번들거리며, 애착이 가는 기본서 한 권이 있어야 한다. 뉴턴과 데카르트와 같은 천재가 왜 같은 책을 손에서 떼지 않고 반복해서 읽었겠는가? 공자가 《주역》을 읽으며 공부할 때 책을 묶은 가죽 끈이 세 번 끊어졌다는 위편삼절(韋編三絶)의 고사성어가 왜 오늘까지 전해지는지 생각해보라.

한 놈만 패는 것, 이것이 공부의 기본이다.

문제집을 통해서 실전을 대비하라

모든 경기는 평소의 연습과 훈련이 결과를 좌우한다. 어떤 분야이든지 1등치고 연습벌레가 아닌 사람이 없다. 하지만 연습이라도 실전과 똑같이 해야 한다. 그래서 "연습을 실전과 같이, 실전은 연습과 같이"란 말도 있다.

공부도 예외는 아니다. 최상위권 학생들은 문제집을 풀 때도 실전과 똑같은 상황에서 시간을 재며 문제를 푼다. 이렇게 하면 실제 시험을 볼 때 시간이 모자라는 경우를 사전에 예방하고, 문제해결을 능숙하게 할수 있으며, 시험불안을 줄일 수 있다. 그래서 교과서만으로 시험 준비를하기보다는 문제집을 함께 활용하는 것이 시험을 보다 효율적으로 준비할 수 있다. 문제집 활용에는 다양한 목적이 있다. 어떤 목적에서 문제집을 활용하는지 알아보자.

첫 번째, 교과서 공부가 어느 정도 되었는지를 평가하고 확인할수 있다. 교과서 공부 없이는 문제집을 풀 수 없다. 문제를 풀어가면서자신이 얼마나 부족한지를 확인하고 복습이나 진도를 재조정할 수 있다.

두 번째, 문제집을 통해서 시험의 출제경향을 알 수 있다. 문제집은 해당과목의 전문가들이 실제 시험에 출제될 만한 내용을 문제로 만들어 싣고 있다. 수험생은 문제를 통해 교과서의 어떤 내용이 중요한지살펴볼 수 있다. 그것만 확인해도 교과서를 읽고 공부할 때 출제자의 입장에서 보다 객관적인 공부를 할 수 있다.

세 번째, 문제 푸는 시간을 줄일 수 있다. 시험은 주어진 시간 안에문제를 풀어야 한다. 그래서 문제를 푸는 능력 못지않게 시간관리 능력도 필요하다. 문제를 빠르게 풀어내는 수험생이 시험에서 더 좋은 성적을 얻는다. 실제 수험생 중에는 문제를 풀기 위한 지식이 부족한 것이 아니라 시간 부족으로 시험을 망치는 경우도 많다.

시험은 학문적 업적으로 평가받는 '학문탐구'가 아니다. 그러기에 수험생은 주어진 시간 안에 빠르게 문제를 풀 수 있어야 한다. 시험장에서시간 부족으로 인한 어려움을 피하기 위해서는 평소 같은 문제를 반복적으로 풀어보는 연습을 꾸준히 해야 한다. 연습을 해야겠다고 마음먹어도 연습을 얼마나 해야 하는지 모르면 답답할 수밖에 없다. 무엇이든 기준이 있어야 객관적인 판단이 가능하기 때문이다.

실제 시험에서 최상위권으로 합격한 수험생들에게 같은 문제를 몇 번이나 풀어봤는지 물었다. 이들은 정확한 횟수를 이야기하지 않았다. 다만 "완벽하고 능숙하게 풀 수 있을 때까지"라고 답했다. 문제마다 능숙함에 이르는 횟수가 다르기 때문이다. 수십 번을 풀어도 능숙하지 않은 문제가 있는가 하면, 한 번만 풀어도 능숙한 문제가 있을 수도 있다. 그래서 수험생은 문제를 보자마자 답이 저절로 나올 정도까지 연습해야 한다. 이것이 완벽함을 위한 연습과 훈련의 기준이다.

마이다스 문제집 풀이법의 원리

자신의 공부수준을 알고 싶으면 문제집을 풀어보면 알 수 있다. 문제를 풀면서 자신의 부족한 점을 알 수 있으며 교과서를 공부할 때 무엇을 중점으로 공부해야 하는지에 대한 기준도 얻을 수 있다. 또 문제를 해결하는 과정에서 분석, 종합, 비판적 사고를 훈련하고 향상시킬 수 있다.

문제집을 풀 때도 방법과 규칙이 있다. 시험공부의 최종목적은 시험당일까지 공부한 내용을 잊어버리지 않도록 하는 데 있다. 그래서 문제집을 푸는 경우에도 장기기억을 위한 기억 전략인 5회독 누적복습의 원리를 똑같이 이용한다. 그래야 문제집 전체를 시험 때까지 암기할 수 있다.

마이다스 문제집 풀이 제1단계 - 분류하라

학교 연수나 수험컨설팅을 하면서 수험생들이 문제집을 어떻게 활용하는지 조사해보면 학생들이 문제집에 정답을 표기하는 것을 보게 된다. 중하위권 학생들의 경우는 거의 그렇다. 공부시간이 부족해 막판에 정답이라도 외워야 하는 절박한 입장을 고려하면 전혀 이해 못할 일은 아니다.

하지만 문제를 풀 때는 정답을 문제집에 직접 표기해서는 안 된다. 연습장에 따로 적어서 채점해야 한다. 이것이 문제집 풀이의 기본이다. 문제집을 풀면서 문제집에 직접 정답을 표기하면 다시 문제를 풀 때 문제집으로서의 가치가 없어진다. 문제집에 정답을 표시하는 순간 그것은 더이상 문제집이 아니다. 문제집이 교과서나 참고서로 바뀌게 된다.

처음으로 문제를 풀 때는 자신의 학습수준을 점검하는 것이 중요하다. 특히 문제를 풀면서 틀리는 것을 두려워해서는 안 된다. 수험생 중에는 틀린 문제가 너무 많을 것을 두려워해서 아예 문제집을 풀지 않는 경우도 있다. 하지만 진짜 공부는 '내가 무엇을 모르는지를 아는 것'에서 출발한다. 자신이 무엇을 모르는지 알기 위해서는 문제를 풀어봐야 한다.

교과서만 읽어서는 자신이 무엇을 모르는지 알 수 없다. 문제를 통해 자신이 틀렸다는 것을 확인하기 전에는 오해를 이해로 알게 되기 때문이다. 틀린 문제를 통해 자신의 무지를 확인하는 순간이 올바른 수험공부의 시작점이다. 자신이 틀린 문제를 하나씩 해결해 가는 것이 진짜 공부다.

문제를 풀다가 틀리는 문제가 나온다고 실망하거나 좌절할 필요가 없다. 오히려 내가 무엇을 공부할지를 알게 해준 고마운 기회라고 생각해야 한다. 틀린 문제를 통해서 자신의 학습약점을 하나씩 고쳐나가는 것이 공부고수의 길이다. 이때도 문제를 왜 틀렸는지에 대한 근원적인 반성과 분석이 필요하다.

수험생이 두꺼운 문제집을 보면 '이걸 언제 다 풀어야 하나' 부담을 갖기 마련이다. 이런 부담을 줄이려면 시험날짜가 다가올수록 공부해야할 양이 점점 적어져야 한다. 부족한 시간 속에서 보다 효율적인 수험공부가 되기 위해서는 과잉학습을 하지 않도록 주의해야 한다. 과잉학습이란 더 이상 볼 필요가 없는 내용을 반복해서 공부하는 것을 의미한다.

문제집을 공부할 때 과잉학습을 방지하기 위해서는 더 이상 반복해서 볼 필요가 없는 문제들을 찾아내야 한다. 그렇게 되면 과잉학습을 방지하면서 자신이 얼마만큼 공부했는지 알 수 있다. 문제집에 있는 문제를 완벽하게 풀 수 있는 상태에 이르면 더 이상 볼 필요가 없어진다. 이런 문제는 자신만의 기호를 남겨 표시한다. 그래야 과잉학습을 방지할 수 있다.

표시하는 방법은 (O)으로 하자(물론 자신이 좋아하는 기호로 정할 수도 있다). 문제에 모두 (O)가 표시되면 드디어 문제집 학습이 끝난 것이다. 그러면 다른 문제집을 풀어보거나 참고서 등을 보충해 심화학습이나 추가학습이 가능하다. 이 책에선 다음과 같이 표기하기로 한다.

문제의 수준표시 예

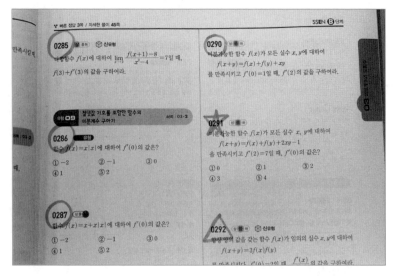

– 《쎈 수학》, 신사고, 2011

> 언제든지 풀 수 있는 문제 → (○)
>
> 지금은 풀었지만 지속적인 관리가 더 필요한 문제 → (△)
>
> 틀린 문제로서 해결하는 데 많은 시간과 노력이 필요한 문제 → (★)

　　문제를 풀면서 문제를 분류하는 작업은 과잉학습 방지, 학습 성취감 확인, 학습방향 설정, 학습과정의 문제점 분석 등 여러모로 다양하게 활용될 수 있다.

마이다스 문제집 풀이법 제2단계 - 눈과 손으로 풀어라

자신이 풀었던 문제라 하더라도 지속적인 학습관리를 해야 시험에서 틀리지 않는다. 가끔 쉬운 문제를 틀리는 수험생들이 있는데, 보통은 처음 풀었을 때 너무 쉽게 풀어서 복습을 하지 않았기 때문이다. 이런 실수를 방지하려면 자신 있는 문제라도 복습과정에서 충분히 다루어야 한다. 이때는 처음 풀 때처럼 풀이과정 전체를 다 복습하는 것이 아니라 풀이과정 중에서 놓치면 안 되는 핵심 사항을 재확인한다.

핵심개념과 사실관계를 어떻게 적용하고 응용했는지 눈으로 점검하는 수준으로도 복습을 성공적으로 수행할 수 있다. 한 번 풀었던 문제를 나중에 풀지 못하는 건 문제 자체를 이해하지 못한 것이 아니라 문제를 해결하는 데 필요한 핵심개념을 잊었기 때문이다. 그래서 자신이 풀었던 문제를 복습할 때는 필요한 내용만 눈으로 확인해도 충분히 복습효과를 얻을 수 있다.

(△), (★)로 분류된 문제는 처음 문제를 풀 때와 같이 손으로 직접 써가며 풀어준다. 온몸의 감각을 모두 사용할 때 더 선명하게 기억할 수 있기 때문이다. 특히 (★) 문제의 경우 자신이 틀린 이유를 풀이과정 맨 위에 적어놓으면 다음에 문제를 풀면서 같은 실수를 방지할 수 있다.

풀었던 문제를 분류할 때도 주의할 것이 있다. 진도 때문에 학습관리를 좀 더 해야 하는 (△) 수준의 문제를 더 이상 볼 필요가 없는 (○) 수준의 문제로 분류하는 일이 발생한다. 이러면 주관적인 판단 오류에 빠져서 수험을 망친다. (○), (△), (★)로 문제를 분류할 때는 그 기준을 매우 엄격하게 적용해야 한다. 나는 수험생들에게 (O)의 기준은 '죽을 때까지 기억할 수 있는 정도'라고 얘기한다. 다소 과장된 표현이지만 그만큼 엄격하게 적용해야 한다는 뜻이다.

우리는 다른 사람에게 적용하는 기준은 매우 엄격하지만 자신에게 적용하는 기준은 관대한 경향이 있다. 그러나 수험에서는 관대한 기준을 적용하면 안 된다. 학습 완성도를 평가하는 자기평가에서 오히려 더 엄격한 기준을 적용해야 수험에서 실패할 확률을 줄일 수 있다. 그래서 수험과정에서 객관성을 확보하려면 제3자의 객관적인 평가나 도움을 받는 것도 필요하다.

마이다스 문제집 풀이법 제3단계 - 문제의 수준표시를 수정하라

기본적으로 세 번째 문제를 풀 때도 두 번째 풀이과정을 반복한다. (O)는 눈으로 풀며 (△)와 (★)은 손으로 써가며 반복해서 풀어본다. 같은 문제를 두 번 이상 풀게 되면 문제의 수준이 변하게 된다. (★) 수준에서 (△) 수준으로 바뀌게 되면 (★)을 지우고 (△)로 표시한다.

이렇게 복습과 재복습의 과정을 통해 (★) 수준은 (△) 수준으로, (△) 수준의 문제는 더 이상 볼 필요가 없는 (O)로 수정하며 학습을 완성해가는 것이다.

마이다스 문제집 풀이법 제4단계 - 모두 (O)가 되도록 반복하라

문제집을 반복해서 풀 때의 풀이과정은 언제나 동일하다. 분류한 기

문제의 수준표시 수정 예

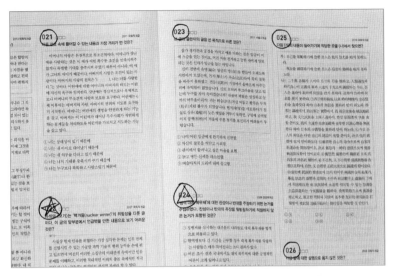

– 이선재, 《선재국어 기출문제》, st&books, 2016

준에 따라 눈과 손으로 푸는 것을 반복하면 된다. 풀이과정에서 문제의 수준이 바뀌는 경우에는 수정해 표시해준다. 반복풀이의 목표는 모든 문제가 (○) 수준이 되는 것이다. 문제집의 모든 문제에 (○)가 표시되면 문제풀이가 끝나게 된다.

마이다스 문제집 풀이법 제5단계 –
마지막은 오답노트나 만점카드로 관리하라

회독수에 상관없이 모든 문제를 완벽히 풀 수 있을 때까지 반복해서 풀어야 한다. 같은 문제를 다섯 번 반복해서 풀었는데도 자신이 없거나 계속 틀리는 문제는 실제 시험에서도 틀릴 가능성이 높다. 수험생들은 이런 문제를 접하면 마음속으로 '제발 이런 문제는 시험에 나오지 않기'를 기도한다. 그런데 희한하게도 자신이 없어서 걱정했던 문제는 시험에 반드시 나와 수험생의 무사안일함을 질책한다. 고시의 경우 공부 좀 한다는 수험생들이 한 문제 차이로 떨어지는 경우도 꽤 있다. 이런 불행을 겪지 않으려면 자신 없는 문제에 더 많은 관심과 시간을 쏟아야 한다.

다섯 번을 풀었는데도 여전히 어렵게 느껴지는 문제는 오답노트에 작성해서 관리한다. 오답노트를 사용하지 않는 경우는 만점카드에 적어서 자투리 시간에 공부하면 좋다. 오답노트나 만점카드도 작성하기 싫은 수험생은 문제집에 별도로 '왕별' 표시를 해서 그러한 문제만 특별하게 관리해도 좋다.

문제집을 계속 반복해서 풀다 보면 한 페이지의 문제 모두에 (○) 표시가 되는 경우가 있다. 이때는 페이지 상단에 별도

페이지 상단에 (○) 표시한 예

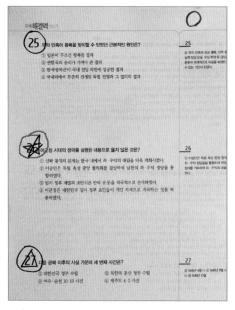

— 박민주, 《민주국사》, 웅진패스원, 2013

로 (○)를 표시해두면 '이 페이지에 있는 모든 문제는 다시 풀어볼 필요가 없다'는 기호가 된다. 이렇게 쪽수에 (○) 표시를 해두면 여러모로 이로운 점이 있다. 하나는 문제집 쪽수마다 상단에 (○) 표시를 하는 과정에서 공부에 대한 성취감을 느낄 수 있다. 내가 이만큼 공부했다는 표시를 볼 때마다 뿌듯함을 느끼는 것이다. 또 하나는 문제집 풀이에 규칙을 적용함으로써 만점카드 학습법에서 보았듯 공부를 게임처럼 즐길 수 있게 된다. 매일 문제집을 풀 때마다 페이지 상단 (○) 표시가 늘어나는 자신만의 게임을 할 수 있다.

문제집 풀이법과 관련한 사례를 보자.

명문대 법대를 졸업하고 사법고시를 준비하던 수험생이 있었다. 그 수험생은 공부 자체를 의무로 생각하며 하루하루를 무겁게 보내고 있었다. 거기에다 반복적으로 1차 시험에 실패하다 보니 공부가 즐거울 리 만무했다. 점차 자신감 상실과 자괴감 속에서 무의식적으로 책상에 앉아 공부하는 기계가 되어갔다.

그러던 중 문제집 풀이법을 접하고는 문제집에 (○)를 치며 공부하기 시작했다. 그전에는 해도 해도 끝나지 않던 공부였다. 그런데 공부할 내용과 그렇지 않을 내용을 확연하게 구별하니 성취감과 재미를 느낄 수 있었다. 나중에는 놀랍게도 "내 인생에 이렇게 즐겁고 재미있게 공부한 적은 없었다"는 고백을 했다. 번번이 실패했던 1차 시험에도 합격하여 기쁨이 두 배가 되었다고 한다.

Part 9.

실행력

1. 실행력이란
무엇인가

실행력이 학습성공을 결정한다

지금까지 우리는 학습방법에 대해서 알아봤다. 하지만 방법도 실행력이 뒷받침될 때 의미가 있다. 아무리 좋은 방법도 실행이 없다면 아무 소용없기 때문이다. 그러니 실행력이 없으면 학습 성공도 없다.

방법은 지식정보다. 만약 전국의 모든 수험생이 똑같이 방법을 배워 알면 방법을 아는 것은 더 이상 경쟁력이 못 된다. 결국 공부의 진짜 경쟁력은 결국 실행력이다.

하위권 학생들을 관찰해보면 책상에 잘 앉아 있지 못한다. 설혹 책상 앞에 앉아 있다 해도 오래 앉아 있지 못하며, 하는 일이라곤 대개는 숙제가 전부다. 절대공부시간이 부족하다. 이러한 결과를 가져오는 원인은 하위권 학생들의 실행력이 부족하기 때문이다. 실행력이 부족한 수험생에게 열심히 공부하는 모습을 기대하기는 어렵다.

옆에서 지켜본 사람들은 중하위권 학생들이 얼마나 실행력이 없는지를 알고 있을 것이다. 오죽하면 "제발 공부 좀 해라"란 말을 하겠는가? 실행력이란 결과를 만들어내는 힘이다. 그럼에도 불구하고 학습 성공과 실패를 결정하는 실행력이 왜 가정과 학교에서 심각하게 다루어지지 않는지 의아하다. 현실에서는 노력이 부족하다, 게으르다, 철이 없다는 탄식만 이어지고 있다.

"말을 물가에 끌고 갈 수는 있지만 말에게 물을 먹일 수는 없다"란 속담이 있다. 공부 안 하는 학생들의 모습도 이와 같다. 하지만 학생들은 말이 아니다. 물을 안 먹겠다고 해도 어떻게 지켜만 보고 있겠는가? 그래서 공부하기 싫어하는 학생도 학교에 보내고 학원에 보낸다.

하지만 이들이 학교와 학원에 간다고 물을 먹는 것은 아니다. 부모들은 그저 자녀가 수업을 들으면서 잘 받아먹기를 바랄 뿐이다. 학생들이 학교와 학원에서 지식 받아먹기를 소홀히 한다면, 그 책임은 과연 누구에게 있을까?

물 먹기 싫어하는 말에게 물을 먹게 하려면 어떻게 해야 할까? 목마르게 하면 된다. 목이 마르면 힘들게 물가로 끌고 가지 않아도 스스로 물가에 가서 물을 먹는다. 학생들의 교육을 책임지고 있는 부모나 교사들이 얼마나 학생들을 목마르게 했는지 생각해보자. 우리 교육이 학생들에게 진정 목마름을 느끼게 만드는 교육인지, 아니면 물가로 억지로 끌고 가는 교육인지, 아니면 이도 저도 아니고 그대로 방치하는 교육인지 생각해보자.

실행력이 부족한 수험생에겐 아무리 잘 가르쳐도 소용이 없다. 공부가 수업으로 완성되는 것이 아니기 때문이다. 아무리 잘 가르쳐도 학생이 열심히 배운 것을 익히지 않으면 가르친 보람이 없다. 그런 면에서 학습 성과의 포인트는 '잘 가르치는 교사'가 아니라 '잘 배우는 학생'이다. 교사들은 매년 가르치는 내용이 다르지 않고 교육에 대한 열정도 같다. 그럼에도 진학률이 매년 다른 것은 교사의 문제가 아니라 학생의 문제란 얘기다. 운이 좋아 더 열심히 공부하는 학생들이 신입생으로 들어오면 그 학년의 진학률이 더 좋게 나타난다. 학습 성공의 관점이 '잘 가르치는 일'에서 '학생들의 실행력을 높이는 일'로 바뀌어야 한다.

그렇다면 실행력이란 무엇일까? 먼저 실행력과 노력의 차이에 대해 알아보자.

실행력은 전략적 개념이다

흔히 열심히 공부하지 않는 수험생들에 대해 우리는 "노력이 부족하다"고 말한다. 아마 수험생들이 가장 많이 듣는 단어 중 하나가 '노력'일 것이다. 스스로에게 보내는 다짐일 수도 있고 주변 분들의 격려일 수도 있다. 하지만 노력이 학습 성공의 문을 여는 만능 키는 아니다. 방법이 왜 중요한지를 안다면 방향성이 빗나간 노력이 얼마나 목표로부터 멀어지는지 충분히 알 수 있을 것이다.

Part 7.에서 살펴봤던 김도균 학생의 경우를 보자. 그에게 필요한 능력은 논리적 사고력이었다. 하지만 김도균 학생은 방향성이 잘못된 공부 때문에 자신의 단점을 메울 수가 없었다. 시중에 나와 있는 거의 모든 문제집을 풀고 대치동의 유명 학원도 다녔으며 담임선생님의 조언에 따라 오답노트를 만들어 공부하기도 했다. 하지만 그 어느 것도 효과가 없었다. 김도균 학생은 노력이 넘쳐나는 학생이었지 부족한 학생은 아니었다.

노력은 방향성이 없는 에너지와 시간의 합이 만들어내는 힘을 의미할 뿐이다. 노력만으로는 성공을 보장받지 못한다. 노력이 성공을 이루기 위해서는 올바른 방법이 동반되어야 한다. 수험생들은 이미 경험으로 이것을 알고 있다. 노력의 부족이 아닌 방법의 부재 때문에 번번이 실패하는 것이다. 이런 수험생에게 "더 노력하라"고 말하는 것은 오히려 공부 의지를 꺾는 위험한 일이다. 방법이 빠진 시간과 에너지의 합체, 이것이 노력의 실체이며 한계다.

실행이란 무엇인가? 실행의 의미를 알아보기 전에 먼저 실행이 아닌 것부터 살펴보자. 단순히 무엇을 시작하는 것은 실행이 아니다. 임기응변이나 일시적 상황에 따른 일회적 조치와도 구별된다. 실행의 특성은 다음과 같다.

- 달성해야 할 목표를 갖고 있다. 목표가 없는 즉흥적인 행동과는 구별된다.
- 전략을 갖고 있다. 전략이 없는 행동은 실행이 아니다.
- 시작부터 끝까지 모든 과정을 담고 있다. 중간에 중단하는 것은 실행이 아니다.
- 전략에 따른 일관된 행동이 뒤따른다.
- 지속적인 행동을 동반한다.

이러한 특성을 바탕으로 "실행력이 없거나 부족하다"는 말이 어떤 의미인지 살펴보자.

- 수험공부의 목표가 없다.
- 수험목표를 달성하는 학습 전략이 없다.
- 목표나 전략이 있다 해도 전략을 완수하지 못한다.
- 시작만 있지 마무리가 없다.
- 행동의 일관성이 부족하다.
- 지속성이 없다.

실행의 사전적 정의는 '이론이나 규범 및 신념 따위를 실제의 행동으로 옮김'이다. 학습법에서 실행의 정의는 '정해진 학습목표를 달성하기 위하여 학습 전략을 세우고 이를 수행하는 구체적 방법을 통해 목적을 달성하는 전체 과정'을 말한다. 실행은 전략적 행동을 의미하며 일관성 있는 행동의 집합을 의미한다. 실행이 없으면 목적 달성도 없다. 그런 면에서 공부란 곧 실행이며, 시험은 지능의 다툼이 아니라 실행력의 싸움이다.

실행은 시도나 시작이 아니라 목표의 완수를 포함하는 개념이다. 그래서 실행에는 전략과 전략적 목표가 요구된다. 공부하고 싶을 때 공부하고, 놀고 싶을 때 노는 것은 행동이지 실행이 아니다. 왜냐하면 일관성이 결여되었기 때문이다. 그러나 목표가 정해져 있고 목표에 이르는 전략적 시간표가 있어서 그 시간표대로 공부할 과목과 공부시간을 지켜서 공부한다면 이것은 노력이 아니라 실행이다.

2. 실행력의 비밀

규율성이 실행력의 원천이다

    실행력이 목표를 달성하는 일관되고 지속적인 행동이라면 그 이면에는 규율성이 자리하고 있다. 즉 규율성이 있어야만 실행력을 뒷받침할 수 있게 된다. 규율성은 지켜야 하는 규칙을 지키는 능력을 의미한다. 규칙을 지키는 능력인 규율성이 부족하면 실행력은 나올 수 없다.

    규칙적이고 꾸준한 공부가 시험 성공의 요인이라면, 규율성은 학습 성공의 핵심요소이다. 규율성은 실행력뿐만 아니라 공부의 본질과도 관계가 있다. 개념학습이나 지식이 연역되는 과정이 모두 규칙을 매개로 하기 때문이다.

모든 분야가 규율성을 필요로 하지만 특히 공부와 관련해서는 규율성이 더욱 요청된다.

규율은 일관성이다

영어속담에 "예외 없는 규칙은 없다"는 말이 있다. 그래서 그런지 규칙에는 예외가 많이 적용된다. 하지만 규율성은 예외를 인정하지 않는 데서 키울 수 있다. 예외를 인정하지 않는 일관성이 왜 규율의 핵심인지 사례를 보자.

역사상 최초로 남극점에 도달한 인물은 아문센이다. 하지만 우리는 1등은 기억해도 2등은 잘 기억하지 못한다. 승자만이 모든 것을 차지하는 우리 시대의 분배방식 때문이다.

두 번째로 남극점에 도착한 사람은 로버트 스콧이었다. 노르웨이의 아문센과 영국의 스콧이 벌인 경쟁은 국가 간의 경쟁이기도 했다. 남극탐험을 향한 이 둘의 경쟁은 우리 사회에서 규율성이 왜 중요한지를 보여주는 중요한 교훈을 남긴다.

1911년 아문센과 스콧은 영하 20도에 강풍과 눈보라가 동반하는 악천후 속에서 각자 자신의 대원을 이끌고 남극탐험의 여정에 오른다. 물론 두 팀의 리더인 아문센과 스콧은 서로의 출발을 알고 있었으며 먼저 남극점에 도달하기 위해 치열한 경쟁을 한다.

그 결과는 우리가 다 알고 있듯 아문센의 승리였다. 아문센이 남극점에 먼저 도착해 자신의 조국인 노르웨이 국기를 꽂은 날로부터 35일이 지난 후 스콧도 남극점에 도달한다. 노르웨이 깃발을 보고 자신보다 먼저 남극점에 도달한 아문센을 확인한 스콧은 당시 심정을 기록으로 남겼는데 그 절망감과 상실감이 그대로 느껴진다. 죽음을 담보한 탐험 길을 묵묵히 이겨내고 올 수 있었던 목표가 상실되는 순간이었다. 하지만 언제까지 상실감에 빠져 있을 수는 없었다. 악천후 속에서 다시 1,120킬로미터를 대원들과 함께 살아 돌아가야 하는 일이 남아 있기 때문이었다.

아문센의 경우도 마찬가지였다. 비록 남극에 먼저 도달했지만 팀원들과 살아서 돌아가는 일은 또 다른 문제였다. 남극에 먼저 도착했다고 해서 돌아가는 길이 덜 위험한 것은 아니기 때문이다. 오죽하면 혹시 모를 사고를 대비해 뒤에 오는 스콧 팀 앞으로 고국에 보내는 편지를 써서 남겼겠는가. 아문센과 스콧은 남극에 누가 먼저 도달하느냐의 경쟁을 끝내고 살아서 각자의 고국에 돌아가야 하는 생존 경쟁을 하게 된다.

결과는 어떻게 됐을까? 아문센은 모든 대원과 함께 살아서 고국에 돌아왔지만 스콧과 그 일행은 가족이 기다리는 조국에 돌아오지 못하고 전원 죽음을 맞이한다. 후에 영국 구조대는 텐트 속에서 조용히 누워 영국 신사답게 깨끗한 죽음을 선택한 그들의 모습을 보게 된다.

무엇이 이 둘의 운명을 갈랐을까? 남극 탐험의 성공과 실패가 한두 가지 요인으로 결정되지는 않겠지만, 여기서는 규율성의 측면에서 살펴보자. 두 사람의 탐험일지에 의하면 아문센과 스콧은 전략이 달랐다. 아문센은 날씨가 좋으나 나쁘나 언제나 15~20마일을 매일 꾸준히 전진해 갔다. 날씨가 좋은 날은 좀 더 전진해가기를 건의한 대원도 있었지만 아문센은 철저하게 15~20마일 전진을 고수했다. 악천후를 뚫고 규칙적으로 전진하는 만큼 휴식도 매우 중요하게 생각했다.

반면 스콧은 날씨가 좋은 날은 대원들을 혹사시키며 40마일 이상을 전진했고 날씨가 궂은 날은 텐트 속에서 꼼짝도 안 했다. 아문센은 철저하게 규율을 지켜 탐험을 했지만 스콧은 그렇지 못한 것이다. 결국 엄격한 규율성이 목표를 이룰 수 있도록 하였고, 혹독한 자연환경 속에서 아문센과 대원들의 생명을 구한 셈이었다.

우등생들의 대표적인 특징 또한 규율성이다. 시험기간이 아닌 때에도 매일 일정한 공부량을 지켜나간다. 공부를 방해하는 혹독한 환경에도 자신이 매일 해야 하는 학습량을 지킨다. 규율성이 없으면 교과서 전체를 이해하고 기억하지 못한다. 시험 성공은 규율성이 결정한다.

공부는 머리가 아니라 규율성이다

우리 사회가 한 사람의 천재를 만들어내기 위해서는 개인의 노력도 중요하지만 개인이 속한 문화적인 환경도 무시할 수 없다. 초등학교 중퇴자인 에디슨과 대학입시 실패자인 아인슈타인이 우리나라에 태어났다면 결코 천재로 거듭나지 못했을 것이라는 말도 있다. 천재를 키워내지 못하는 우리사회의 병폐를 풍자하는 말이다.

　우리사회에는 학문의 천재가 나오는 것을 가로막는 우상들이 있다. 우상은 신념으로 나타난다. 잘못된 신념은 천재를 키워내지 못하는 수준에서 끝나는 게 아니라, 학생들이 공부를 쉽게 포기하도록 만든다. 이러한 잘못된 신념들이 우리 문화 속에 퍼져 있는 한 수험생들의 학문적 성취는 더욱 어려워질 것이다.

　가장 잘못된 신념은 '머리가 좋아야 공부를 잘할 수 있다'는 믿음이다. 그렇다면 머리가 좋다는 것은 무엇을 의미하는 것일까? 지능이 높다거나, 보다 지혜롭다거나, 창의적이라는 말로 표현할 수 있을 것이다. 흔히 이러한 의미에서 똑똑하다는 말이 사용되기도 한다. 하지만 이는 잘못된 문화적 편견이다. 어떠한 근거도 없는 비합리적인 생각이다. 왜 이것이 잘못된 생각인지 살펴보도록 하자.

　IQ43의 라이언 카샤 사례에서도 보았듯 지능은 공부의 절대적 요소가 아니다. 상위권 학생 사이에서도 지능 분포는 매우 다양하게 나오고 있고, 이는 하위권도 마찬가지다. 노벨상 수상자들의 평균지능이 일반인과 크게 다르지 않다는 보고도 있다. 때문에 성적과 지능을 연관시켜 학생을 평가해서도 안 되고, 지능을 핑계로 공부를 포기하거나 회피해서도 안 된다.

　'공부를 잘한다'는 개념에 대해 좀 더 분석해보자. 이들은 머리가 좋은 것이 아니라 잘 배우는 능력을 갖고 있다. 그러기에 남보다 지식을 잘 배운다. 그럼 잘 배우는 능력은 어떤 능력인가? 높은 지능이나 지혜, 창의성은 아니다. 지능이 낮고 지혜가 부족하고 창의성이 없어도 배움에는 전혀 지장이 없다.

대신 잘 배우는 사람은 규율성을 갖고 있다. 공부를 잘하는 건 머리가 좋아서가 아니라 규율성이라는 특별한 능력이 있기 때문이다. 규율성은 왜 사람들을 잘 배우도록 만들까? 규율성의 이면에는 성실과 노력, 끈기나 자제력이라는 성품이 있기 때문이다. 이러한 성품이 없으면 규율성을 갖추기 힘들다. 결국 규율성만 갖출 수 있다면 천재처럼 개념을 창조하고 원리를 발견할 수 없다 해도 천재들이 창조한 지식을 습득하는 데는 아무 문제가 없다. 우리 주변 전문직에 종사하는 사람들을 보면 몇 가지 공통점이 있는데 뛰어난 집중력과 규율성이다. 천재들 또한 무서운 집중력과 규율성을 갖고 있지만 이들은 여기에 더해서 특별히 창조성이라는 능력도 갖고 있다.

우등생들을 바라보는 시선이 '머리가 좋다'에서 '규율성이 있다'로 바뀌어야 한다. 규율성이야말로 인간이 무엇이든지 배울 수 있는 근원적인 학습 능력이기 때문이다. 그래서 성적이 낮은 수험생들은 그 원인이 규율성 부족임을 알아야 한다.

규율성은 공부뿐만 아니라 기업경영과 비즈니스에서도 매우 중요한 능력으로 평가 받고 있다. 기업에서 우수인재를 뽑는 이유도 마찬가지다. 규율성을 갖추고 있기 때문이다. 안타까운 현실이지만 대학교육은 기업에서 업무를 수행하는 데 큰 도움이 안 된다. 기업은 신입사원들에게 회사생활에 필요한 모든 교육을 새로 가르친다. 학교도 그렇지만 기업에서도 가르치는 것을 잘 배우는 직원이 사랑 받을 수밖에 없다.

개인의 규율성은 잘 배우는 능력을 갖추게 하지만, 기업의 규율성은 예측 불가능한 경영환경에서 기업의 생존을 좌우한다. 짐 콜린스는 기업 생존의 법칙을 다룬 그의 저서 《위대한 기업의 선택》에서 규율성이 기업 생존의 법칙임을 자료와 통계로 입증하고 있다. 그는 대표적인 기업으로 애플과 삼성을 들고 있다.

스티브 잡스는 자신이 창업한 회사인 애플로부터 퇴출되는 불운을 맞는다. 잡스가 없는 애플은 불행히도 경영상황이 악화되어 부도 직전의 회사로 몰락한다. 자신을 쫓아낸 회사로 돌아온 잡스는 어떻게 애플을 세계 최고의 회사로 성장시킬 수 있었을까? 짐 콜린스에 따르면 잡스가 애플로 돌아와서 제일 먼저 한 일이 무너진 회사의 규율성을 확립하는 일이었다고 한다. 열심히 일하지 않는 분위기에서 예전과 같이 다시 밤새워 연구하는 분위기로 원위치시킨 동력이 바로 규율성의 확립이었다. 잡스는 자신이 정한 규율을 어기는 직원을 절대 용서하지 않았다. 과감히 해고했다. 규율성이 확립되고 애플은 다시 창의성 높은 연구에 몰입될 수 있었다고 한다.

짐 콜린스는 관련 사례로 삼성전자를 들고 있다. 삼성의 규율문화가 오늘의 삼성을 이끌었다고 평한다. 애플에 스티브 잡스가 있다면 삼성에는 이건희 회장이 있다. 스티브 잡스와 이건희 회장의 공통점은 둘 다 규율성을 강조했다는 것이다.

규율성은 아문센과 그 팀원들이 극한의 추위를 이겨내며 남극탐험이라는 대업을 이루면서도 단 한 명의 대원도 잃지 않고 모두 살아서 가족의 품으로 돌아오게 했다. 규율성은 지식전문가의 삶을 꿈꾸는 수험생들에게 승자와 패자의 자리를 정해주었다. 그리고 미래의 불확실한 경영환경에서 기업 생존을 책임지는 단 하나의 원칙이기도 하다. 규율성은 혹독한 경쟁 환경에서 수많은 경쟁자들로부터 자신의 생명을 지켜주는 유일한 원칙이다.

유대인들은 규율성을 개인의 의지나 선택이 아닌 민족의 문화로 갖추었다. 유대인의 조상들이 후손들을 위해 어떻게 그런 문화를 남겼는지는 그저 신기하고 놀라우며 부러울 뿐이다. 우리가 규율성의 가치를 안다면 왜 유대인들이 노벨상을 휩쓸고 세계경제를 주름잡는지 쉽게 이해할 수 있을 것이다.

실행력을 향상시키는 방법

실행력은 규율을 기반으로 한다. 그래서 실행력을 갖추려면 규율성을 먼저 갖추어야 한다. 현재와 같은 교육체제에서 규율성을 갖추기 위해서 어떤 방법들이 있는지 살펴보자.

부모나 교사의 통제로부터 자유로운 나이가 되거나 정신적 독립을 이루게 되면 스스로의 선택으로 삶을 꾸려 나가야 한다. 스스로 규율성이 부족하다고 생각하는 수험생이면 규율성을 키우는 것도 본인이 선택해야 하며 그것을 향상시켜 나가는 일도 자기 몫이다. 이제 규율성을 어떻게 키울 수 있는지 방법을 알아보자.

목표를 설정하라

우리가 어려운 규칙을 애써 지키는 이유는 그렇게 함으로써 무엇인가 이루려는 목표가 있기 때문이다. 따라서 규칙을 정하기 위해서는 먼저 목표가 있어야 한다. 그래서 공부에 목표가 없는 수험생들은 대개 생활 속에서 지켜야 할 규칙도 없고 규율성도 부족하다.

그래서 규율성을 갖추기 위한 첫 번째 단계는 학습목표를 정하는 일이다. 목표를 정한다고 해서 처음부터 거창할 필요는 없다. 우선은 현재 성적보다 조금 상위의 목표를 정하면 된다. 예를 들어 2등급의 수험생은 1등급을 목표로 하고 5등급의 수험생은 4등급을 목표로 하면 된다. 이렇게 목표를 정하게 될 때 그러한 목표를 이루기 위해 무엇을 해야 하고 무엇을 하지 말아야 할지 기준이 서게 된다. 그러한 기준을 바탕으로 지켜야 할 규칙을 정하게 되는 것이다.

새 학기가 되면서 고등학교 2학년 여학생을 상담하게 되었다. 이 학생은 평소에 학습시간표를 작성해서 공부하는 학생이었다. 나는 이 학생이 짠 시간표를 살펴보며 이 시간표가 어떤 목표를 달성하는 시간표인지를 물어봤다. 내 질문에 우울한 반응을 보이던 여학생은 작은 목소리로 목표가 없다는 말을 했다. 나는 다시 질문을 했다. 1학기 내신 목표가 무엇인지 물었다. 여학생은 아주 작은 목소리로 내신을 포기했다고 한다. 중학교 때는 최상위 성적이었는데 고등학교에 와서 자신보다 더 공부를 잘하는 학생들과 경쟁하다 보니 내신에 자신이 없어진 것이다. 이런 현상은 특히 특목고 학생들에게서 볼 수 있는 일반적인 현상이다.

목표 없이 공부하는 일은 중하위권 학생들에게서만 보이는 현상이 아니다. 이렇게 상위권 학생들에게서도 보이고 있다. 목표가 중요한지 알아도 목표를 갖지 못하는 건 '자신감 상실'또는 '자신의 무능력이나 무력감을 인정하지 않으려는 방어심리' 때문이기도 하다. 처음부터 목표를 설정하지 않으면 목표를 이루지 못했을 때 오는 상실감을 예방할 수 있으며 자신의 무능한 모습을 확인하지 않아도 된다.

그래서 이들은 목표는 없지만 최선을 다하겠다는 말을 한다. 하지만 목표가 없는데 무엇에 최선을 다하겠는가? 가야 할 곳이 없는 사람은 달리다가 문득 내가 왜 열심히 달리는지 의문을 품게 된다. 그러면 슬그머니 달리기를 중단하게 된다. 목표가 없으면 열심히 뛸 수가 없으며 열심히 뛸 필요도 없다.

목표는 달성하면 좋지만 달성하지 못해도 의미가 있다. 목표를 달성하지 못했다는 것은 방법과 실행이 부족했다는 증거이다. 그래서 자신이 무엇이 부족한지 보완해서 다시 전략을 짜고 실행하면 다음엔 목표에 이를 수 있다. 목표를 이루지 못하는 것이 두려워서 목표를 갖지 않는 것은 언젠가 죽을 것이 두려워서 미리 삶을 포기하는 것과 같다. 이처럼 어리

석은 일이 어디 있는가? 두려움을 깰 수 있는 유일한 방법은 두려워하는 대상을 똑바로 바라보는 것이다. 자신의 무능과 무력함을 보는 것을 두려워하지 않아야 한다. 자신의 실패를 보는 것을 두려워하면 어떤 시도도 할 수 없다.

앞서 언급했던 여학생은 목표를 분명하게 다시 정했다. 그리고 자기 자신을 있는 그대로 보기로 했다. 목표를 달성하기 위한 학습 전략을 짜서 실행하고 있다. 목표가 없다면 규율성도 없다.

목표를 달성하는 실행 전략을 짜라

실행은 전략을 포함한다. 목표만 있고 전략이 없다면 이 또한 규율성을 갖추기 어렵다. 규율성은 지켜야 하는 규칙이 있어야 하는데 전략이 바로 그 규칙이다. 학습의 규율성은 학습 전략을 지켜나가는 과정에서 생기는 것이다.

전략은 규율성을 갖추기 위한 필요요건이지만 목표를 이루는 성공요인이기도 하다. 전략의 중요성을 알 수 있는 유명한 일화가 있다. 누구나 불가능하다고 생각했던 방법을 전략으로 삼아 마렝고 전투를 승리로 이끈 나폴레옹의 사례이다. 나폴레옹은 전략이 왜 중요한지를 우리에게 보여준 인물이다. 나폴레옹은 알프스 산을 넘으며 "내 사전에 불가능은 없다"는 유명한 말을 남겼다. 알프스 산을 넘는 전략을 세웠기에 군사들을 목표에 따라 행동하게 할 수 있었다. 하지만 나폴레옹이 알프스를 넘는다는 소문을 듣고도 오스트리아 군대에는 그에 대비한 아무런 전략도 없었다.

전략이 없다면 실행은 있을 수 없다. 전략은 목표를 달성하는 올바른 방법이지만 실행력을 끌어오는 원천이기도 하다. 그래서 목표가 없는 수험생, 전략이 없는 수험생에게는 어떤 성과도 기대하기 힘들다.

수험생의 실행 전략은 '1주일간 공부할 학습시간표'다. 1주일 시간표를 짜는 과정을 학습 설계라 한다. 그래서 학습 설계는 목표를 달성하는 학습 전략이 된다. 전쟁에서 전략을 갖춘 군대와 전략이 없는 군대가 싸우면 당연히 전략을 갖춘 군대가 승리한다. 전략의 차이가 전쟁을 승리로 이끈다. 수험생이 학습 전략 없이 공부한다면 당연히 학습 성공은 어렵다. 목표만 있고 그것을 이룰 전략이 없다면 그것은 사상누각이 되기 때문이다. 학습 전략이 중요하다고 생각한다면 지금 당장 1주일 계획표부터 작성하자. 규율성을 갖고 시간표를 준수한다면 어느 누구라도 성공할 수 있다.

실행 가능한 전략을 세우고 구체적 방법을 습득하라

아무리 전략이 좋아도 실천이 어려우면 전략을 실행할 수 없다. 따라서 전략은 실천 가능한 범위 내에서 만들어져야 한다. 실천 가능한 범위란 학습자의 능력을 감안한 전략을 의미한다. 학습자의 학습 능력이 다 다르기 때문에 1주일 학습 설계를 해도 같은 학습 전략(시간표)이 나올 수 없다.

1주일 동안 공부할 시간표를 짜는 학습 설계는 곧 '1주일 동안 사용 가능한 시간을 어떻게 배분하느냐'에 관한 전략이다. 하지만 학습 설계를 했어도 실제 공부할 때 공부하는 구체적 방법을 모르면 전략의 실효성이 떨어진다. 방법을 모르면 진도가 나가지 않고 학습 효율이 떨어지기 때문이다.

그래서 학습 전략을 실천해나가기 위해서는 공부 방법을 알아야 한다. 교과서를 읽고 이해하기 위해서는 개념학습을 알아야 하며, 기억을 위해서는 누적복습과 조직화 전략을 알아야 한다. 문제를 해결하기 위해서는 사고력을 향상시키는 방법도 알아야 한다.

이러니 학습방법을 모르면 학습 전략을 실천할 수 없고 실행이 없으면 공부의 지속성을 갖기 어렵다. 지속성도 성취감을 필요로 하기 때문이다. 지속성이 없으면 규율성을 갖추는 것도 힘들다. 방법은 성취감을 가져오고 성취감은 지속성을 끌어오며 지속성이 규율성을 갖출 수 있게 해주기 때문이다.

예외는 없다! 매일 같은 시간에 같은 것을 하라

'규율은 곧 습관'이라 해도 과장이 아니다. 어려서 공부에 대해 규율성을 갖추는 일은 곧 공부 습관을 들이는 것과도 같다. 어떤 행동이 습관이 되기 위해서는 다음 두 가지만 지키면 된다.

- 매일 같은 시간에 같은 것을 하라.
- 예외는 없다.

누구든지 이 두 가지만 실천하면 원하는 모든 행동을 습관화할 수 있다. 무의식적 행동이 모여서 이룬 결과가 습관이라면 규율은 의도적 행동이 모여서 이룬 결과다. 하지만 이 둘은 규칙적인 면에서 공통점을 갖고 있다. 공부의 규율성이든 공부 습관이든 둘 중 하나만 몸에 익히면 공부의 기본은 갖추게 된 것이다. 공부를 할 때도 매일 같은 시간에 같은 행동을 예외 없이 반복하면 공부를 습관처럼 하게 될 것이며, 좋은 습관은 반드시 원하는 목표를 이루게 할 것이다.

3. 학습훈련

학습훈련의 필요성

　20여 년 이상 학습법을 연구하며 초·중·고·대학 등 교육기관에서 강의와 연수를 해왔다. 그동안 수험생들을 만나고 부모와 교사들을 접하면서 나름 수험생들을 돕는 최선의 방법이 무엇인지 고민했다. 학교에서 학습법 연수를 하는 목적은 공부에 흥미가 없는 중하위권 학생들에게 공부 방법을 배우게 하여 학교 공부에 도움을 주기 위해서다.

　학교 연수는 보통 워크샵으로 진행되는데 대부분의 경우 상위권 학생과 중하위권 학생이 함께 참여하는 형태로 이루어진다. 사실 학교나 워크샵 강사들은 중하위권 학생들이 연수를 마치고 상위권 학생들을 따라

잡기를 기대하며 연수에 정성을 쏟고 있다. 하지만 실제 결과는 그렇지 않다. 오히려 상위권 학생들이 높은 수준의 학습 전략을 배워 공부에 날개를 달게 되면서 성적 격차가 더 벌어지기도 한다. 이런 현상은 고시와 같은 성인수험에서도 똑같이 일어난다.

중하위권 학생들이 기대만큼의 변화나 성장이 없는 이유는 무엇일까? 이유는 간단하다. 이들은 수업 중에 감동만 받지 실천이 없기 때문이다. 물론 소수의 학생들은 감동이 동기가 되고 그것이 실천으로 이어져 성적이 오르기도 한다. 하지만 실행력이 부족한 중하위권 수험생에게 방법만 알려줘서는 변화를 끌어오기가 쉽지 않다. 그러다보니 연수가 도움이 안 된다는 말도 듣게 되는데 그럴 때마다 가슴이 아프고 답답했다. 결국 모든 학생들을 변화시키는 방법을 고민하게 했고, 결국 결론은 '학습훈련'이란 걸 깨닫게 되었다.

성적 때문에 고민하는 학생들에게 방법만 알려줘서는 안 된다. 방법을 익히는 훈련이 포함되어야 하는 것이다. 훈련은 공부 습관이 부족한 학생들에게 공부 습관을 형성시켜주며, 공부 방법도 익힐 수 있게 하기 때문이다.

학습부진의 원인을 알자

학습자를 돕기 위한 최적의 처방이 학습훈련임에도 불구하고 실제로 학생들에게 학습훈련을 시키기에는 많은 제약이 존재한다. 먼저 우리 사회는 학습부진에 대한 현실적 이해가 부족한 듯하다. 학습부진 학생들이 가장 부족한 것은 절대공부 시간이며, 그 외에도 집중력, 학습결손, 학습방법, 학습동기 등이 부족하다. 이 중 어느 하나만 해당되어도 학습 성공은 어렵다.

그러나 우리 사회는 이런 근원적인 문제를 해결하려 하지 않고 여전히 교과목을 잘 가르치는 강사만을 찾아 나선다. 아무리 교사가 잘 가르쳐도 배우는 학생이 소화하지 못하면 소용이 없다. 최고로 잘 가르치는 선생님의 교실에서도 수업을 이해 못하는 학생들은 여전히 존재한다는 것을 잘 모르는 듯하다.

학생들의 학습실패가 교사의 문제가 아니라 학생의 문제임에도 문제 인식을 내부로 돌리지 않고 외부로 돌리고 있다. 예전에는 도시와 시골이 교육적 혜택에서 차이가 났다. 지금은 인터넷이 발달하여 얼마든지 인터넷을 통해 과목별로 잘 가르치는 강사를 쉽게 만날 수 있다.

우리의 교육실패가 잘 가르치는 과목강사가 부족해서인지 아니면 앞에서 언급한 공부시간의 부족, 집중력, 학습결손, 학습방법과 동기인지를 분명히 알아야 한다. 현실이 이런데도 우리 현실은 학습부진 학생들을 돕지 못하고 있다. 답답하다.

학생들의 학습부진과 가장 관련이 있는 공부시간에 대해 알아보자. 모든 수험생과 부모들이 바라는 1등급 수험생이 되기 위해서는 고등학생의 경우 주당 34시간의 자기주도 학습시간이 필요하다. 이보다 더 적게 공부해서는 전 과목 1등급이나 전교 1등이 될 수 없기에 34시간을 절대공부시간이라고 했다.

우리가 알듯이 성적이 부진한 학생들은 모두 공부시간이 부족하다. 한마디로 '지독히도' 공부를 안 한다. 부모들은 자녀가 공부를 잘하기를 바라지만 공부 안 하는 자녀를 공부하도록 만들지는 못한다. 대개 이런 부모들은 자녀에게 영향력을 발휘하지 못한다. 자녀가 공부를 안 하면 비난하는 것이 전부다. 그러면서도 학원은 최고로 잘 가르치는 학원만 찾아 나선다. 공부한 것을 익히는 시간이 없는 수업은 약이 아니라 오히려 독이다.

학생들의 공부시간을 늘리는 일은 잔소리나 어설픈 동기부여로는 힘들다. 공부방해요소를 줄여주고 공부하고 싶은 학습 환경을 만들어주어야 한다. 훈련계획표에 공부시간을 넣어 실행력을 강화하는 훈련도 동반되어야 한다. 그런 후에 학생들이 훈련을 통해 스스로 단련할 수 있도록 잘 이끌어 주어야 한다. 습관이란 무엇이든지 반복적으로 꾸준히 실행하면서 형성되기 때문이다.

학생들과 가장 가까운 데서 영향력을 발휘할 수 있는 부모라도 자녀들의 부족한 공부시간을 늘려주는 일은 쉽지 않다. 하물며 전문성을 요하는 집중력이나 학습결손, 학습방법에 대해서는 도우려는 생각조차 할 수 없고 도울 방법도 없다.

학습훈련이 어려운 이유

학습부진 학생들을 모두 우등생으로 만드는 길은 오직 학습훈련밖에 없다. 그럼에도 우리사회는 모든 학생이 우등생으로 가는 길을 막고 있다. 이제 그 이유를 살펴보자.

가장 중요한 이유는 위에서도 언급했듯 학습부진의 원인에 대한 인식 부족이다. 하지만 학습부진에 대한 원인을 제대로 알았다 해도 문제를 해결하려는 적극적 의지가 없으면 소용이 없다. 해결의지는 바로 비용투자로 이어지기 때문이다. 해결의지가 약할수록 학습부진의 원인을 대수롭지 않게 생각하며, 심지어는 시간이 지나면 저절로 해결될 것이라는 근거 없는 낙관론을 갖기도 한다. 학생들의 공부시간, 집중력, 학습결손, 학습방법의 문제가 어떻게 아무런 대책 없이 시간이 지나면 해결되겠는가?

학습장애를 해결하기 위해서는 역시 시간과 비용을 필요로 한다. 우리사회는 육체적 질병의 치료에 대해서는 많은 시간과 비용을 투자하지만 공부와 관련된 학습장애에 대해서는 시간이나 비용투자를 꺼린다. 아마 치료하지 않아도 죽지 않는다고 생각하기 때문일 것이다. 육체적 질병은 죽음이라는 두려움과 함께 고통이 수반되지만 학습장애는 죽음에 대한 두려움과 육체적 고통이 없으니 별 문제라고 생각하지 않는 듯하다.

여기에 더해서 공부를 잘하려면 머리가 좋아야 한다는 잘못된 믿음도

한 몫 한다. 이런 잘못된 믿음은 반드시 사라져야 할 전근대적인 미신이다. 이런 생각을 가지면 학습장애를 단지 지능의 문제로 보기에 지능을 높이는 방법을 찾아야 한다. 만약 공부가 지능의 문제라면 우리는 지능을 높이는 과외나 학원을 다녀야 할 것이다. 이런 잘못된 인식 때문에 학습장애를 치료하는 일에 엄두를 못 내고 있는 것이 현실이다.

부모의 헌신적인 학습훈련 덕분에 고등학교를 수석으로 졸업한 라이언 카샤의 사례를 보라. 카샤의 부모는 '지능이 낮으면 공부를 못한다'는 미신을 신봉하지 않았고 학습훈련에 대한 신념이 있었기에 카샤를 전교 1등의 학습 성공자로 만들었다. 학습 성공을 가로막는 학습장애는 훈련으로 얼마든지 극복될 수 있다. 수험생 스스로 포기하지 않고 부모가 포기하지 않으며 학생이 몸담고 있는 학교와 사회가 포기하지 않으면 얼마든지 학습 성공자로 거듭날 수 있다. 당사자들의 해결의지와 실천이 요구될 뿐이다.

모든 학생을 우등생으로 만드는 학습훈련을 막는 또 다른 장애는 학생들이 학습훈련을 받을 시간이 없는 것이다. 훈련이란 일정한 시간과 환경이 필요하다. 하지만 요즘 학생들은 성적과 관계없이 너무 바쁘다. 인터넷이 발달되기 전의 오프라인 문화에서는 오직 우등생들만이 잠을 늦게 잤다. 당시의 세태를 풍자한 말이 '4당5락'이다. 잘 알다시피 네 시간 자면 합격이요 다섯 시간 자면 불합격이라는 말이다. 그만큼 우등생들은 늦은 밤 새벽까지 공부하는 일이 예사였다. 또 그렇게 하지 않으면 최상위성적을 유지할 수 없었다. 1주일에 34시간 이상을 공부하려면 새벽까지 공부해야 했다.

인터넷의 발달은 놀이문화에도 영향을 주어서 새롭게 온라인 문화를 만들어냈다. 이제는 밖에 나가서 친구를 만나지 않아도 컴퓨터 앞에서 얼마든지 친구들과 즐거운 시간을 보낼 수 있다. 영화, 드라마, 음악, 게임 등 인터넷을 통해 온라인 문화가 발달하면서 이제는 성적에 상관없이 모두 밤에 잠을 안 잔다. 밤에 잠을 안 자니 수업시간에 졸음이 올 수밖에 없다.

이렇게 모두가 바쁘니 학습훈련을 받을 시간을 내기가 힘들다. 특히 고등학생들은 학교에서 실시하는 야간자율학습을 해야 하기 때문에 더욱더 훈련 받을 수 있는 시간이 없다. 시간을 만들 수 있는 경우에도 부모가 아이를 설득해서 훈련을 받게 하는 일은 너무 힘들다. 대부분의 부모들은 아이들이 '훈련이 힘들 것 같다'고 하면 아이들의 의견을 존중해 학습훈련을 포기하기 때문이다. 이렇게 아이들의 의견을 잘 존중해주는 부모들이 어떻게 초등학교에 입학하는 아이들에게 학교에 갈지 말지를 물어보지 않는지 의문이다.

모든 훈련은 성과가 있다

훈련의 성과는 훈련에 참여하는 동기에 따라 차이가 있다. 훈련에 참여하는 동기는 스스로 원하는 자발적 동기와 원하지 않아도 참석해야 하는 타의적 동기로 나뉜다. 군대를 예로 들어보자. 네이비실과 같은 특수부대는 전원 자발적 참여로 선발되고 훈련이 이루어진다. 하지만 우리 현실은 군대에 가고 싶지 않아도 군대에 가서 전투훈련을 받아야 한다. 스스로 원해서 훈련하면 성과가 높지만 그렇지 않더라도 훈련의 성과는 나타난다. 군대에 다녀온 사람은 알겠지만 아무리 체격이 좋고 운동신경이 발달한 이등병이라도 훈련으로 몇 년을 보낸 병장과는 전투 능력에서 차이가 나기 마련이다. 오죽하면 군대는 짬밥이라는 말이 나왔겠는가? 그래서 훈련은 자발적이든 그렇지 않든 성과가 반드시 나타나기 마련이다.

학습훈련은 개인훈련과 단체훈련으로 나누어진다. 개인훈련은 컨설팅을 통해 학생개인에게 맞는 훈련프로그램을 골라 훈련계획표에 따라 진행한다. 집단훈련은 보통 학교와 같은 교육기관에서 이루어지는데 집단에 맞는 훈련프로그램과 훈련계획표를 작성해서 집단으로 학습훈련이 이루어지는 과정을 말한다. 이때도 학습훈련은 집단으로 하지만 전문코치가 개별적인 컨설팅을 통해 맞춤식 피드백을 해주게 된다.

학습훈련에는 훈련을 실시하고 돕는 코치의 역할이 중요하다. 실력 있는 학습코치는 수험생의 문제점을 진단하고 학습프로그램을 설계하며 학습환경을 디자인한다. 그리고 학습훈련의 목표에 따라 학생의 훈련과정을 총체적으로 진행하며 책임지게 된다.

학습훈련이 성공적으로 이루어지려면 24시간 내내 훈련스케줄 속에서 진행되어야 한다. 학습훈련 프로그램에는 학습 전략을 익히는 훈련과정은 당연히 포함되지만 잠을 자고 식사를 하며 휴식을 취하는 과정도 의도적인 훈련스케줄에 포함되어야 한다.

학습훈련 중 24시간 모두가 의도된 스케줄에 따라 이루어져야 하는 이유는 수험생활 중 가장 중요한 것이 생활리듬이기 때문이다. 대부분의 수험생들은 수험생활 중 리듬이 왜 중요한지 잘 모른다. 고수만이 리듬의 중요성을 안다. 리듬이란 한 마디로 수험생활 중 에너지의 흐름인데 리듬이 깨지면 규율성을 만들어 낼 수 없기 때문이다.

사법고시에 합격한 수험생들이 본격적인 수험생활에 들어가기 전에 꼭 하는 일이 있다. 핸드폰을 없애는 일이다. 이유는 간단하다. 핸드폰이 공부리듬을 끊어놓기 때문이다. 리듬의 중요성을 안다면 어떤 분야에서든지 고수라 할 수 있다.

학습훈련이 완벽하게 이루어지려면 24시간 내내 빈틈없이 움직여야 하기에 학생과 함께 숙식을 하지 않으면 어려움이 있다. 이런 문제점 때문에 학습훈련이 어려운 것도 사실이다. 그래서 학습훈련이 완벽히 이루어지려면 24시간 학생을 피드백해줄 수 있는 환경이 되어야 한다.

하지만 우리현실에서 이러한 일은 불가능하다. 그래서 학습훈련이 성공적으로 이루어지려면 집에서 이루어지는 훈련과정을 피드백해주는 일이 중요하다. 그래서 부모가 학습훈련과정에 동참해 훈련에 함께 참여하면 학습훈련의 사각지대인 집에서 보내는 시간을 적절하게 피드백해줄 수 있다.

어느 면에서는 부모가 학습법에 관한 전문지식을 배우면 더 효율적으로 자녀를 이끌 수 있다. 이런 경우엔 학습법 가족연수를 활용하면 유익하다. 가족연수는 부모와 자녀가 함께 학습법 워크샵에 참여하는 과정을 말한다.

가족연수 때문에 아빠는 회사에 휴가를 내고 자녀와 같이 참석하기도 한다. 해외에 파견되어 근무하는 아빠 중엔 가족연수 때문에 일부러 귀국하는 경우도 있다. 가족연수를 하면 좋은 점은 수업의 집중도가 높다는 것이다. 보통 학생들만 참여하는 연수에선 아이들이 매우 산만하지만 부모와 함께 연수를 받으면 매시간 함께 과제를 수행하고 발표해야 하기에 정신을 바짝 차리고 수업을 받기 때문이다. 또 부모들도 연수를 통해 학습의 원리를 배우면서 자녀들이 어떤 능력이 부족한지를 알 수 있어 연수가 끝난 후 보다 효율적으로 학생들을 도울 수 있다. 최근엔 서로 친분이 있는 지인들이 팀을 구성해서 가족연수에 참여하는 경우도 있다.

환경을 만들자

아무리 좋은 생각과 실천방법이 있더라도 환경이 뒷받침되지 않으면 뜻을 펴기가 힘들다. 변화를 가로막는 기존 패러다임 속에서는 완전한 변혁을 가져오기가 힘들다. 그러다보니 뜻을 실현시키기 위해서는 실행환경을 스스로 만들 수밖에 없다. 그러려면 결국 학교나 교육기관을 설립해야 한다. 그래야 어떠한 제약도 없이 완벽하게 학습훈련을 실시할 수 있기 때문이다.

모든 교육기관은 우수한 학생들을 앞 다투어 서로 유치하려 한다. 이들을 가르치는 일은 힘이 덜 들고 누가 시키지 않아도 스스로 공부하기 때문이다. 최고의 학생들을 가르쳐서 성장시키는 일도 보람이 있긴 하지만 경쟁에서 뒤처진 학생들을 도와 그들이 자신의 꿈을 이룰 수 있도록 돕는 일은 더욱 가치 있고 보람 있는 일이다. 사실 우등생들은 도와주지 않아도 스스로 잘한다. 그러기에 도움이 필요한 학생들을 도와 성장시키는 보람이 오히려 더 값지다고 생각한다.

기성세대는 학생들에게 "꿈을 크게 가지라"고 얘기한다. 하지만 학생들은 지금 당장 공부에 신경 쓰는 것도 벅차 원대한 꿈을 가질 도리가 없다. 이는 학교성적과도 관련이 있다. 성적이 낮으면 비례해서 꿈도 작아지기 때문이다. 학생들이 큰 꿈을 갖게 하려면 적어도 지식을 다루는 능력에서 부족함이 없어야 한다.

지식사회에서는 공부뿐이 아니라 거의 모든 일에 지식이 필요하다. 그래서 우리 아이들에게 지식을 이해하고 활용하는 정신 능력을 물려주는 일은 매우 가치 있는 일이다. 머리에 지식이 많으면 꿈의 가짓수도 다양해지고 크기도 커진다. 아이들에게 지식을 다루는 능력을 갖추게 해주는 건 부모의 경제적 유산보다 훨씬 더 값진 것을 물려주는 일이다.

우리가 모여 사는 집단을 '사회'라고 하는 이유는 수많은 관계가 얽혀 있기 때문이다. 관계가 얽혀 있는 사회에서는 혼자서 모든 것을 이룰 수도 없고 그렇게 해서도 안 된다. 그러기에 학교의 설립이든 교육의 실천이든 뜻에 동참하는 아름다운 사람을 만나는 일은 언제나 즐겁고 행복한 일이다. 언제든지 열린 마음으로 새로운 패러다임을 실천해나갈 뜻을 같이 하는 분들과 함께 많은 이야기를 나누고 싶다.

나의 또 다른 바람은 지식박물관 설립이다. 우리가 사는 사회를 지식정보화 사회라고 한다. 학습법 연구를 하면서 지식사회에서 지식과 관련한 전문박물관이 없는 것이 늘 유감이었다. 공부하는 학생뿐만 아니라 다음세대의 후손들에게도 지식박물관은 꼭 필요하다고 생각한다.

박물관의 유물은 하나하나가 교육자료이며 지식유산이다. 예를 들면 천재들이 사용했던 교과서나 노트는 그들이 공부를 어떻게 했는지 직접 확인 할 수 있는 귀중한 자료다. 고대로부터 전해오는 수사학이나 암기법이 어떻게 전달되고 활용되었는지도 흥미로운 자료가 될 것이다. 전 세계 모든 학교 교과서와 시험문제를 모아서 비교해보는 일도 학습과 관련해 흥미로운 일이다. 모든 시험의 수석합격자들이 사용했던 교과서와 노트를 보는 일도 마찬가지다. 중세에는 각 분야 최고의 천재들이 귀족들의 과외선생을 했는데, 이들이 어떻게 학생들을 가르쳤는지를 보는 것도 매우 가치 있는 일이다. 소크라테스와 플라톤의 교실을 똑같이 재현하는 일도 빠지면 안 될 것이다.

수험공부와 관련된 도구와 자료를 한 데 모아놓는 것도 꽤나 유익한 일이다. 박물관에 오면 언제든지 학습법을 배우고 학습도구를 장만하고 인류의 공부 방법과 지식의 역사를 알 수 있다. 학생들에게 열심히 공부하라고 근거도 없이 강조하기보다는 인간이 왜 공부를 했는지, 어떻게 공부를 해왔는지 직접 보는 것이 학습동기를 더 직접적으로 불러올 수 있다. 지식의 역사는 왜 우리가 공부해야 하는지를 부모나 교사의 잔소리보다 더 설득력 있게 말해줄 수 있기 때문이다.

지식박물관을 설립해야 할 이유를 들자면 한도 끝도 없을 것이다. 여기서 다 열거하는 일은 의미가 없기에 박물관의 필요성에 대한 이야기는 줄이겠다. 지식박물관 건립에 뜻이 있는 분들이 더 좋은 생각을 더해준다면 기꺼이 의견을 나누고 함께 이룰 생각이다. 지식박물관의 건립은 개인과 국가의 일을 넘어 인류의 과제라고 생각한다.

마치며

젊은 날 우연히 읽은 책 한 구절이 내 인생을 송두리째 바꿔놓고 내 삶의 전부를 투자하게 만들었다. 그 책은 데카르트의 저서 《철학의 원리》다. 그 안에서 나는 데카르트의 독서법을 보게 되었고 그 내용은 나에게 충격으로 다가왔다. 그것이 오늘까지 학습법을 연구하며 살아오게 된 계기다. 그런 면에서 데카르트는 내 방법론의 스승이며 사색의 원천이며 이 책을 쓰도록 영감을 준 은인이다.

오십 중반의 나이에 지나온 삶의 흔적을 뒤져보니 지금의 내가 그냥 만들어진 것이 아님을 알게 되었다. 만약 그때 읽은 책이 《철학의 원리》가 아닌 《경제의 원리》였다면 오늘날 내 인생은 또 다른 모습이었을지도 모른다. 하지만 우리 삶에는 가정이 없다. 과거는 지났고 미래는 올지 안 올지 모르며 오직 지금 이 순간만 존재하기 때문이다.

삶에서 어떤 사람을 만나느냐는 개인의 삶에 지대한 영향을 준다. 부모, 배우자, 친구, 선후배, 스승 등 모두가 우리 삶에 영향을 주는 사람들이다. 하지만 사람 못지않게 우리 삶에 영향을 주는 것이 책이라는 것을 현실의 거울에 비친 내 모습을 보고 확인할 수 있었다. 젊은 날에 우연히 눈에 들어온 구절 하나가 오늘의 나를 만들었기 때문이다. 어떤 책을 읽느냐가 그 사람의 운명과 삶을 결정한다. 나 역시 그런 원리를 벗어나지 못한 채 지금의 내 모습으로 살아가고 있다. 글이 다른 사람의 삶에 영향을 준다는 것을 알기에 개인적 욕심으로 글을 쓰면 안 된다는 사실도 깨달았다. 나처럼 어느 누군가도 이 책을 계기로 미래의 모습을 정립하게 될지 모를 일이니까 말이다.

많은 분들이 기다려왔음에도 불구하고 책이 나오기까지 긴 시간이 소요되었다. 숙성의 시간이라고 생각해주길 바란다. 책이 나오길 기다리며 끝까지 격려해준 지인 분들께 감사를 드린다. 책이 너무 두꺼워지는 것을 고려해 싣지 못한 부분이 있다. 학습 설계, 학습일지 쓰는 법, 수면학습법, 학습컨설팅, 학습훈련 등에 관한 내용이다. 특히 제주 고현아 선생님의 주옥같은 원고를 지면의 한계로 싣지 못하게 되어 유감이다. 고현아 선생님은 학습법 교사 연수에서 배운 내용을 반 학생들에게 적용한 귀중한 사례를 써주셨다. 자신의 경험과 노하우를 다른 교사나 부모들을 위해 공개해주신 배려와 결단에 저자로서 감사드린다. 공저자 민병일 박사에게도 감사를 전한다. 문장 하나하나에 대해 세심히 토론하고 잘못된 점을 지적해주고 더 나은 콘텐츠를 전달할 수 있도록 많은 도움을 주었다. 특히 사고력과 관련해 그동안의 연구결과와 강의 노하우를 책에 녹여 보다 완성된 형태로 독자에게 전하는 데 큰 도움이 되었다. 어려운 여건 속에서도 학교현장에서 신념으로 함께 연수에 참여한 연구소 선생님들에게도 진심으로 감사를 전한다.

어떤 상황에도 한 결 같이 못난 아들을 사랑해주시고 격려해주신 나의 사랑하는 어머니 故강성자 여사님께 이 책을 바친다.

박 의 석

참고서적

1. 단행본

강순전, 《진리를 향상 의식의 모험 헤겔의 정신현상학》, 삼성출판사, 2009.

르네 데카르트, 최명관 역,《방법서설·성찰》, 창, 2010.

르네 데카르트, 원석영 역, 《철학의 원리》, 아카넷, 2002.

루디야드 키플링, 《표범의 얼룩무늬는 어떻게 생겨났을까?》, 재미마주, 2007.

루스 실로, 이은영 역, 《유대인의 천재교육 53》, 작은키나무, 2006.

레리 보시디, 램 차란, 김광수 역, 《실행에 집중하라》, ㈜북이십일, 2004.

박의석 외 6인 공저, 《자기주도학습 솔루션 매뉴얼》, 지상사, 2013.

박원희, 《공부 9단 오기 10단》, 김영사, 2004.

백승훈, 《꼴찌에서 1등까지》, 도서출판 황매, 2008.

비트겐슈타인, 김양순 역, 《논리철학논고/철학탐구/반철학적 단장》, 동서문화사, 2008.

쇼펜하우어, 김욱 역, 《문장론》, 지훈출판사, 2005.

이양락 외 21인 공저, 《미국 SAT와 ACT 문항분석》, 한국교육과정평가원, 2009.

이재영, 《탁월함에 이르는 노트의 비밀》, 한티미디어, 2010.

장승수, 《공부가 가장 쉬웠어요》, 김영사, 2007.

짐 콜린스·모튼 한센, 김명철 역, 《위대한 기업의 선택》, 김영사, 2012.

한국교육과정평가원, 《2014학년도 대학수학능력시험 이렇게 준비하세요》, 2013.

G 비더만, 강대석 역, 《헤겔》, 서광사, 1999.

2. 미디어

〈전국매일신문〉, '서울대 수시모집 지원자 10명 중 2명 최저등급 미달 – 불합격', 2013. 10. 28.

EBS, 〈공부의 왕도〉 7회, '김도균 – 수능언어, 오답노트로 승부하다'

EBS, 〈공부의 왕도〉 26회, '김신형 – 막힌 답 중학교 수학으로 뚫다'

KBS, 〈TV동화 행복한 세상〉, 'IQ43의 승리'

KBS, 〈VJ특공대〉, '인생역전 꼴찌들이 이뤄낸 기적'

3. 기타(교과서 및 기출문제)

교육과학기술부, 초등학교 1학년 읽기.

교육과학기술부, 초등학교 1~2학년군 학교1, 지학사, 2013.

교육과학기술부, 초등학교 3학년 국어3-1(가), 미래엔, 2014.

교육과학기술부, 초등학교 5학년 사회, 세계로 뻗어 가는 우리 경제, 두산, 2009.

교육과학기술부 초등학교 5학년 사회, 두산, 2009.

최병모 외 10인, 중학교 사회, 근대 민주정치와 시민혁명, 미래엔, 2013.

중학교 수학 2, 금성출판사, 2013

김준호, 《민법강의》, 법문사, 2006

《올백 기출문제집 중학교 1학년 국어》, 천재교육, 2013.

《올백 기출문제집 중학교 1학년 과학》, 천재교육, 2013.

《올백 기출문제집 중학교 1학년 도덕》, 천재교육, 2013.

《올백 기출문제집 중학교 1학년 사회》, 천재교육, 2013.

《올백 기출문제집 중학교 1학년 수학》, 천재교육, 2013.

한국교육과정평가원, 2012 국가수준 학업성취도 평가, 초등학교 6학년, 국어.

한국교육과정평가원, 2012 국가수준 학업성취도 평가, 초등학교 6학년, 수학.

한국교육과정평가원, 2012 국가수준 학업성취도 평가, 중학교 3학년, 국어.

한국교육과정평가원, 2012 국가수준 학업성취도 평가, 중학교 3학년, 사회.

한국교육과정평가원, 2016 국가수준 학업성취도 평가, 중학교 3학년, 국어.

한국교육과정평가원, 2009학년도 대학수학능력시험, 영어.

한국교육과정평가원, 2012학년도 대학수학능력시험, 언어영역.

한국교육과정평가원, 2013학년도 대학수학능력시험, 언어영역.

한국교육과정평가원, 2014학년도 대학수학능력시험, 물리1.

한국교육과정평가원, 2014학년도 대학수학능력시험, 수학 A형.

한국교육과정평가원, 2014학년도 대학수학능력시험, 세계지리.

한국교육과정평가원, 2016학년도 대학수학능력시험, 국어 A형(홀수형).

행정자치부, 2016 국가공무원5급 공채 · 외교관 후보자 선발 및 지역인재 7급 선발시험.

수험의 신

초판 1쇄 2016년 9월 10일

지은이 박의석, 민병일
펴낸이 전호림 **편집2팀장** 권병규 **펴낸곳** 매경출판㈜
등 록 2003년 4월 24일(No. 2-3759)
주 소 우)04557 서울특별시 중구 충무로 2(매일경제신문사 별관 2층)
홈페이지 www.mkbook.co.kr
전 화 02)2000-2610(기획편집) 02)2000-2636(마케팅) 02)2000-2606(구입 문의)
팩 스 02)2000-2609 **이메일** publish@mk.co.kr
인쇄·제본 ㈜M-print 031)8071-0961

ISBN 979-11-5542-533-6 (03370)
값 13,800원